GÊNERO E SEXUALIDADE

Andréa Barbosa
Brian Kibuuka
(*organizadores*)

GÊNERO E SEXUALIDADE

na Antiguidade e na História do Brasil

ALTA BOOKS
GRUPO EDITORIAL

Gênero e sexualidade

Contra o Vento é uma empresa do Grupo Editorial Alta Books (STARLIN ALTA EDITORA E CONSULTORIA LTDA).

ISBN: 978-65-83604-64-4

Impresso no Brasil — 1ª Edição, 2025 — Edição revisada conforme o Acordo Ortográfico da Língua Portuguesa de 2009.

Dados Internacionais de Catalogação na Publicação (CIP)

B238g

Barbosa, Andrea. Kibuuka, Brian.
Gênero e sexualidade: Na antiguidade e na História do Brasil / Andréa Barbosa & Brian Kibuuka (organizadores).
São Paulo: Contra o Vento, 2025.
366 p.; 14 x 21 cm

ISBN 978-65-83604-64-4

1. Gênero 2. Sexualidade 3. Antiguidade

CDD 306

Produção Editorial: Grupo Editorial Alta Books
Diretor Editorial: Anderson Vieira
Editor da Obra: Eduardo de Proença
Vendas Governamentais: Cristiane Mutüs
Gerência Comercial: Claudio Lima
Gerência Marketing: Andréa Guatiello
Revisão: Helena Almeida Oliveira
Diagramação: Carolina Lima
Capa: Victoria Cristina Eduardo

ALTA BOOKS
GRUPO EDITORIAL

Rua Viúva Cláudio, 291 — Bairro Industrial do Jacaré
CEP: 20.970-031 — Rio de Janeiro (RJ)
Tels.: (21) 3278-8069 / 3278-8419
www.altabooks.com.br — altabooks@altabooks.com.br
Ouvidoria: ouvidoria@altabooks.com.br

Editora **afiliada à:**

abdr

ASSOCIADO CBL Câmara Brasileira do Livro

SUMÁRIO

INTRODUÇÃO

Andréa Barbosa
Brian Kibuuka

A partir aproximadamente da década de 1980, vários pesquisadores brasileiros se dedicaram aos estudos de gênero, pois mediante um diálogo com os movimentos feministas e LGBTQIAP+, tornou-se inevitável a compreensão de que o entendimento e a luta contra as desigualdades no Brasil envolviam não somente relações de classe, mas também de gênero e raça. Daí, recorrem à utilização da categoria gênero sustentada por Joan Scott em seu artigo "Gênero: uma categoria útil de análise histórica" (1995). De acordo com esta autora, a palavra gênero utilizada pelas feministas americanas tinha o intuito de questionar o determinismo biológico imposto ao termo sexo ou diferença sexual, e de demonstrar que as relações entre os sexos são relações sociais de poder definidas e (re)definidas historicamente com o intuito de hierarquizar as noções de masculino e feminino, em que a primeira é definida como naturalmente superior à segunda. Todavia, apenas as categorias classe e gênero seriam insuficientes para investigarmos as desigualdades presentes, principalmente em países colonizados pelo branco europeu que impuseram no processo de colonização das Américas a escravidão dos povos africanos e indígenas, instituindo um racismo de caráter estrutural. Por essa razão, os pesquisadores atuais adotaram o conceito de interseccionalidade que, segundo Bilge (2009), é uma teoria transdisciplinar que tem o intuito de entender "a complexidade das identidades e desigualdades sociais por intermédio de um enfoque integrado [...]". Ou seja, é preciso apontar a coexistência de outras assimetrias, como a de raça, orientação sexual, deficiência, etnicidade e questões geracionais.

A nossa coletânea, cujo título é Gênero e sexualidade: na Antiguidade e na história do Brasil (título do projeto de pesquisa em que muitos dos autores aqui presentes atuam) tem como central o uso da categoria gênero e do conceito de interseccionalidade. É importante frisar, igualmente, o caráter interdisciplinar dos artigos, assim como a abrangência temporal e espacial destes. Dessa forma, a coletânea segue a proposta do grupo de pesquisa Nina Simone: estudos interdisciplinares de gênero, que possui em sua composição duas linhas de pesquisa, Nina Antiqua e Nina Brasil, a primeira voltada para os estudos sobre o gênero na Antiguidade e a segunda para sobre o gênero no Brasil.

Esta coletânea é aberta com os estudos sobre Antiguidade com o texto "Corpo castigado, alma livre: nomes e caracterizações das mulheres em estelas funerárias judaicas do Egito no período ptolomaico", do historiador Brian Gordon Lutalo Kibuuka, que expõe as tentativas de silenciamento das mulheres pela tradição religiosa judaica, em que o discurso religioso é utilizado para expandir o poder masculino. O judaísmo antigo, portanto, através da caracterização de Sara como modelo de virtude feminina, não só buscou construir um padrão de identidade feminina subjugada ao masculino, como se tornou parte de uma representação da cultura e identidade étnica judaica, e do seu esforço contra o processo de aculturação. O autor salienta, contudo, que a existência concreta de mulheres judaicas pode ser encontrada em discursos socioliterários em que a mulher é representada imbuída de menor prestígio social, um desvio provocado por influência do discurso religioso dominante. Estes documentos são uma forma de acessarmos, mesmo que parcialmente, a existência concreta destas mulheres e de seus conflitos cotidianos. Além disso, a resistência das mulheres judaicas à submissão masculina pode ser encontrada na diáspora judaica no Egito Ptolomaico. Kibuuka, recorrendo à investigação documental dos epitáfios de mulheres de origem judaica no Egito, constata a possibilidade de conhecer a comunidade judaica no momento diaspórico, e de identificar como o intercruzamento cultural alterou práticas culturais femininas.

O segundo texto intitulado "As mulheres na Antiguidade grego-romana: o uso do passado como instrumento de um poder discursivo", da historiadora Karolini Batzakas de Souza Matos, volta-se para invisibilidade das mulheres nos estudos sobre Antiguidade greco-romana até, aproximadamente, a década de 1980. Desde então, o diálogo com a arqueologia possibilitou acesso a fontes não-escritas que permitiram a visibilidade de práticas realizadas por mulheres. A autora ressalta que o limite das fontes escritas está no fato de que estas foram elaboradas por homens e que, por isso, o foco estava sempre nas experiências masculinas. Outro ponto abordado no texto é que o suposto silenciamento das mulheres não é resultado da inexistência de fontes ou da falta da participação feminina no espaço público e, sim, no "apagamento dessas duas coisas". Dando continuidade à sua análise historiográfica, Matos ressalta que a dificuldade encontrada nos estudos sobre as mulheres na sociedade greco-romana não se encontra só no mau uso das fontes, mas também está na sua interpretação. Assim, recorrendo aos primeiros estudos de gênero na Antiguidade da historiadora Sarah Pomeroy,

Matos ressalta que as mulheres da Grécia e Roma Antiga são analisadas de forma anacrônica, ou seja, com os olhos do presente. Este fato produziu o que a autora denomina de "arbitrariedade dos usos do passado greco-romano", isto é, as mulheres na Grécia e na Roma antiga foram descritas como associadas ao mundo privado e ao lar, e foram consideradas pessoas destituída de direitos civis. No entanto, a sua análise da documentação permitiu-lhe chegar a algumas conclusões diferentes. Em relação a Atenas, por exemplo, ainda que o "atenocentrismo" torne em muitas pesquisas Atenas a "medida de todas as coisas", Matos conclui que, mesmo em Atenas, havia uma rede de sociabilidade feminina e que a análise de imagens possibilita constatar a "contradição entre a sexualidade satírica dentro do espaço doméstico e as categorias masculinas do ser adulto, homem e cidadão, categorias essas que são questionadas".

O texto "Ambiguidades femininas, corrupção, trabalho e justiça em Hesíodo", os historiadores Thayele Azevedo Santana e Brian Gordon Lutalo Kibuuka investigam nos poemas "Trabalho e Dias" (ambientado no século VIII a.c) e "Teogonia", de Hesíodo, as noções de justiça, corrupção e trabalho, focando, igualmente, nas relações de gênero presentes nos mitos de Prometeu, Pandora e Éris. Segundo os autores, estas obras permitem constatar a existência de representações contraditórias do gênero feminino, representado pelas figuras ambíguas de Pandora e Éris. É, portanto, um trabalho que inova nos estudos de gênero na Antiguidade quando recorre à literatura, especificamente ao poema, como fonte para compreender as representações do feminino na Grécia antiga.

O texto intitulado "Imagens e representações da morte em *Ifigênia em Áulis,* de Eurípides" têm como autores os historiadores Ialle Batista Alvarez e Brian Gordon Lutalo Kibuuka. O objetivo é analisar a morte ritual, ou seja, aquela que ocorre a partir de um sacrifício humano e fora dos embates bélicos. Para tanto, os autores analisam as representações presentes na tragédia "Ifigênia em Áulis" de Eurípides. Na peça, Ifigênia se sacrifica em favor da pólis e desiste de ocupar a tarefa principal designada às mulheres: o casamento e o cuidado com o *oîkos*. Portanto, o texto demonstra que a tragédia de Eurípides é uma fonte chave para que compreendamos o que se esperava de homens e mulheres em tempos de paz, e as mudanças mediante uma guerra.

Há, por parte do tragediógrafo, a percepção de que o conflito bélico altera as relações familiares e provoca mutações nas relações de gênero na sociedade ateniense da segunda metade do século v a.C. Assim, os autores concluem que na sociedade ateniense do período supracitado havia uma estrutura patriarcal que impunha à mulher uma série de restrições e assimetrias em relação aos homens, mas a guerra era uma ocasião para a ruptura de parte dessas assimetrias.

Em "Gênero, maternagem e vingança em *Hécuba,* de Eurípides", a historiadora Ialle Batista Alvarez análisa a peça de Eurípides fazendo um recorte de gênero e utilizando o conceito de maternagem para demonstrar como os tragediógrafos gregos representavam as noções de masculino e feminino e os papéis sociais atribuídos a homens e mulheres.

Para explicar a obrigação do cuidado da criança atribuído à mulher, Alvarez apresenta os argumentos de Flávia Leão e Daniele Dalla (2017), de que uma das motivações que permitiu a ideia de uma maternidade compulsória foi o fato de a mulher ter como papel primordial o cuidado com o lar e, consequentemente, o cuidado com os filhos.

Já o texto "Masculinidade tóxica e saúde mental na tragédia *Héracles,* de Eurípides" – o último da seção dedicada aos estudos de gênero na Antiguidade –, o historiador Gabriel Santana também adota uma tragédia de Eurípides como fonte para analisar as representações de masculinidade hegemônica do período. Segundo Santana, o conceito de masculinidade na Grécia estava intrisecamente ligada à *andreía*, um termo que significava coragem, uma adjetivação derivada do vocábulo grego que designava o masculino. No entanto, a coragem seria uma qualidade masculina reguladora das práticas sociais, cujas performances nem sempre coincidiam com as idealizações da masculinidade. A análise da tragédia *Herácles*, mostra que o seu protagonista homônimo, que representava na cultura grega o ideal de masculinidade hegemônica, apresenta "traços de feminilidade ou de masculinidade subalterna. O texto, portanto, auxilia a audiência a refletir a respeito dos limites da masculinidade, e dos fracassos colaterais à expressão da hipermasculinidade.

"A prostituição feminina na Bahia: caminhos para um estudo de gênero", de Ayna Nascimento Atanazio de Souza, inicia as reflexões sobre gênero no Brasil. Salienta-se que é um trabalho de revisão bibliográfica sobre a prostituição feminina na Bahia, apontando os pressupostos encontrados em cada trabalho e as diferenças apresentadas entre um e outro. Demonstrando assim, não só a existência de pesquisas sobre esta temática na Bahia, como também a importância social e histórica destas pesquisas. Destaca-se, igualmente, que a autora utiliza-se da categoria gênero para refletir sobre a representação de feminino e a relação desta com a prostituição.

Em seguida, "Apontamentos sobre o uso da interseccionalidade para a história das mulheres negras", do historiador Jacson Lopes Caldas, propõe a questão: é possível um diálogo entre interseccionalidade e História? Para responder esta pergunta, Caldas dialoga com o conceito de gênero de Joan Scott e demonstra, por meio de várias autoras do feminismo negro norte-americano e brasileiro, o limite deste conceito para compreender a trajetória das mulheres negras no Brasil.

Da mesma forma, o autor estabelece uma critica ao conceito de experiência de Thompson por acreditar ser uma teoria eurocêntrica pensada investigar apenas as experiências do homem branco e europeu e salienta a tentativa de algumas historiadoras brasileiras em conciliar este conceito com a categoria gênero e, assim, investigar as experiências das mulheres no Brasil. Apesar de reconhecer um avanço nos estudos sobre as mulheres e seu cotidiano, Caldas ressalta que só o conceito de interseccionalidade possibilita investigar e dar voz as experiências das mulheres negras no tempo, por focar igualmente em questões étnicas/raciais, de orientação sexual e geracional, ampliando o escopo de análise das trajetórias das mulheres negras. Por fim, defende o conceito de consciência e memória de Leila Gonzalez, pois a memória é definida como uma forma de resistência ao processo de esquecimento imposto a população afrodescendente.

Ainda dando continuidade aos estudos sobre Brasil, encontramos o texto "Crime, honra e moral: as mulheres nas leis criminais republicanas do Brasil (1890-1940)", da historiadora Miléia dos Santos Almeida. A autora, em primeiro lugar, destaca a associação entre o surgimento de uma história das mulheres, o movimento feminista e a "história vista de baixo". Tal associação possibilitou que historiadoras interessadas em compreender as experiências femininas no tempo recorressem a fontes de caráter jurídico, como códigos e leis, documentação produzida por homens e permeada de uma noção patriarcal sobre os corpos femininos. Desta forma, o objetivo da autora é analisar o código de leis criminais/penais produzidos no período republicano – principalmente o código penal de 1890- e a utilização destas leis como mecanismo de controle sobre o cotidiano e as experiências de mulheres que viveram neste período no Brasil.

"Uma garota pela vale a pena lutar: uma análise comparativa das canções de Mulan (1998) na versão estadunidense e brasileira", de autoria da historiadora Luniele de Brito Bueno, diferente dos demais textos, recorre a fontes audiovisuais, uma vez que desenvolve uma análise comparativa das canções presentes no filme de Mulan (1998) das versões estadunidense e brasileira. O filme- uma mídia audiovisual se constitui a fonte central desta autora. Bueno afirma que todas as canções do filme Mulan se concentram nos papeis sociais de gênero e, por isso, a autora utiliza-se do conceito de gênero relacionados às questões identitárias, ou seja, como um agente de intersecção com diferentes tipos de identidades formadas discursivamente. A autora adota, também, a teoria das representações sociais de Jodelet (2002)para investigar os discursos presentes nas músicas e imagens apresentadas no referido filme.

De caráter mais teórico, "A sexualidade em Michel Foucault e a honra e a honestidade feminina nas leis penais brasileiras" da historiadora Camila de Moares Mota, apresenta a sexualidade como um dispositivo histórico que se manifesta na organização das sociedades ocidentais através de diferentes instituições, estabelecendo padrões de comportamentos sexuais, eróticos e amorosos. A autora discute a critica, desenvolvida por Foucault, sobre a hipótese repressiva que, supostamente, teria prevalecido no Ocidente na era vitoriana e perpassado todo século XIX. As reflexões de Foucault sobre sexualidade são utilizadas para analisar a legislação voltada para punir os crimes de ordem sexual, principalmente o código de 1890, a partir dos conceitos de honra e honestidade feminina.

Se o texto anterior concentra-se na reflexão sobre sexualidade, o seguinte, "O silencio ocupa um cômodo: o lugar da (s) mulher (es) na família brasileira do século XIX", de autoria da historiadora Giovanna Trevelin, aborda os limites da família patriarcal brasileira e a posição das mulheres dentro das diferentes configurações familiares. Pergunta-se a autora: A família patriarcal brasileira é resultado da colonização portuguesa nas Américas ou foi importada de Portugal? Esta pergunta é respondida quando Trevelin contesta o predomínio de uma estrutura patriarcal para todas as organizações familiares, haja vista que o processo de escravização dos corpos das mulheres negras possibilitava não só o estupro destas mulheres como a exploração reprodutiva dos seus corpos. Ou seja, a criança fruto de uma mulher escravizada era definida como uma mercadoria. Por isso, salienta a autora, que as famílias compostas por pessoas escravizadas destoavam do padrão patriarcal e sua organização se dava a partir de arranjos familiares possíveis diante de uma sociedade escravocrata e racializada.

"Sobre mulheres e crianças: outra possível reflexão sobre a infância", de autoria da historiadora Ana Dela La Piaggi, recorre a escuta etnográfica de seus alunos e aos contos infantis produzidos e (re) significados no tempo para questionar a existência de uma história da infância hegemônica. Ou seja, a autora – a partir do fazer brincar de seus alunos de escola pública- se propõe fazer um de bate sobre história da infância. Dessa forma, pretende problematizar o conceito de infância ocidental estendendo para todas as crianças, independentes das questões de classe e raça. Afinal, escutando e observando as crianças das escolas públicas, a autora constata que a maioria não vivencia sentimento de cuidado e proteção desenvolvido pelo adulto. Dela La Piaggi defende que o "sentimento moderno de infância" veio acompanhado do processo de subjugação e confinamento do corpo feminino, através do processo de naturalização da maternidade e da maternagem compulsória às mulheres. Portanto, o seu olhar sobre a criança está refletindo a teoria da colonização de gênero imposta aos povos colonizados.

"Nas malhas da lei: privado e público", de Roseane Carneiro dos Santos, visa estudar o crime de bigamia no Brasil, entre 1930 e 1960 e sua relação com a estrutura patriarcal da sociedade. Dentro desta estrutura, o bígamo era sempre um homem e, de acordo com a autora, a própria lei, assim como o controle sobre os corpo e a sexualidade feminina facilitavam a existência deste crime.

Esta coletânea finaliza com o texto "O desaparecimento da infância no Brasil: uma análise interseccional", da historiadora Andréa da Rocha Rodrigues Pereira Barbosa. Neste texto, Barbosa adota o conceito de interccionalidade para investigar as diferentes representações sobre infância no país, bem como as diferenças práticas institucionais voltadas para este grupo que é definido tanto pela idade, como por questões de gênero, classe e raça. A partir desta percepção de infância, ou seja, de que esta é – acima de tudo – uma ideia social historicamente construída, a autora questiona se ocorreu, no Brasil, um processo de desaparecimento da ideia de infância, entre as décadas 1950 a 1980. Para tanto, recorre a uma documentação variada, desde noticias em jornais, a matérias sobre a criança veiculadas na revista o Cruzeiro, até histórias pornográficas envolvendo relações sexo-afetivas entre um adulto e uma criança, do autor Carlos Zéfiro.

Referências

Bilge, S.
Théorisations féministes de l' Intersectionnalité. Diogène, 1 (225), 2009, p. 71-88.

Hirata, H.
Gênero, classe e raça: interseccionalidade e consubstancialidade das relações sociais. Tempo social: revista de sociologia da USP 26 (1), 2014, p. 62-63.

Jodelet, D.
As representações sociais: um domínio em expansão. *In*: Jodelet, D. *et al.* (org.). As representações sociais. Rio de janeiro: Eduerj, 2002.

Leao, F. E. *et al.*
Reflexões teóricas sobre maternidade e adoção no contexto da monoparentalidade feminina. Pensando fam. [online] 21 (2), 2017.

Scott, J.
Gênero: uma categoria útil de análise histórica. In Educação & Realidade, 20(2), jul/dez, 1995, p. 71-99.

1
CORPO CASTIGADO, ALMA LIVRE: NOMES E CARACTERIZAÇÕES DAS MULHERES EM ESTELAS FUNERÁRIAS JUDAICAS DO EGITO NO PERÍODO PTOLOMAICO

Brian Kibuuka

Mulheres no judaísmo: repressão e silenciamento

Encontrar, destacar e explorar os assuntos relacionados às mulheres da Antiguidade a partir dos seus nomes é uma porta de acesso fundamental para campos ainda pouco explorados (ou ignorados) nas sociedades em que elas foram, de muitas formas e programaticamente, silenciadas (Perrot, 1998).

Tal silenciamento, muitas vezes abrangente, não representa necessariamente a dominação das mulheres pelos homens, ainda que haja, de fato, estratégias de controle social das mulheres. Esse fato não é universal porque o masculino e o feminino variam em função dos contextos discursivos (Sebillotte Cuchet, 2012) e das interseções entre classe, gênero, etnia e faixa etária[1] – e, por isso, os gêneros não estão

1 Utiliza-se aqui a perspectiva de Reskin & Padavic (1999) no campo da desigualdade de gênero, da segregação racial e da desigualdade econômica. As autoras investigam a discriminação, desigualdade e preconceito contra as mulheres negras e latinas, e concluem que todas as mulheres são vítimas de desigualdade, porém a desigualdade que atinge as negras e latinas nos Estados Unidos é muito mais grave porque envolve

necessariamente postos em oposição. As interseções e as multidimensionalidades que estão em operação no âmbito da cultura, são o palco em que as pessoas encenam fazer escolhas livres. Porém, o que de fato as pessoas fazem é atuar na maior parte do tempo, em maior ou menor grau, no campo das possibilidades, aliançados ou em oposição aos poderes vigentes, voluntária ou involuntariamente (Ricoeur, 1966).

Os actantes que, na Antiguidade, sofriam restrições, enfrentaram, como hoje se enfrenta, poderes opressores múltiplos e difusos, os quais operam universalmente como forças de manutenção do *status quo*, e que são mudadas geralmente na longa duração (Foucault, 1978). A construção social da realidade, modificada pelas práticas, como destaca Giddens (1984), remolda a própria estrutura de gênero dentro dos esquemas de poder que vigoram em todas as relações humanas.

O judaísmo, porém, apresenta um discurso religioso em que o poder masculino se mostra abrangente nas tradições da *Torah*. Esse poder é capaz de realizar aquilo que Bourdieu prevê acontecer quando a realidade social é estruturada simbolicamente a partir do sexismo: "o princípio masculino é tomado como medida de todas as coisas" (Bourdieu, 1999, p. 23).

Ainda assim, a existência concreta de mulheres tende a se manifestar em discursos socioliterários[2] rivais à *Torah* no

segregação racial e precariedade econômica. Essas pesquisas contribuíram ainda mais para os avanços teóricos na compreensão sociológica da intersecionalidade, especialmente no que diz respeito à investigação de como múltiplos sistemas de desigualdade estão interligados e são 'co-constitutivos'. Influencia a perspectiva intersecional de gênero adotada neste trabalho as pesquisas de Mccall (2005; 2001) e Rubin (1975).

2 Sobre o conceito de discurso socioliterário, ver: Cardoso, 1999, p. 102-103.

âmbito da própria *Tanach*,[3] especialmente nos textos que são menos destacados no que diz respeito ao prestígio social de seus protagonistas.[4]

Encontrar documentos em que apareçam ao menos o nome de mulheres e, a partir disso, estabelecer alguns *corpora* em que haja ao menos indícios de sua atuação é um passo seminal que torna possível recuperar de forma cada vez mais loquaz a multiplicidade dos seus papeis sociais e relevância. Assim, o eventual silenciamento das perigosas mulheres, promovido por múltiplas recomendações religiosas,[5] pode ser revertido, ainda que parcialmente.

Essa reversão é especialmente importante para a investiga-

3 Segundo Brueggemann (1997), há tradições e opiniões conflitantes no culto de Israel e em suas Escrituras, visto que os redatores finais, aqueles que deram ao texto a sua forma final, se recusaram a silenciar a "disputa" entre as diferentes teologias israelitas. Os redatores mantiveram as diferentes teologias lado a lado, em conflito constante. Isso vale também para os discursos de gênero na Bíblia Hebraica.

4 O *corpus* textual da Tanach que tem mulheres protagonistas das ações é o *kethûḇîm*: um texto mais tardio e que revisita, revisa e realoca personagens da tradição da Torah. Ver: KIBUUKA, Brian, Prefácio ao Antigo Testamento, São Paulo: Fonte Editorial, 2019. Por isso, Yahweh afirma na Torah sobre a relação entre a mulher e o homem "Multiplicarei sobremodo os sofrimentos [עִצְּבוֹנֵךְ] da tua gravidez; em meio de dores [בְּעֶצֶב]darás à luz filhos; o teu desejo [תְּשׁוּקָתֵךְ] será para o teu marido, e ele te governará" (Gênesis 3.16). Em oposição a esse prognóstico de desejo frustrado e dor, o *kethûḇîm* afirma em um paralelismo: "mulher graciosa adquire abundância [כָּבוֹד], os poderosos adquirem riqueza [עֹשֶׁר]" (Provérbios 11.16) – ou seja, em vez de submissa, a presença de bondade na equação torna a mulher apta a se igualar aos poderosos.

5 Em Jó 2.10, Jó é elogiado por atribuir à fala da sua esposa loucura. Ouvir, portanto, o conselho de uma mulher é correr risco. Abrão, ouvindo a Sarai, sua esposa, gerou um descendente com uma concubina, descendente que trará problemas para a descendência legítima de Abrão (Gênesis 16.2). Isso vale para mulheres em contexto estrangeiro: Potifar ouviu sua esposa e cometeu uma transgressão contra o justo José (Gênesis 39.19). Ver ainda: 1 Timóteo 2.11-12 e 1 Coríntios 14.34.

ção do judaísmo Antigo, o qual se inseriu em múltiplos contextos culturais, mas se manteve tipicamente caracterizado pelo sexismo programático, declaradamente religioso, em que são envidados múltiplos esforços para o apagamento sistemático da memória feminina ou a sua submissão a rígido controle.[6]

As tradições religiosas judaicas atribuem às mulheres o primeiro pecado (Gn 3), a culpa pela infertilidade,[7] a infidelidade que exige a realização de testes de integridade (Nm 5.12-31), a perversidade,[8] o adultério sem arrependimento (Pv. 5.1-6), a transgressão religiosa (1 Rs 11.4) e a influência perniciosa.[9] Em contraste, essas mesmas tradições recomen-

6 A *Mishnah* afirma que um homem poderia se divorciar de sua esposa se ela mostrar os seus cabelos e os seus braços em público, ou se ela falar livremente com outros homens (Talmude Babilônico, Ketuboth 72a); O rabino Judah fala a respeito de uma lei que proíbe que a mulher fie ou teça em público. A proibição se dá porque as mulheres que trabalham em ambiente público mostram os seus braços (Talmude Babilônico, Ketuboth 72a). As genitálias femininas também devem ser ocultadas dos homens, mesmo dos cônjuges (Talmude Babilônico, Nedarim 20a). Faz parte da lista de pecados cometidos por um homem olhar para uma mulher. Mais ainda: olhar para o calcanhar de uma mulher gera filhos degenerados. O calcanhar é, na tradição rabínica, uma parte impura do corpo (Talmude Babilônico, Nedarim 20a). As pernas das mulheres devem ser cobertas quando elas fazem orações, porque a perna e a voz das mulheres incitam ao sexo. O cabelo de uma mulher é desejável como "um rebanho de cabras" (Talmude Babilônico, Berachot 24a). Esses aspectos da tradição parecem estar em contradição com as pinturas das antigas sinagogas: nelas, seios, cabelos, braços, genitália e pernas das mulheres eram pintados, e todas essas pinturas eram exibidas abertamente ao público. Isso é uma evidência de que o programa de silenciamento e controle dos corpos das mulheres não se concretiza de forma plena.

7 Não é a mãe e o pai de Sansão que são estéreis: apenas a mãe de Sansão é a culpada da falta de filhos (Juízes 13.1-3).

8 Saul atribui a mãe de Jônatas a culpa pela alegada perversidade do filho. Ver: 1 Samuel 20.30.

9 Um exemplo disso é Jezabel. Ver: 1 Reis 16.31; 18.4,13,19; 19.1-2; 21.5-7.11,14-15,25; 2 Reis 9,7,10,22,30,36-37.

dam que os corpos femininos sejam submissos, virtuosos, castos e inertes.[10]

O judaísmo Antigo se espraiou, migrou para muitos territórios, migrou e se inseriu em outras culturas, mas se manteve em muitas delas pela manutenção de suas peculiaridades. Uma das principais é essa: o silenciamento das mulheres.

A atribuição de um lugar social para as mulheres é parte de um conjunto de estratégias de formação e reforço contínuo de identidade social. Corroboram para a formação e reforço dessa identidade a memória em relação à ancestralidade (Himmelfarb, 2006), o monoteísmo (Sommer, 2009), a circuncisão dos homens (Olyan, 2011), a ritualização da vida.[11] Em relação às mulheres, são os múltiplos *exempla* judaicos, conservados na tradição religiosa da Torá, que colaboram para forjar a caracterização identitária feminina (Veldman, 1995; Williams, 1982). Tal serve de referência para valorar judias, não-judias, mulheres que governam, o que reforça, muitas vezes pelo contraste dos judeus com os outros grupos étnicos, a identidade da mulher de etnia judaica como uma mulher em destaque por seu silenciamento. Eis o paradoxo encontrado desde Rute até Ester, *exempla* de estrangeira que se torna judia e de judia inserida em contexto estrangeiro, respectivamente.

Os *exempla* são o padrão para a caracterização feminina no judaísmo. Descrever mulheres a partir da referência da matriarca Sara, da estrangeira e leal Rute, da perversa e perigosa Jezabel, tornam os *exempla* vetores de valores aos

10 Bach, 1997; Bal, 1987; Baskin, 1998; Brenner, 1993; 1995; 1994; 1999; Corrington Streete, 1997; Exum, 1993; 1996; 2005; Jacobs Mignon, 2007; Moughtin-Mumby, 2008; Rooke, 2007.

11 Para uma perspectiva geral do conceito de ritual aqui adotado: Bell, 1997, p. 138-169; Grimes, 2014; Snoek, 2006. Para a importância do rito no judaísmo Antigo, ver: Klawans, 2011, p. 593-594.

quais as mulheres são submetidas, material que pavimenta a identidade no judaísmo. Além disso, tais *exempla* se espraiam, eventualmente com resistência, onde quer que os judeus se estabeleçam, sendo parte integrante do reforço de sua cultura e identidade étnica contra o risco de aculturação.[12]

Uma vez que a peculiaridade significativa da trajetória histórica dos judeus, especialmente no período do judaísmo pós-exílico, foi a dispersão em muitos territórios do Antigo Oriente Próximo desde ao menos o século VI a.C., as tradições identitárias dos judeus foram adaptadas para os seus novos contextos de inserção, não sem conflito – conflito que eventualmente se torna justificativa para o controle de corpos femininos. Ao mesmo tempo, as mulheres que desenvolvem múltiplas estratégias para fugir ao controle, as quais eclodem na documentação e deixam indícios (Certeau, 1987).

O judaísmo tende a manter e adaptar, nos novos contextos em que foi inserido, os traços gerais da caracterização feminina presente em suas tradições étnico-religiosas. Tais discursos visam primariamente a afirmação e manutenção da identidade étnica. Mas, inevitavelmente, esses discursos também são alvos de adaptações culturais por causa das necessidades e demandas da diáspora judaica.[13]

Quando tais discursos são, na verdade, protestos contra estrangeiros, os seus sentidos, outrora evidentes, se tornam eventualmente ocultos para os objetos da crítica, sendo ao

12 A aculturação "refere-se às relações existentes entre as demais culturas e aos efeitos que derivam do seu contacto" (Bernardi, Edições 70, 2007, p. 110).

13 Afirma Safran: "the Jewish diaspora continues to be used as prototype because it combines such features as ethnicity, religion, minority status, a consciousness of peoplehood, a long history of migration, expulsion, adaptation to a variety of hostlands whose welcome was conditional and unreliable, and a continuing orientation toa homeland and to a narrative and ethnosymbols related to it" (2005, p. 39).

mesmo tempo evidentes para os judeus.[14] Além disso, os documentos que apresentam mulheres e seus nomes costumeiramente previnem contra a enculturação das judias, ao mesmo tempo em que fortalecem os estereótipos. Eles servem, assim, de força centrífuga de coesão social, demonizando as mulheres que não assumem o *ethos* judaico dentro e fora da comunidade migrante.[15]

Perceber a força e intencionalidade desses discursos é um desafio que só pode ser enfrentado por meio do conhecimento prévio das tradições majoritariamente religiosas dos judeus, das comunidades diaspóricas judaicas, dos riscos reais ou imaginários que os documentos judaicos destacam. Tal desafio também pode ser enfrentado pela observação das práxeis das mulheres, que é um ponto fulcral da resistência. Ao mesmo tempo em que as mulheres judias foram continuamente estimuladas à submissão às tradições, com maior

14 Um exemplo é a alusão a Berenice em CPJ III 1532a / JIGRE117, uma estela encontrada em Crocodilópolis. O texto da estela diz: ""ὑπὲρ βασιλέως / Πτολεμαίου τοῦ / Πτολεμαίο̣υ̣ καὶ / βασιλίσσης / Βερενίκης τῆς / γυναικὸς καὶ / ἀδελφῆς καὶ τῶν / τέκνων οἱ ἐν Κροκ[ο] / δίλων πόλει Ἰου[δαῖ] / οι τὴν προ̣[σ]ε̣[υχὴν] (Para o rei Ptolomeu e para Berenice, rainha de Ptolomeu, esposa e irmã, e para os filhos. Judeus da cidade de Crocodilópolis, os que são da proseuche). A crítica velada a Berenice é a acusação de uma relação incestuosa entre ela e o seu marido. No caso de estranhamento da utilização do termo ἀδελφῆς [irmã] para Berenice, bastava aos judeus justificar que não há, em hebraico, um termo específico para "prima". O incesto na religião judaica é compreendido a partir de Deuteronômio 27.22: "Maldito [אָרוּר] aquele que se deitar com sua irmã, filha de seu pai ou filha de sua mãe. E todo o povo dirá: Amém!" (Deuteronômio 27.22). Logo, os judeus estavam chamando Ptolomeu de amaldiçoado, de forma velada, uma vez que eram obrigados a colocar estelas dedicatórias em seu lugar de reunião e culto em homenagem ao rei.

15 Usa-se o termo enculturação aqui no sentido de transmissão de capital cultural, em que os grupos detentores fazem a transmissão de seus valores, os quais são identitários, aos hereditários desse capital, permitindo o acesso aos bens culturais. Ver: Bourdieu, 2007, p. 295-336.

ou menor grau de exigência, elas reagiram à submissão e renovaram assim as práticas sociais da comunidade em que estão inseridas. Elas se tornaram, assim, protagonistas da mudança que as atingiu.

O caso provavelmente mais limítrofe da redução do grau de exigência, sem que haja dissolução cultural e étnica do grupo, é a comunidade diaspórica judaica no Egito ptolomaico, especialmente o proveniente do ciclo migratório sucedâneo à Revolta dos Macabeus.

Os judeus no Egito ptolomaico: aspectos gerais

Os habitantes do território conhecido como Judá, após serem alvos de múltiplas deportações promovidas pelos babilônios, exilamentos forçados que despovoaram o seu território, acabaram se dispersando. Vários são os indícios disso: na deportação de 598/597 a.C., dez mil habitantes de Jerusalém, provenientes das classes altas, construtores, carpinteiros e ferreiros, foram levados (2 Rs 24.5-16).[16] Depois, o povo que tinha ficado na deportação de 598/597 a.C. e os rebeldes foram levados por Nabuzaradã (2 Rs 25.11). Jeremias 52.29-30 menciona 4.600 pessoas deportadas em outra ocasião. A soma das deportações torna possível chegar a uma média de 15.000 pessoas deslocadas, sem contar mulheres e crianças. Logo,

16 Assim afirma Edersheim: "Their number is roughly stated as 11000 [...] comprising 3 000 ranked as "princes" and leading citizens, 7000 soldiers (10 000, 2 Kings 24:14) and 1000 craftsmen especially smiths [...] Considering that the total population of Jerusalem at the time – including women and children – is only calculated at between 50 000 and 60 000 souls, only a sparse remnant can have left behind – and that wholly composed of 'the poorest sort of the people of the land'. Among the captives was the prophet Ezekiel [...]" (Edersheim, 1995, p. 967). Ver ainda: Wood, 1970, p. 374; Richards, 1994, p. 258; Miller & Hayes, 2006, p. 468

há aqui um quadro importante: 1/3 da população de Judá em média foi para a Babilônia, no século VI a.C. Os demais morreram nos conflitos bélicos, ou ficaram na Palestina ou migraram para o Egito, o que provocou o colapso de Judá.[17] Por outro lado, o uso consistente de documentos babilônicos permite a identificação de exilados judeus.[18]

O fluxo migratório que se destaca aqui é a emigração de judeus da Palestina para o Egito, especialmente a partir do século VI a.C. em diante. Na verdade, não o fluxo migratório propriamente dito, mas os nomes das mulheres na documentação judaico-egípcia supérstite dos judeus no Egito desde a primeira onda de imigração judaica, que é atestada no

17 As estimativas da população em Judá antes e depois da Babilônia as ações militares variam, mas todas atestam uma grande queda da população. A estimativa para a população de Judá para o século VII a.C. é de 110.000 pessoas, segundo Broshi & Finkelstein (1992, p. 51-52). Após a invasão babilônica e o desterramento, a estimativa de população é de em torno de 20.000 pessoas, segundo Faust (2012); 40.000 pessoas, segundo Lipschits (2005); de 20.000 a 30.000 pessoas, para Valkama (2012, p. 221). Carter (1999) estima que a população de toda a província de Yehud, que era maior que o reino de Judá, tinha cerca de 60.000 pessoas na Era do Ferro e 13.350 pessoas entre os séculos VI e V a.C.

18 Os textos pertencentes ao setor de terras por serviços da agricultura babilônica são uma fonte rica para o estudo de imigrantes, mas a agência de deportados na produção desses documentos não deve ser superestimada. O arquivo Murašû, um arquivo comercial de uma família babilônica de Nippur, também auxilia a investigação, visto ter um número significativo de nomes judaicos. Conforme sugerido por Waerzeggers, registrar a atividade econômica era um meio eficiente de controle, e a evidência documental proveniente dos escribas que faziam parte do aparato administrativo ajudam a observar o impacto dos judeus na economia babilônica. Ver: Stolper, 1985; Van Driel, 1989, p. 203-229; 2002; Jursa, 2010. A estela de Nabonido da Babilônia refere-se à doação de prisioneiros de guerra aos templos para o trabalho de corveia (Schaudig, 2001, p. 521; Beaulieu, 2004, p. 58). Ver também a atestação relacionada ao templo de Ebabbar em: Hackl, 2015, p. 157-180 (especialmente as p. 158-160).

livro do profeta Jeremias,[19] na Carta de Aristeias (13-14), nos papiros aramaicos de Elefantina,[20] em Josefo[21] e em Fílon.[22]

A documentação mais abundante é dos grupos judaicos que migraram no período helenístico para o Egito ptolomaico.[23] Essa onda migratória ocorreu inicialmente como

19 Jeremias 42.16, 46.13 (LXX) e Ezequiel 30.17 apresentam um oráculo contra Heliópolis.

20 Judeus e arameus fundaram, no século V a.C., uma colônia militar na ilha de Elefantina (Yeb, do egípcio iebew, "lugar dos elefantes") perto de Syene (hoje Assuan). Elefantina foi uma fortaleza e também um posto da alfândega, um posto de controle para viajantes, estrategicamente situado na primeira catarata do Nilo. Os soldados que guardavam a fronteira deixaram muitas evidências de sua presença na forma de inúmeros documentos em aramaico. Outros papiros em grego evidenciam a vida cotidiana dos primeiros colonos greco-macedônios, após a conquista do país por Alexandre em 332-331 a.C. Ver: Rubensohn, 1907; Botta, 2009; Muffs, 2003.

21 Ver: Josefo, Antiguidades Judaicas 13.62-73, sobre Onias e o assentamento judaico de Leontópolis. Ver ainda: Josefo, Guerra dos Judeus 2.386, sobre a Necrópole oriental de Alexandria, ocupada por judeus; Josefo, Contra Apião 2.2, menciona a crítica de Apião contra o assentamento judaico em Alexandria. Apião afirma que os judeus estão assentados em uma costa que não tem porto para as embarcações. Josefo responde que Alexandre havia concedido esse excelente bairro residencial para os judeus, uma colônia que ficava situada próxima aos palácios reais (ver ainda: Josefo, Guerra dos Judeus 2.487-488, sobre o direito de residência concedido por Alexandre e o bairro especial dos Diádocos). Josefo, Guerra dos Judeus 1.191 e Antiguidades Judaicas 14.133 mencionam Heliópolis como o acampamento dos judeus onde Mitrídates e Antipater lutaram juntos em auxílio de César.

22 Em Fílon, Flaco 56, Fílon aborda a expulsão dos judeus de suas habitações em todas as partes de Alexandria e a sua concentração em uma pequena porção de um bairro, provavelmente aquele que Apion e Josefo consideravam o bairro judeu estabelecido por Alexandre. Em decorrência da grande população da necrópole de Chatby, o bairro judaico, o lixo e os túmulos chegaram até as praias.

23 Numerosos papiros e inscrições desde meados do século III e posteriores, evidenciam a presença de judeus em várias aldeias e pequenas cidades do Egito. Durante o período ptolomaico, os judeus se estabeleceram da costa marítima no norte a Elefantina. Segundo

consequência da atuação de Ptolomeu I Soter, o primeiro rei da dinastia ptolomaica. Ptolomeu I conquistou a Palestina pela primeira vez em 320 a.C., e a conquistou novamente em 312 e 302 e, finalmente, em 301. Em decorrência de tais conflitos, numerosos prisioneiros judeus foram levados ao Egito (Carta de Aristeas 12-14).

O período de cem anos em que a Palestina ficou sob controle ptolomaico (301 a 198 a.C.) é caracterizado por relações frequentes entre os o Egito e a Palestina.[24] A existência de guarnições ptolomaicas no sul da Síria estabeleceu laços políticos e econômicos entre os habitantes da Palestina e os seus novos senhores, o que parece ter resultado em uma emigração considerável da região siro-palestinense para o Egito. A presença de judeus em muitos territórios egípcios se explica ao menos parcialmente pelas relações francas entre ptolomeus, judeus e sírios (Mélèze, 1997).

Em 198 a.C., a Palestina foi conquistada por Antíoco III. Por essa razão, dissociou-se a unidade administrativa entre o sul da Síria e o Egito, as relações comerciais foram suprimidas ou temporariamente suspensas, porém, a imigração judaica perdurou. Isso se deu por causa da nova situação política na Judeia, criada pela revolta de Judas Macabeu, e por causa da fundação do estado judeu dos asmoneus (Tcherikover, 1993). O contexto desfavorável para os oníadas durante e após a

Fílon (Flacc. 43), os judeus habitavam o Egito "da encosta em Líbia até os limites da Etiópia". Aristeias (12-14) fala de 100.000 judeus trazidos da Palestina como prisioneiros de guerra por Ptolomeu I. Fílon (Flacc. 43) fala de um milhão de judeus no Egito de seu tempo. O número exato de judeus não pode ser indicado, mas os indícios de sua presença podem ser encontrados por todo o território egípcio.

24 Os papiros de Zenon, cuja importância para o estudo da Síria ptolemaica não pode ser superestimada, apresentam uma imagem nítida das relações comerciais entre o Egito e a Palestina; o comércio de escravos era um item muito importante.

revolta nacional os moveu a buscarem um novo país onde pudessem se estabelecer.

A presença judaica em Leontópolis (Tell el-Yehoudieh)

Tell el-Yehoudieh, cidade situada a 35 km ao norte do Cairo, é um importante sítio arqueológico para a investigação de colônias judaicas no Egito. Nessa cidade, foram encontrados os restos de um assentamento ptolomaico e romano chamado de Leontópolis. Em tal assentamento, Ptolomeu VI Filometor, que reinou entre 180-145 a.C., permitiu que alguns exilados de origem aristocrática pudessem se instalar. Esse é o caso de Onias IV, filho do sumo sacerdote Onias III.

Onias IV fugira para o Egito após o seu pai ser assassinado (2 Mac 4.33-34; Dn 9.26; 11.22; 1 En 90.8). Temendo o mesmo destino, e após o templo de Jerusalém ser profanado, ele fugiu para o Egito.[25] Segundo Jerônimo, ele não chegou sozinho, mas foi seguido por uma 'infinita examina Judaeorum'.[26]

Onias recebeu de Ptolomeu VI e Cleópatra algumas terras em um território chamado Heliópolis.[27] Ali, Onias fundou uma colônia militar para colonos judeus e um templo para uso deles. Esses colonos podem ter vindo com ele da Palestina ou ele pode ter levantado uma força militar judaica após sua chegada ao Egito; de fato, ele pode ter fundado a colônia e o templo em 145 a.C., pouco antes da morte de Ptolomeu.

Inscrições encontradas em Tell el-Yehoudieh atestam a

25 Josefo, Guerra dos Judeus 1.31-33; 7.420-436; conferir b. Menah 109b; y. Yom 6.3.

26 Jerônimo, Comentário a Daniel 11.13-14.

27 Segundo Josefo, Guerra dos Judeus 7.430, foi oferecido para Onias não apenas um lugar para a construção de um templo, mas também terras para o financiamento dos sacerdotes e dos sacrifícios.

existência da colônia até o início do período romano.[28] No início do assentamento, quando Ptolomeu VI autorizou que Onias a construir um templo judaico, ele também permitiu que Onias mantivesse a sua posição de sumo-sacerdote em uma possessão hereditária. O templo permaneceu em operação até ser fechado por ordem de Vespasiano em 73/74 d.C. (Mélèze, 1997). É possível que uma comunidade judaica existisse no local de fundação de Leontópolis antes da fundação e após o fechamento do templo de Onias.

Tell el-Yehoudieh e Leontopolis: a identificação do sítio

A identidade da cidade de Tell el-Yehoudieh com o assentamento de Onias em Leontópolis foi estabelecida conclusivamente por Naville (1890) e por W. M. Flinders Petrie (1906). Este último encontrou um *óstrakon* com escrita demótica, provavelmente da época de Ptolomeu VI Filometor ou anterior, listando fornecedores de tijolos para Leontópolis. Segundo Horbury e Noy, Petrie abriu mais tumbas e notou a sua semelhança com as tumbas de pedra em Alexandria: o plano padrão, de vários nichos de corpo que irradiavam de uma entrada no pé de uma escada, eram arranjos semelhantes ao de enterros de não-judeus de Alexandria (Petrie, 1906).

Outra tentativa de abrir os túmulos de Leontópolis foi feita pelo Serviço Egípcio de Antiguidades em 1919. Epitáfios adicionais foram encontrados durante uma breve escavação em 1929, feita por du Mesnil du Buisson (1935). Outra escavação ocorreu por quinze dias em janeiro de 1951, liderada por S.

28 Também foram encontradas inscrições judaicas em Demerdash, um subúrbio da antiga cidade de Heliópolis. Essas inscrições revelam um assentamento judaico que aparentemente foi movido de Tell el-Yehoudieh. Ver: Horbury, 1992, p. XVIII; Edgar, 1914-1915, p. 32-38 (especialmente p.32-33); Tcherikover, 1945, p. 24.

Adam (1958). Nesta última escavação, mais túmulos foram abertos no cemitério do Sul e alguns esqueletos descobertos, mas nenhuma inscrição adicional foi encontrada.

A identificação entre Tell el-Yehoudieh e o assentamento judaico de Leontópolis, mencionado especialmente em Josefo, também se deu pela identificação étnica dos nomes citados nas estelas funerárias retangulares encontradas nas escavações.[29] Os nomes das estelas de Leontópolis são bíblicos, eventualmente em forma grega, eventualmente teofóricos, alusivos a dias sagrados ou a virtudes ou estados apreciados por judeus (paz/*shalôm*/*eirḗnē* – Eirene [JIGRE 67]). Há, porém, membros da mesma família em que são atestados nomes de procedência judaica, egípcia e/ou grega, evidenciando um intercâmbio cultural significativo, um indício de que a comunidade não era culturalmente hermética.[30]

29 O número total de epitáfios de Leontópolis, segundo NOY, é 77 (NOY, David. "The Jewish Communities of Leontopolis and Venosa", In: VAN HENTEN, Jan Willem; VAN DER HORST, Pieter Willem. Studies in Early Jewish Epigraphy. Leiden: Brill, 1997, p. 162-182). HORBURY, William; NOY, David. Jewish Inscriptions of Graeco-Roman Egypt: With an index of the Jewish inscriptions of Egypt and Cyrenaica. Cambridge: Cambridge University Press, 1992, p. XVIII. São inscrições atribuídas a Leontópolis em JIGRE: 29; 30; 31; 32; 33; 34; 35; 36; 37; 38; 39; 40(?); 41; 42; 43; 44; 45; 46; 47; 48; 49; 50; 51; 52; 53; 54; 55; 56; 57; 58; 59; 60; 61(?); 62; 63; 64(?); 65(?); 66(?); 67; 68; 69; 70; 71; 72; 73; 74; 75; 76; 77; 78; 79; 80; 81; 82; 83; 84; 85; 86; 87; 88; 89; 90; 91; 92; 93; 94; 95; 96; 97; 98; 99; 100; 101; 102(?); 103(?); 104(?); 105. Desses, são epitáfios: 29; 30; 31; 32; 33; 34; 35; 36; 37; 38; 39; 40; 41; 42; 43; 44; 45; 46; 47; 48; 49; 50; 51; 52; 53; 54; 55; 56; 57; 58; 59; 60; 61; 62; 63; 64; 65; 66; 67; 68; 69; 70; 71; 72; 73; 74; 75; 76; 77; 78; 79; 80; 81; 82; 83; 84; 85; 86; 87; 88; 89; 90; 91; 92; 93; 94; 95; 96; 97; 98; 99; 100; 101; 102; 103; 104.

30 É possível encontrar diversidade de nomes étnicos nas estelas de Leontópolis, especialmente nas estelas em que há nomes de origens étnicas diversas. Estelas em que o nome do pai é egípcio e do filho é grego: JIGRE 72; nome do pai em grego, nome do filho em hebraico JIGRE 34, 40; nome da mãe em grego, nome do filho em hebraico: JIGRE 40; nome do pai em hebraico, nome do filho em grego JIGRE

É possível constatar em Leontópolis a coexistência entre o templo judaico, os nomes judaicos, egípcios e gregos e uma fraseologia dos epitáfios semelhante à usada em outros lugares do Egito. Esse forte elemento não-judaico na população de Leontópolis, discernível especialmente nos nomes de mulheres e no vocabulário que acompanha esses nomes, já foi identificada como um indício de que a Leontópolis pode não ter sido exclusivamente uma cidade judaica, mas não há motivos confiáveis que permitam identificar qualquer minoria não-judaica que possa ter sido enterrada no local.

Noy (1997) destaca que em relação à condição de cidadania dos habitantes de Leontópolis são chamados de "cidadãos" ou "concidadãos" (JIGRE nº 36), e nomes judaicos são relacionados ao exercício da magistratura (*archḗ/politárchōn* – Abramos, [JIGRE] 39).

As inscrições supérstites de Leontópolis estão em grego, porém há evidências da utilização eventual de outros idiomas. Lanzoni, alegou ter encontrado uma inscrição hebraica em parte de uma coluna, inscrição que se perdeu quando o barco que a transportava virou no Nilo e nenhuma cópia havia sido feita (Noy, 997; Hayter, 1881). Outra inscrição hebraica é descrita em um fac-símile de G. J. Chester (1880). Além disso, Sayce descreveu um fragmento de pedra coberto de estuque, com as letras hebraicas *beth* e *'ayin*, prém o fac-símile mostra a possibilidade de ser uma marca acidental ou uma marca decorativa (Horbury & Noy, 1992).

29, 41, 93; nome do pai em grego, nome da filha em grego: JIGRE 38, 67(?), 70; nome do pai e do filho em grego, mas com alguma evidência de origem judaica: JIGRE 46, 104; nome do pai e do filho em hebraico: JIGRE 43, 54, 57, 58, 65; nome do marido e esposa em grego, mas com algum indício de origem hebraica: JIGRE 40, 78; nome da mãe e da filha em grego, mas com evidência de origem judaica: JIGRE 32, 38, 52; pai e filho homônimos: JIGRE 43, 54, 57.

Os epitáfios de Leontópolis revelam um interessante caso em que uma comunidade judaica parece manter os seus costumes religiosos, mas estabelece um grande intercâmbio com a cultura circundante, o que se manifesta na caracterização das mulheres citadas em epitáfios. Tais epitáfios sobre mulheres são, ao mesmo tempo, próximos dos epitáfios egípcios, tornando Leontópolis um caso que a difere do judaísmo de Alexandria ou de Elefantina, mas, ao mesmo tempo, tais epitáfios têm particularidades que distam significativamente dos epitáfios egípcios.[31]

Os epitáfios que apresentam os nomes das mulheres são uma chave para desvendar aspectos particulares e compartilhados da identidade cultural e étnica dessa comunidade, aparentemente caracterizada por aquilo que é chamado aqui de hibridização cultural.

A questão da centralidade do templo e a alternativa do intercâmbio de cultura

É característico do judaísmo, especialmente pós-exílico, a concentração do culto sacrificial em Jerusalém. Porém, o templo de Leontópolis é a evidência de que o despertar religioso e nacionalista associado à resistência aos selêucidas na Palestina poderia desafiar essa lógica de centralização religiosa.

É uma evidência do caráter inovador de Leontópolis o fato de que o templo de Onias jamais foi mencionado pelos escritores alexandrinos. A evidência atesta que os judeus egípcios nunca estiveram muito interessados nos imigrantes palestinos liderados por Onias. Os relatos em relação a esse templo e a atividade de Onias estão, como foi visto acima, nos epitáfios, na literatura rabínica e

31 Por exemplo, há quatro epitáfios de Leontópolis que registram a morte de uma mulher no parto, algo raramente mencionado em outras partes do Egito. Sobre vários exemplos dessas distinções e semelhanças, ver: Noy, 1997, p. 168-169.

na literatura talmúdica.[32] Esse evitamento passa, por certo, pelo caráter híbrido do assentamento judaico de Leontópolis, que está evidente, como será mostrado a seguir, na evidência documental do assentamento. Far-se-á aqui uma pausa para abordar esse conceito de hibridização cultural, utilizado aqui como chave para a leitura dos epitáfios de Arsinoa e Arsinoe.

O nome das mulheres de Leontópolis em um contexto de hibridização cultural

A "hibridização cultural" é a chave utilizada aqui para a investigação dos epitáfios de Leontópolis, inscrições cujo conteúdo contém, imbricadas, múltiplas referências culturais, às quais podem ser discernidas e identificadas.

A utilização da hibridização cultural para análise de artefatos remonta ao trabalho seminal de Marian H. Feldman (2006), que propõe a análise do chamado "estilo internacional" das obras de arte da Idade do Bronze. A autora defende a existência de uma *koinē* artística internacional, que ocorre em nível temático torna alguns motivos artísticos, entidades

32 O templo de Onias em Leontópolis, citado em JOSEFO, Antiguidades Judaicas 13.65-70, é relacionado pelo autor a Isaías 19.19, que fala do culto a Yahweh no Egito. A menção à cidade de Leontópolis, em vez de Heliópolis, aparece apenas em JOSEFO, Antiguidades Judaicas 13.65, que aborda a petição de Onias dirigida a Ptolomeu VI Filometos e Cleópatra; e em 13. 70, na resposta dos soberanos. As outras passagens nas obras de Josefo referem-se apenas ao nome de Heliópolis. As fontes rabínicas, por outro lado, localizam o templo de Onias em Alexandria, o que parece ser uma confusão entre a sinagoga de Alexandrina, mencionada em outras partes da literatura talmúdica, com o templo de Onias. Cabe ainda a hipótese de que os rabinos tenham se confundido, uma vez que Leontópolis era no início dos tempos bizantinos uma designação alternativa para Alexandria. Estéfano de Bizâncio informa que Alexandria também se chamava Rhakotis, Faros e Leontópolis. Eustáquio de Tessalônica relata que Leontópolis era um dos vários nomes alternativos para Alexandria.

híbridas, compostas de elementos tipicamente desassociados. Ela propõe a existência de um emaranhamento de várias referências culturais em um mesmo contexto discursivo, em um processo de interação que não pressupõe o domínio das culturas coloniais sobre as indígenas, nem pressupõe a manutenção de divisões socioculturais. Para Feldman, grupos étnico-sociais envolvidos em emaranhamentos contribuem para a formação de culturas hibridizadas por meio de interação e de negociação.

Uma análise semelhante foi proposta por Voskos e Knapp (2008), os quais entendem ser o termo "hibridização" adequado para analisar "contato antigo e situações colonizadoras". Os autores se dedicaram à análise da documentação material do Chipre no século XII a.C.

O conceito de hibridização é uma ferramenta útil para analisar os processos desencadeados pelo encontro com múltiplas alteridades, permitindo a percepção dos efeitos da colonização e de outros processos de interação sociocultural, como os observáveis em Leontópolis. Knapp (2008), por exemplo, enfatiza que o conceito de hibridismo – seja ele social, material ou cultural - tem o potencial de refinar a compreensão de qualquer situação de contato que envolva colonização, migração ou aculturação.

A utilização do conceito de hibridização para explorar o potencial criativo de espaços liminares não significa abrir negligenciar outros conceitos aparentemente análogos, como "emaranhamento" (Stockhammer, 2012, p. 48), ou noções rivais de "hibridez", como a de Bhabha[33] (2007, p. 172). O problema da "hibridez" e termos relacionados é que eles são todos metáforas do processo de interação cultural (Ackermann, 2004), interação

33 Para Bhabha, hibridez é ao mesmo tempo um modo de apropriação e resistência em contextos de intercâmbio entre grupos.

própria de todas as culturas, que são, segundo Lévi-Strauss (1994), o resultado de uma mistura, de uma confusão. Edward W. Said (1993) afirma que todas as culturas estão envolvidas umas nas outras, pois nenhuma é única e pura, todas são híbridas.

Ainda que a noção de hibridização seja passível de comparações e avaliações terminológicas, ela está no âmago da chamada história cultural. Burke (2009), por exemplo, elabora o conceito considerando a variedade de objetos considerados híbridos; as nomenclaturas utilizadas para a descrição do processo de hibridização; as distintas situações nas quais as ocorrências híbridas são potenciais; as reações possíveis à hibridização; e, por fim, os resultados destes processos numa perspectiva de longo prazo. Semelhante a Burke, Nicolas Thomas (1996) chama "hibridismo" de conceito, mas o considera geral e reativo demais para contribuir tanto para o entendimento quanto para a crítica política das formas culturais.

Ainda que haja críticas ao conceito de hibridização ou hibridez, ou hibridismo, considerar tais termos como metáforas ou conceitos epistemologicamente úteis é uma possibilidade aqui considerada, visto que a abordagem metodológica dos processos de apropriação que emerge da relação dialética entre aceitação e resistência, ou a redefinição e reorganização cultural podem ser indicados por esses conceitos, sendo apropriados à maneira como tais termos são culturalmente redefinidos e postos em uso (Kopytoff, 1986).

Independente das críticas, as noções relacionadas à hibridização cultural são suficientes para colocar em destaque como as estelas funerárias de mulheres de etnia judaica de Leontópolis testemunham intercâmbios culturais e redefinições, inclusive os relacionados ao feminino.

Em um aspecto metodológico, utilizar-se-á aqui, de forma adaptada, a noção de Hahn (2004) de hibridização cultural, que acontece mediante a operação de quatro aspectos diferentes de um processo: apropriação, objetivação, incorporação e transformação. Todos os quatro aspectos são enredados e ocorrem simultaneamente: apropriação (transição de objetos de mercadorias para bens, tornando-se bens pessoais), objetivação (atribuir a um objeto estrangeiro uma categoria já existente, aplicável a objetos não-estrangeiros), incorporação (competência para lidar com o objeto de maneira "correta") e transformação (atribuição de novos significados aos objetos).

Uma vez que os objetos aqui são discursos fúnebres, observar-se-á no que segue a transição de discursos judaicos, egípcios e gregos nas estelas funerárias, a objetivação desses discursos no âmbito da identidade cultural de Leontópolis, a incorporação desses discursos no cotidiano relacionado à morte e a transformação do mesmo em sua projeção diacrônica.

Dois exemplos de nomes de mulheres de origem judaica de Leontópolis em contextos discursivos híbridos: Arsinoa e Arsinoe

Os epitáfios em túmulos de mulheres que serão apresentados ilustram a hibridização cultural que caracteriza a comunidade judaica de Leontópolis. O primeiro epitáfio analisado é o JIGRE 38 (Jewish Inscriptions of Graeco-Roman Egypt) / CIJ II N. 1530 (Corpus Inscriptionum Judaicarum), elegante epitáfio dórico em estela retangular, encimado por um frontão com campo recuado. O monumento se assemelha às demais lápides de Leontópolis, tanto na forma da estela quanto no conteúdo do epitáfio. A inscrição e a estela não permitem uma datação absoluta (linha 11: "décimo sexto ano, dia 21 de Payni"), sendo possível datar de forma relativa a estela entre o século II a.C. e o século II d.C.

Segue o texto do epitáfio:

(1) στάλα μανύτειρα.—τίς ἐν κυαναυγεῖ τύμβῳ
(2) κεῖσαι; καὶ πάτραν καὶ γενέτην ἔνεπε.—
(3)Ἀρσινόα, κούρα δ' Ἀλίνης καὶ Θηδοσίοιο,
(4) φαμισθὰ δ' Ὀνίου γᾶ τροφὸς ἁμετέρα.—
ποσσαέτης δ' ὤλισθας ὑπὸ σκοτόεν κλίμα Λάθας;—
(6) ἰκοσέτης γοερὸν χῶρον ἔβην νεκύων.—
(7) ζευγίσθης δὲ γάμους;—ζεύχθην.—κατελίνπανες
αὐτῷ
(8) τέκνον;—ἄτεκνος ἔβαν εἰς Ἀΐδαο δόμους.—
(9) ἴη σοι κοῦφα χθὼν ἁ φθιμένοιο φυλάκτωρ.—
(10) καὶ σοί, ξεῖνε, φέροι καρπὸν ἀπὸ σταχύων.
(11) (ἔτους) ις' Παῦνι κα'.</gr>

(1) A estela testemunha - Quem é você quem repousa
na tumba
(2) escura? Diga-me também seu país e suas origens.
(3) - [Eu sou] Arsinoa, filha de Aline e Te(o)dósio,
(4) e a terra que nos alimentou é chamada terra
de Onias.
(5) - Quantos anos você tinha quando entrou na
região escura de Lete?
(6) - Aos vinte anos, fui ao lugar de luto pelos mortos.
(7) - Você era casada? Sim, eu era. - Você deixou
(8) um filho? - Não, sem filhos eu fui à casa de Hades.
(9) Que a terra, guardiã dos mortos, seja leve sobre você.
(10) - E para você, estrangeiro, que produza colheitas
frutíferas.
(11) No décimo sexto ano, dia 21 de Payni.

Esse epitáfio métrico escrito em dialeto dórico é um bom exemplo do tipo tipicamente grego de "pedra falante". Aqui, o diálogo entre o falecido e o transeunte é a maneira de fornecer informações sobre Arsinoa, a falecida de quem a estela fornece informações. O epitáfio pertence ao gênero conhecido como "pedra falante": ele simula o diálogo entre a falecida, que fala de si mesmo na primeira pessoa, e um interlocutor, um transeunte, que faz perguntas ao "morto" em segunda pessoa. A primeira expressão do poema, στάλα μανύτειρα [a estela testemunha] é análoga a utilizada por Calímaco em um de seus epigramas, o que evidencia ser a inscrição um epigrama que está em diálogo intertextual com os epigramas literários.[34]

A mulher sepultada, Arsinoa, é a filha falecida de Aline e Teodósio. O nome da falecida é uma variante dórica do nome de Arsinoe, alusivo principalmente a Arsinoe II, irmã e esposa de Ptolomeu II Filadelfo, considerado benfeitor dos judeus[35] – daí, a grande atestação do nome Arsinoe entre judias.

A explicação para a estela utilizar o dialeto dórico pode ser encontrada na poesia helenística: estrangeiras migrantes em Teócrito, por exemplo, são criticadas por causa das particularidades de seu dialeto (no caso, dórico), especialmente por causa das diferenças das vogais, o que soa mal quando usado por mulheres.[36] O estranhamento diante das vogais abertas e do vocalismo em *álpha* dessa variante dialetal permite identificar que tal modalidade de fala é, para os gregos

34 Em Calímaco, Epigramas XVII.1, o transeunte lê o nome na pedra e depois fala com os que partiram ('Τιμονόη.' τίς δ' ἐσσί;). Essa construção é análoga às duas primeiras palavras do epigrama, que parecem uma exclamação do transeunte: "A estela tem uma história para contar". Ver: Horbury & Noy, 1992, p. 93.

35 Josefo, Antiguidades Judaicas 12.11-13, 45, 51, 58-86, 106, 118.

36 παύσασθ' ὦ δύστανοι, ἀνάνυτα κωτίλλοισαι
τρυγόνες. ἐκκναισεῦντι πλατειάσδοισαι ἅπαντα.
[Parai, ó desafortunadas, de balbuciar sem fim, Pombinhas, todas (esas) pronúncias abertas irritarão os ouvidos] TEÓCRITO, 15.87-88.

alexandrinos do período ptolomaico, própria de estrangeiros.

Logo após o nome dos pais de Arsinoa, o epigrama alude ao "território de Onias", uma referência direta a Onias IV, o sumo sacerdote judeu que fugiu para o Egito em meados do século II a.C. Portanto, uma estela funerária na necrópole de Leontópolis identifica-a como parte não apenas daquele território, mas daquela comunidade cúltica judaica.

Se a topografia do plano humano localiza a morta no território de Onias, Leontópolis, a topografia *post mortem* indica a via que leva à morada definitiva dos mortos, o rio Lethe; e à morada dos mortos propriamente dita, o Hades. A referência da linha 5 à região de Lethé (κλίμα Λάθας), rio do esquecimento em que cada pessoa falecida deve beber, parece uma influência grega. Porém, a apropriação desse aspecto do imaginário já pode ser notada na Septuaginta (LXX), tradução grega da Bíblia Hebraica.[37]

A linha 11 menciona o mês de registro: Payni, ou seja, junho. A datação adotada não é judaica, mas é egípcia. A contagem do tempo em uma cidade majoritariamente formada por judeus caracteriza a sua enculturação, sendo uma peculiaridade dos epitáfios egípcios.

A informação de que Arsinoa era casada (linha 7) e sem filhos (linha 8) são comuns nos epitáfios gregos em geral, e egípcios em particular.

Em relação ao elemento desiderativo que encerra o discurso, esse é, em termos gerais, comum em epitáfios em grego no Egito ptolomaico, na Ásia Menor, em Roma e na Acaia. Ilustra isso o seguinte epitáfio:

37 Faz-se alusão ao Hades na LXX (Jó 7.9-10; 17.13-16; Eclesiástico 9.10; Salmo. 6.6, 113.25; Isaías 38. 18; Eclesiástico 17.27-28). O Hades também é mencionado na tradição bíblica mais tardia (Eclesiástico 14.16, 9.10 e 17.27-28).

(7) κοῦφα κόνις τοι. — τὶν δ', ὁδεῖτ', ὄλβος πέλοι.

(7) Que a terra seja leve sobre ti. - E para você, viajante, que haja felicidade.

[SGO 1, século II ou I a.C. – Teos (Asia Minor)]

A expressão ἴη σοι κοῦφα χθὼν [=κούφα κόνις τοι] é recorrente. Porém, a alusão à felicidade do caminhante é relacionada no epigrama às colheitas frutíferas (linha 10). A linha 4 menciona a terra de Onias como uma terra que alimenta é um *tópos* típico da esperança judaica de obter uma Terra Prometida, que mana leite e mel (Êx 3.8, 17; 13.5; 33.3; Lv 20.24; Nm 13.27; 14.8; 16.13-14; Dt 6.3; 11.9; 26.9, 15; 27.3; 31.20; Js 5.6). O desejo de prosperidade da terra para o que passa sugere que aquilo que se deseja é uma condição análoga à morta antes de seu falecimento.

Nota-se no epigrama a apropriação de aspectos da cultura circundante para a personalização dos mesmos. Primeiro, o nome da governante protetora dos judeus, uma grega, Arsinoe, que governava com o marido o Egito. O próprio nome feminino amálgama a cultura circundante.

Faz parte da apropriação o calendário egípcio; os motivos epigramáticos gregos (idade, filiação, estado civil, se tem ou não filhos); a mitologia grega relacionada à morte (Léthe e Hades); a forma geral do epigrama grego; e o dialeto e aspectos da esperança judaica (uma terra que produza abundância de frutos). Todas essas referências, egípcias gregas e judaicas, estão unidas no mesmo discurso.

A objetivação também deixa os seus traços: o calendário, mito, esperança, forma poética, dialeto e esperança de terra fértil são submetidos às imagens e representações relacionados à morte no discurso socioliterário.

A adequação do discurso, que procura relacionar as suas partes no âmbito da ideia geral de reconhecimento da terra de Onias e no desejo de que o transeunte conheça uma terra semelhante, realoca os discursos rivais, tornando-os palatáveis no contexto de Leontópolis.

Por fim, o híbrido resultante da transformação torna a estela, produto da cultura circundante, um novo maior do que a soma dos contrários. É possível identificar o mesmo processo de hibridização em outro epigrama, para outra Arsinoe (JIGRE 33; CIJ II, 1510; Bernand, Inscr. Métr. 42.1-17), um epitáfio métrico gravado em uma estela retangular com frontão, com moldura denticulada e acroteria, cuja datação relativa (cuja referência é egípcia - 25º ano, Mecheir 2) aponta para o século II ou I a.C.[38]

Segue o texto:

(1) Ἀρσινόης</p> τάφος οὗτος,
(2) ὁδοίπορε· κλαῦσον ἐπιστά-
(3) ς | τὴν κατὰ πάντα ἀτυχῆν, δ-
(4) ύσμορον, αἰνόμορον. | ὀρφανικὴ λεί-
(5) φθην γὰρ ἐγὼ{ι} μεικρά περ ἐοῦσα |
(6) μη{ι}τρός {[26]μητρός[26]}· ἐπεὶ δὲ μ' ἀκμῆς ἄνθος ἐν-
(7) υμφοκόμει, | ἔζευξέν με Φαβεῖτι πα-
(8) τήρ, ὠδεῖνι δὲ Μοῖρα | πρωτοτόκου
(9) με τέκνου πρὸς τέλος ἦγε βίου. | καὶ
(10) μεικρὸν μὲν ἐγώ{ι} τ' ἔλαχον κύκ-
(11) λον, ἀλλὰ χάρις μοι | πλείστη{ι} ἐπέν-
(12) θησεν καλλοσύνη{ι} πραπίδων. | κα-
(13) ὶ τάφος ἐν κόλποις κρύπτει τὸ
(14) ἐμὸν δέμας οὗτος | ἁγνοτρα-

38 O vigésimo quinto ano mencionado na estela (linha 16) parece corresponder ao vigésimo quinto ano de Ptolomeu VI Filometor (156 a.C.), ou de Ptolomeu VIII Evergeta II (120 a.C.), ou de Ptolomeu XII Auletes (56 a.C.), ou de Augusto (5 a.C.).

(15) φές, ψυχὴ δ' εἰς ὁσίους ἔπετε. |
(16) Ἀρσινόης ἐπικήδειος,
(17) (ἔτους) κε', Μεχεὶρ β'.
(1) Este é o túmulo de Arsinoe,
(2) viajante. Fique perto
(3) e chore por ela, infeliz em todas as coisas,
(4) cujo destino foi adverso e terrível. Orfã, pois
(5) eu {mesma}, sendo muito pequena, fui deixada
(6) pela [minha] {ma}mãe {26mãe26} e quando a flor desabrochou
(7) vestiu-me de noiva, meu pai casou-me com
(8) Phabeis; com a dor do parto do meu filho
(9) primogênito, a Moira levou [minha] vida ao final. E
(10) eu [mesmo] recebi um pequeno círculo,
(11) mas uma grande graça [tive] em mim,
(12) a beleza do coração floresceu. E
(13) uma sepultura esconde em seu seio o
(14) meu cadáver nesta cova sagrada,
(15) mas a alma voa para os santos.
(16) Um lamento por Arsinoe.
(17) No 25º ano, Mecheir 2.

Arsinoe, a morta para quem a estela funerária é feita, morreu no parto. Esse dado, aludido nas linhas 8 e 9, é um motivo judaico importante por causa do exemplum de Raquel,[39] porém, raro nos epitáfios egípcios.

39 Gênesis 35.16-20: 16 Partiram de Betel, e, havendo ainda pequena distância para chegar a Efrata, deu à luz Raquel um filho, cujo nascimento lhe foi a ela penoso. 17 Em meio às dores do parto, disse-lhe a parteira: Não temas, pois ainda terás este filho. 18 Ao sair-lhe a alma (porque morreu), deu-lhe o nome de Benoni; mas seu pai lhe chamou Benjamim. 19 Assim, morreu Raquel e foi sepultada no caminho de Efrata, que é Belém. 20 Sobre a sepultura de Raquel levantou Jacó uma coluna que existe até ao dia de hoje.

O uso judaico do nome 'Arsinoe' (linha 1) provavelmente deriva, em última análise, da popularidade de Arsinoe II, morta em 270 a.C. O nome "Arsinoe" também foi muito utilizado na comunidade sacerdotal egípcia com inclinação nacionalista nos segundo e primeiro séculos a.C. (Thompson, 1988).

Neste epitáfio, como no anterior, o narrador (desconhecido) se dirige a um eventual viajante. Em seguida, a própria Arsinoe fala (a partir da linha 4). Ela convida o interlocutor ao lamento/choro (em grego κλαῦσον, linha 3) de forma análoga ao tratamento do tema em Sirácida ("ἐπὶ νεκρῷ κλαῦσον ἐξέλιπεν γὰρ φῶς καὶ ἐπὶ μωρῷ κλαῦσον ἐξέλιπεν γὰρ σύνεσιν ἥδιον κλαῦσον ἐπὶ νεκρῷ ὅτι ἀνεπαύσατο τοῦ δὲ μωροῦ ὑπὲρ θάνατον ἡ ζωὴ πονηρά [Chora sobre um morto, porque ele perdeu a luz; chora sobre um tolo, porque é falho de juízo. Chora menos sobre um morto, porque ele achou o repouso] – Sirácida 22.11).

Se JIGRE 38 apresenta uma variante dialetal próxima do grego dórico, o epitáfio de Arsinoe apresenta, por outro lado, outras marcas dialetais, especialmente a adição de um iôta a vocábulos. Os termos ἐγὼ{ι} e μεικρά (linha 3), μη[ι]τρός (linha 6), ὠδεῖνι (linha 8), μεικρὸν e ἐγώ[ι] (linha 10), πλείστη[ι] (linha 11) e καλλοσύνη[ι] (linha 12) mostram a adição de ι ou a ditongação da sílaba das raízes, havendo o intercâmbio entre as formas ει e ι. É provável que tal ditongação nas raízes seja mais uma particularidade na adaptação da língua falada para a escrita, o que evidencia talvez a "crioulização" do grego em Leontópolis (Muysken & Veenstra, 1994).

A menção do crescimento de Arsinoe e da sua aptidão para o casamento se dá pela utilização dos termos ἀκμῆς ἄνθος (linha 6). A expressão é utilizada por Fílon de Alexandria para se referir à juventude.[40] A expressão alude às almas ainda jovens e tenras e aparece em várias ocorrências em epitáfios (Lattimore, 1942; Horbory & Noy, 1992).

O verbo ἐνυμφοκόμει (linha 6-7), que só aparece na forma transitiva aqui e em Eurípides, Medeia 985, alude ao arranjo nupcial. A utilização desse vocábulo em um contexto que une a noção de casamento à morte é outro ponto comum entre a Medeia de Eurípides e este epigrama, uma evidência de que tal proximidade não parece ser acidental.

O nome do marido, Phabeis (linha 7), é egípcio e aparece nas inscrições de Demerdash e Tell el-Yehoudieh. O nome evidencia a possibilidade de terem ocorrido casamentos mistos entre judeus e egípcios, o que é atestado nos óstracos de Edfu, pertencentes ao séculoi e ii d.C.[41] O mesmo pode ser atestado no caso dos cidadãos judeus de Antinópolis (Segré, 1944).

De modo semelhante a JIGRE 38, que faz uso de figuras mitológicas para falar da morte (Léthe e Hades), o epigrama de Arsinoe alude à Μοῖρα (linha 8), e o faz de forma genérica, como é possível constatar pelos usos dos termos δύσμορον (linhas 3 e 4) e αἰνόμορον (linha 4). A morte provocada pelo nascimento de seu primogênito (e único filho) é a ocasião em que a Moira leva a vida de Arsinoe ao seu final (linha 9). O que se vê a seguir é uma mistura de referências gregas às referências da Septuaginta: a dor do parto (o dativo

40 Fílon, *De specialibus legibus* 3.39.

41 Honigman (2004) contou 65 indivíduos diferentes com nomes aramaicos ou hebraicos nos documentos de Edfu. Os documentos acessados pela autora mostraram 47 nomes diferentes, porém, os patronímicos ajudaram-na a distinguir entre os vários homônimos. Há nomes egípcios e de origem hebraica em vínculos de parentesco e o caráter da comunidade pressupõe que houve casamentos mistos entre egípcios e judeus. Ver: Schwartz, 1984, p. 65-66; Horbury & Noy, 1992, p. 72.

ὠδεῖνι da linha 8) é análogo a Isaías 26.17 (LXX). Chamar o filho de primogênito (o genitivo πρωτοτόκου da linha 8 – além de chamar de filho [τέκνου] na linha 9) é advindo da preocupação judaica com a identificação do primogênito para que os benefícios da Torá incidam sobre ele (Gênesis 25.19-34). Há aqui, de fato, uma hibridização de referências pertencentes ao imaginário, o que indica o caráter peculiar dos símbolos utilizados pelos leontopolitanos para aludir à morte e explicá-la.

Ainda no que diz respeito à morte, o epigrama reproduz a forma judaica de utilizar a palavra τέλος: ela aparece no nominativo, ligada a uma preposição (no caso do epitáfio, πρός – linha 9), como ocorre em Números 17.28; Josué 8.24, 10.20; 2 Crônicas 12.12, 31.1; Daniel 3.34; 2 Macabeus 6.15. A morte, na perspectiva do epigrama, é explicada tendo o embreador a Moira, e no demais, uma linguagem bíblica.

O contraste entre a condição precária do corpo enterrado em um pequeno círculo (μεικρὸν μὲν ἐγώ{ι} τ'ἔλαχον κύκλον – linha 10 e 11), e a grande graça recebida por ocasião da morte (linha 11) é estabelecido por uma conjunção adversativa forte (ἀλλά - linha 11). A frase ἐπένθησεν καλλοσύνη{ι} πραπίδων [a beleza do coração floresceu – linha 11-12] apresenta o sujeito posposto ao verbo (como no hebraico), e retoma a imagem da planta/flor que desabrocha (linhas 6 e 7) – imagem evocada agora para se referir à morte como o desabrochar/florescer da beleza de alma. A forte oposição entre o sofrimento do corpo castigado por um parto difícil, e a beleza que surge por causa da nova (e boa) condição post mortem, coincide em parte com a noção egípcia de vida após a morte. Ausentes estão os ritos realizados pelo *tarikeutēs*, a procissão e a alusão ao renascimento na vida após a morte. Em relação ao judaísmo encontrado na Septuaginta, a noção de um corpo castigado que se deteriora e da alma que volta a

Deus ou que se congrega aos santos está em consonância com os temas bíblicos da procedência divina da alma (Gênesis 2.7), do corpo que vai ao pó (Salmo 104.29) e da alma que vai a Deus (Tobias 3.6) e compartilha da comunhão dos santos, como está no epitáfio (linha 15 – Daniel 12.12-13).

Como foi dito, o cadáver preso em um buraco sagrado (linhas 13 e 14) não prende a alma, que vai para os santos (linha 15). O ponto de contato entre o cadáver e a alma é a condição de santidade destacada nos termos ἁγνοτραφές [cova sagrada] (linhas 14 e 15) e ὁσίους [santos] (linha 15). O verbo final, ἔπετε (linha 15), é πέτομαι, em uma forma aparentemente defectiva da terceira pessoa do singular do presente do indicativo. O que há aqui é a atribuição de um valor sagrado para um tema difundido nos epitáfios gregos: o tema da alma que voa. O destino do voo, a reunião com os santos, é um tema importante em 4 Macabeus 28.23, Salmos de Salomão 12.8(9), 14.2(3),6(9-10). A último termo classifica o texto: ἐπικήδειος (linha 16) – termo que significa "enterro", "funeral", mas que por extensão significa elegia, uma canção para ser cantada antes do enterro, em oposição ao ἐπιτάφιον (Virgílio, Éclogas 5.14) ou θρῆνος (Ptolomeu de Ascalon, p.404 H).

Nota-se, no epigrama de JIGRE 33, uma apropriação de aspectos da cultura circundante semelhante a da inscrição JIGRE 38. Primeiro, o nome da governante protetora dos judeus, uma grega, Arsinoe, que governava com o marido o Egito. O próprio nome feminino amálgama a cultura circundante, pois une na mesma pessoa, agora morta, a identidade social de seu povo no caldo cultural do Egito ptolomaico.

Ainda em relação à apropriação, o epigrama também utiliza, como JIGRE 38, o calendário egípcio; os motivos epigramáticos gregos (idade, filiação, estado civil e filho), a mitologia grega relacionada à morte e a forma geral do epigrama grego. Porém, o gênero "pedra falante" está relacionado mais com a tragédia grega de Eurípides do que com a poesia de Calímaco e de Teócrito. Em contraste com o vocabulário trágico que assume, paradoxalmente, o epigrama utiliza uma variante de grego que recorre à ditongação própria de um grego crioulo – um grego próprio de uma comunidade que mescla a sua língua nativa com a língua de seu novo território de ocupação. Outro aspecto da apropriação: o epigrama traduz aspectos da esperança judaica partindo de um tema mitológico grego, a Moira: Arsinoe fala da vida após a morte, congregada aos santos, abandonando para trás, na cova sagrada, o corpo castigado pelo parto que a matou. Referências gregas, egípcias e judaicas se mesclam no mesmo discurso.

A objetivação também deixa os seus traços: o calendário, mito, esperança, forma poética, dialeto e esperança de vida após a morte, em que os planos humano (cova) e divino (congregação dos santos) revelam imagens e representações desse discurso socioliterário.

A adequação do discurso, que procura relacionar as suas partes no âmbito da ideia geral de vida após a morte como consolo para a realidade da partida de Arsinoe realoca os discursos rivais, tornando-os palatáveis no contexto de Leontópolis. O templo judaico passa a fazer sentido: ele tem vida cúltica como o templo de Jerusalém; e, ao mesmo tempo, tem crença na vida do porvir como os templos egípcios.

Por fim, o híbrido resultante da transformação torna a estela, produto da cultura circundante, um novo maior do que a soma dos contrários. E no cerne desse novo, está o nome de uma mulher, Arsinoe.

São os nomes das duas mulheres, Arsinoa e Arsinoe, que servem de embreadores e veículos da hibridização cultural. O trabalho de investigação para o banco de dados Eurykleia dedicado às estelas funerárias do Egito ptolomaico evidencia a mesma realidade se repetindo em cinquenta e dois nomes diferentes. Porém, estes dois nomes tão parecidos, Arsinoa e Arsinoe, mostram que os epigramas não tratam apenas do reconhecimento e da triste despedida de uma ente querida. Eles dizem respeito à cultura, e nela, as mulheres, ainda que mortas, tem protagonismo.

Referências

Adam, S.

Recent Discoveries in the Eastern Delta (Dec. 1950 – May 1955). *Annales du Service des antiquités de l'Égypte* 55,1958.

Appadurai, A. (ed.)

The Social Life of Things: Commodities in Cultural Perspective. Cambridge: Cambridge University Press, 1986.

Bach, A.

Women, Seduction, and Betrayal in Biblical Narrative. Cambridge: Cambridge University Press, 1997.

Baker, H. D. B. & Jursa, M. (eds.)

Approaching the Babylonian Economy: Proceedings of the Start Project Symposium Held in Vienna, 1–3 July 2004. Münster: Ugarit-Verlag.

Bal, M.

Lethal Love: Feminist Readings of Biblical Love Stories. Bloomington, Indiana: Indiana University Press, 1987.

Baskin, J. R.

Jewish Women in Historical Perspective. Detroit: Wayne State University Press, 1998.

Bell, C.

Ritual: Perspectives and Dimensions. Oxford: Oxford University Press, 1997.

Berlin, A. & Grossman, M. (eds.)

The Oxford Dictionary of the Jewish Religion. Revised Edition, New York: Oxford University Press, 2011.

Bernardi, B.
Introdução aos Estudos Etno-Antropológicos. Lisboa: Edições 70, 2007.
Bhabha, H. K.
The Location of Culture. London: Routledge, 2007.
Borofski, R. (ed.)
Assessing Cultural Anthropology. New York: McGraw-Hill, 1994.
Botta, A. F.
The Aramaic and Egyptian Legal Traditions at Elephantine: an Egyptological Approach. Londres/New York: T&T Clark International, 2009.
Bourdieu, P.
A dominação masculina. Rio de Janeiro: Bertrand Brasil, 1999.
A economia das trocas simbólicas. São Paulo: Perspectiva, 2007.
Brenner, A. (ed.)
A feminist companion to Esther, Judith and Susanna. Sheffield: Sheffield Academic Press, 1994.
A feminist companion to Genesis. Sheffield: Sheffield Academic Press, 1993a.
A feminist companion to Judges. Sheffield: Sheffield Academic Press, 1993b.
A feminist companion to Samuel and Kings. Sheffield: Sheffield Academic Press, 1995.
A feminist companion to the Song of Songs. Sheffield: Sheffield Academic Press, 1993c.
Ruth and Esther: a feminist companion to the Bible. Sheffield: Sheffield Academic Press, 1999.
Broshi, M. & Finkelstein, I.
The Population of Palestine in Iron Age II, *Basor* 287, 1992.

Brueggemann, W.

Theology of the Old Testament: Testimony, Dispute, Advocacy. Minneapolis: Fortress Press, 1997.

Burke, P.

Cultural Hybridity. Cambridge/Malden: Polity Press, 2009.

Cardoso, C. F.

Tinham os antigos uma literatura?, Phôinix/UFRJ, Laboratório de História Antiga, Ano V- 1999, Rio de Janeiro: Sette Letras, 1999.

Carter, C. E.

The Emergence of Yehud in the Persian Period: a social and demographic study. Sheffield: Sheffield Academic Press, 1999.

Certeau, M.

A invenção do cotidiano: artes de fazer. Rio de Janeiro: Vozes, 1998.

Chafetz, J. S. (ed.)

Handbook of the Sociology of Gender. New York: Kluwer Academic/Plenum Publishers, 1999.

Chester, G. J.

A Journey to the Biblical Sites in Lower Egypt. Palestine Expliration Fund, 1880.

Corrington Streete, G.

The Strange Woman: Power and Sex in the Bible. Louisville: Westminster John Knox Press, 1997.

Dozeman, T. B. *et al.* (ed.).

The Pentateuch: International Perspectives on Current Research. Tübingen: J. C. B. Mohr/Paul Siebeck, 2011.

Du Mesnil Du Buisson, R.

Le temple d'Onias et le camp Hyksos a Tell el Yahoudiye. Bifao 35, 1935.

Edersheim, A.

Bible history: Old Testament. Peabody: Hendrickson 1995.

EDGAR, C. C.

A group of inscriptions from Demerdash. Bulletin de la Société Archéologie d'Alexandrie 15, 1914-1915.

More tomb-stones from Tell el Yahoudieh. Annales du Service des antiquités de l'Égypt 22, 1922.

EXUM, J. C.

Fragmented Women: Feminist (Sub)Versions of Biblical Narratives. Sheffield: Shefield Academic Press, 1993.

Plotted, Shot and Painted: Cultural Representations of Biblical Women. Sheffield: Sheffield Academic Press, 1996.

Song of Songs: A Commentary. Lousville: Westminster John Knox Press, 2005.

FAUST, A.

Judah in the Neo-Babylonian Period: The Archaeology of Desolation. Atlanta: Society of Biblical Literature, 2012.

FELDMAN, M. H.

Diplomacy by Design. Luxury Arts and an 'International Style' in the Ancient Near East, 1400–1200 B.C.E. Chicago: University of Chicago Press, 2006.

FOUCAULT, M.

From the history of sexuality. Volume I: An introduction, Harmondsworth: Penguin, 1978.

GIDDENS, A.

The Constitution of Society: Outline of the Theory of Structuration. Berkeley: University of California Press, 1984.

GRIMES, R. L.

The Craft of Ritual Studies. Oxford: Oxford University Press, 2014.

HAHN, H. P.

"Zur Ethnologie des Konsums in Afrika." *Paideuma* 53, 2007.

Globale Güter und lokales Handeln in Afrika. Einige methodische Vorbemerkungen. *Sociologus* 53, 2004.

Hayter Lewis, T.

Tel-el-Yahoudeh (The Mound of the Jew). Transactions of the Society of Biblical Archeology 7, 1881.

Himmelfarb, M.

A Kingdom of Priests: Ancestry and Merit in Ancient Judaism (Jewish Culture and Contexts). Philadelphia: University of Pennsylvania Press, 2006.

Honigman, S.

Abraham in Egypt: Hebrew and Jewish-Aramaic Names in Egypt and Judaea in Hellenistic and Early Roman Times. Zeitschrift für Papyrologie und Epigraphik 146, 2004.

Horbury, W. & Noy, D.

Jewish Inscriptions of Graeco-Roman Egypt: With an index of the Jewish inscriptions of Egypt and Cyrenaica. Cambridge: Cambridge University Press, 1992.

Israelit-Groll, S.

Death and salvation in ancient Egypt. Ithaca: Cornell University Press, 2005.

Studies in Egyptology presented to Miriam Lichtheim. Volume I, Jerusalem: Magnes Press, 1990.

Jacobs Mignon, R.

Gender, Power, and Persuasion: The Genesis Narratives and Contemporary Portraits. Grand Rapids, Michigan: Baker Academic, 2007.

Jäger, F. & Rüsen, J. (eds.)

Handbuch der Kulturwissenschaften III, Themen und Tendenzen. Stuttgart: Metzler, 2004.

Jursa, M.

Aspects of the Economic History of Babylonia in the First Millennium BC: Economic Geography, Economic Mentalities, Agriculture, the Use of Money and the Problem of Economic Growth. Münster: Ugarit-Verlag, 2010

KNAPP, A. B.
Prehistoric and Protohistoric Cyprus. Identity, Insularity, and Connectivity. Oxford: Oxford University Press, 2008.

KREINATH, J.; SNOEK, J. A. M. & STAUSBERG, M. (eds.)
Theorizing Rituals: Issues, Topics, Approaches, Concepts. Leiden: Brill, 2006.

KUNTZMANN, R. & SCHLRASES, J. (ed.)
Études sur le judaïsme hellenistique. Paris, 1984.

LATTIMORE, R.
Themes in Greek and Latin Epitaphs. Urbana: The University of Illinois Press, 1942.

LIPSCHITS, O.
The Fall and Rise of Jerusalem: Judah under Babylonian Rule. Winona Lake: Eisenbrauns, 2005.

MCCALL, L.
"The complexity of Intersectionality". Signs 30 (3), 2005, p. 1771-1800.
Complex inequality: Gender, class and race in the new economy. New York: Routledge, 2001.

MÉLÈZE MODRZEJEWSKI, J.
The Jews of Egypt: From Ramses II to Emperor Hadrian. Princeton: Princeton University Press, 1997.

MERKELBACH, R. & STAUBER, J. (eds.).
Steinepigramme aus dem griechischen Osten. 5 Volumes, Stuttgart/Leipzig, 1998-2004.

MILLER, J. M. & HAYES, J. H.
A History of Ancient Israel and Judah. 2 edição, Louisville: Westminster, 2006.

MOUGHTIN-MUMBY, S.
Sexual and Marital Metaphors in Hosea, Jeremiah, Isaiah, and Ezekiel. Oxford: Oxford University Press, 2008.

Muffs, Y.
Studies in the Aramaic legal papyri from Elephantine. Leiden: Brill, 2003.
Muysken, P. Veenstra, T. (eds.)
Pidgins and Creoles. Amsterdam/Philadelphia: John Benjamins, 1994.
Naville, E.
"The Mound of the Jew and the City of Onias. Belbeis, Samanood, Abusir, Tukh el Karmus. 1887". Seventh Memoir of the Egypt Exploration Fund (Extra Volume for 1888–1889). London: Kegan Paul, Trench, Trübner & Co., 1890.
Perrot, M.
Les Femmes ou Les Silences de L'Histoire, Paris: Flammarion, 1998.
Petrie, W. M. F.
Hyksos and Israelite Cities. London: Office of School of Archaeology, 1906.
Probst, P. & Spittler, G. (eds.)
Between Resistance and Expansion. Explorations of Local Vitality in Africa, Beiträge zur Afrikaforschung 18. Münster: LIT Verlag, 2004.
Reiter, R. (ed.).
Toward an Anthropology of Women. New York: Monthly Review Press, 1975.
Reskin, B. F. & Padavic, I.
"Sex, race, and ethnic inequality in United States workplaces". *In*: chafetz, J. S. (ed.). Handbook of the Sociology of Gender. New York: Kluwer Academic/Plenum Publishers, 1999, p. 343-374.
Richards, R. R.
The Role of Imperial Decrees in Ezra-Nehemiah: An Ideological and Exegetical Analysis. Tese de Doutorado. Cape Town: University of Cape Town, 1994.

RICOEUR, P.
Freedom and Nature. The Voluntary and the Involuntary. Evanston: Northwestern University Press, 1966.
ROOKE, D. W. (ed.)
A Question of Sex? Gender and Difference in the Hebrew Bible and Beyond. Sheffield: Sheffield Phoenix Press, 2007.
RUBENSOHN, O. (ed.).
Elephantine (P. Eleph.): Elephantine Papyri. Berlin, 1907.
RUBIN, G.
"The traffic in women: Notes on the political economy sex", In: reiter, r. (ed.). Toward an Anthropology of Women. New York: Monthly Review Press, 1975, p. 157-210.
SAFRAN, W.
The Jewish Diaspora in a Comparative and Theoretical Perspective. Israel Studies 10 (1), 2005.
SAID, E. W.
Culture and Imperialism. New York: Chatto & Windus, 1993.
SCHAUDIG, H.
Die Inschriften Nabonids von Babylon und Kyros' des Großen samt den in ihrem Umfeld entstandenen Tendenzschriften: Textausgabe und Grammatik. Münster: Ugarit-Verlag, 2001.
SEBILLOTTE CUCHET, V.
Régimes de genre et Antiquité grecque classique (Ve-IVe siècle avant J.-C.). Annales HSS, jul.-set. 2012, nº 3.
SEGRÉ, A.
The Status of the Jews in Ptolemaic and Roman Egypt: New Light from the Papyri. Jewish Social Studies, Volume 6 (4), 1944.
SMITH, M.
Traversing eternity: Texts for the afterlife from Ptolemaic and Roman Egypt. Oxford: Oxford University Press, 2009.

Sommer, B. D.
The Bodies of God and the World of Ancient Israel. Cambridge: Cambridge University Press, 2009.
Stockhammer, P. W.
Conceptualizing Cultural Hybridization. A Transdisciplinary Approach. Heidelberg: Springer, 2012.
Stökl, J. & Waerzeggers, C. (eds.)
Exile and Return: The Babylonian Context. Berlin: De Gruyter, 2015.
Stolper, M. W.
Entrepreneurs and Empire: The Murašû Archive, the Murašû Firm, and the Persian Rule in Babylonia. Istanbul: Nederlands Historisch-Archaeologisch Instituut, 1985.
Tcherikover, V. A.
The Jews in Egypt in the Hellenistic-Roman age in the Light of the Papyri. Jerusalem: Hebrew University Press Association, 1945.
Hellenistic Civilization and the Jews. New York: 1970.
Thomas, N.
Cold Fusion. American Anthropology (N. S.) 98(1), 1996.
Thompson, D. J.
Memphis under the Ptolemies. Princeton: Princeton University Press, 1988.
Valkama, K.
Judah in the Mid-Sixth Century BCE: Archaeological Evidence for a Post-Collapse Society. PhD diss., the University of Helsinki, 2012.
Van Driel, G.
Elusive Silver: In Search of a Role for a Market in an Agrarian Environment: Aspects of Mesopotamia's Society. Leiden: Nederlands Instituut voor het Nabije Oosten, 2002.
The Murašûs in Context. Journal of the Economic and Social History of the Orient 32, 1989.

Van Henten, J. W. & Van Der Horst, P. W.
Studies in Early Jewish Epigraphy. Leiden: Brill, 1997.

Veldman, I. M.
"The Old Testament as a moral code: Old Testament stories as *exempla* of the Ten Commandments", Simiolus 23/24, 1995.

Voskos, I. & Knapp, A. B.
Cyprus at the End of the Late Bronze Age: Crisis and Colonization or Continuity and Hybridization? American Journal of Archaeology 112, 2008.

Wasserstein, A.
Notes on the Temple of Onias at Leontopolis. Illinois Classical Studies 18, 1993.

Williams, J. G.
Women Recounted: Narrative Thinking and the God of Israel. Sheffield: Almond Press, 1982.

Wood, L. A.
Survey of Israel's History. London: Pickering & Inglis, 1970.

2

AS MULHERES NA ANTIGUIDADE GRECO-ROMANA: O USO DO PASSADO COMO INSTRUMENTO DE UM PODER DISCURSIVO

Karolini Batzakas de Souza Matos

Apesar de serem grandes civilizações e de termos muito material escrito e trabalhado sobre Grécia e Roma, os estudiosos dessas civilizações "esconderam" por muito tempo seu segredo, a voz feminina. A negligência em torno do tema não é incomum, mas recebe sua assistência a partir do ano de 1960, com os debates sobre gênero, e se intensifica em 1980, com a entrada da arqueologia e, por consequência, de novas fontes de pesquisa. O problema do silenciamento não é a falta de fontes ou a inexistência feminina no espaço público, mas o apagamento dessas duas coisas.

Ao iniciar o presente texto, é preciso tratar da dificuldade em analisar as mulheres no mundo antigo; duas questões pontuam bem essa dificuldade e apontam para um mesmo problema: as fontes. Primeiro, como argumenta Roger Just, a dificuldade em compreender a representação feminina se deve ao fato dos documentos (sobretudo os manuscritos) serem produzidos por homens (Just, 1989, p. 1-3), o fato contribuiu para a formação de um arquétipo feminino baseado nos princípios e virtudes masculinas.

Uma segunda questão está na hierarquia com que as fontes foram categorizadas pelo próprio processo histórico. A valorização da fonte escrita em detrimento das fontes arqueológicas corroborou para definição do feminino a partir de uma elite, pois, ainda que a cultura material fosse confeccionada principalmente por homens[1], ela incorporava uma parte abastada da sociedade, acolhendo relações mais plurais.

O lugar apagado das mulheres na vida social e a ausência de escritos de suas próprias mãos (Safo seria uma exceção), e o seu silêncio aconselhado pelos homens, tudo isso contrasta, segundo as palavras de Orrieux e Pantel (2004, 252), com a importância das reflexões masculinas sobre o feminino em todos os domínios da cultura grega, não somente nos documentos escritos, como também na cultura material produzida na época. Para os autores citados, essas reflexões justificariam constantemente a hierarquia que se dizia existir naturalmente entre os sexos e que a reflexão sobre os domínios masculino e feminino era um dos meios de abordar e de compreender outras clivagens fundamentais da cidade (Junqueira, 2001, p. 76).

Quando os problemas que afetam a construção do feminino não estão na fonte, eles estão na forma como essa é interpretada. Em 1987 Sarah Pomeroy, uma precursora da História do gênero no mundo antigo, publica o livro *Goddesses, whores, wives,* and *slaves* em que já aponta para o problema da interpretação anacrônica a qual as mulheres gregas foram submetidas. Para a historiadora, os investigadores "são as vítimas de sua própria época e seus entornos sociais"[2] (Pomeroy, 1999, p. 75), do seu contexto. Assim, a autora identifica que o recorte das fontes é feito de maneira inversa, em que o pesquisador busca encaixá-la no presente. Contudo, esse movimento perigoso é um instrumento chave

1 Em Roma parece haver uma maior participação feminina na construção das representações, nos muros destinados à deusa Vênus, por exemplo, é possível encontrar inscrições parietais feitas por mulheres (Cavicchioli, p. 71-72).

2 Son las víctimas de sus próprias épocas e de sus entornos sociales.

da História e do revisionismo historiográfico. Afinal, são as concepções modernas que nos fazem olhar para o passado sobre novas perspectivas; diante desse movimento perigoso, que pode levar o pesquisador a uma análise errônea e enviesada dessas fontes, é preciso estar atento.

O estudo do passado surge de interesses de nosso tempo. Nossas pressuposições modernas afetam a forma como interpretamos o passado. Todavia, existem muitas diferenças entre nós e os antigos na forma de significar discursivamente e de representar a imagética das práticas sexuais humanas (Pinto, 2011, p. 127).

Sob esta perspectiva, Cuchet (2017) afirma que tratar do mundo antigo implica em utilizar termos anacrônicos. Para o debate, a autora se utiliza da Nicole Loraux que compreende a reflexão histórica como atualidade do presente, deste modo, é a partir do presente que se interroga o passado. "A dominação masculina [por exemplo] é um conceito, como o patriarcado ou o sexismo[3], que fundou a história das Mulheres e os estudos de gênero" (Cuchet, 2017, p. 13-14). Enquanto conceito, esses termos são construídos em um tempo e contexto específico que devem ser levados em consideração na leitura. A utilização dessas noções permite o questionamento e a introjeção de novas descobertas, admitir essa utilização "anacrônica" é se ater ao caráter interpretativo de cada trabalho historiográfico e situá-lo em um tempo histórico.

A arbitrariedade dos usos do passado greco-romano

A historiografia tradicional greco-romana se habituou a tratar as mulheres como parte aderente da vida doméstica, a

3 La domination masculine est un concept, comme le patriarcat ou le sexisme, qui a fondé l'histoire des femmes et les études de genre.

elas não era dado o direito ao público nem à fala. Contudo, uma revisão historiográfica, feita com o auxílio de outras fontes (vasos, inscrições em estelas, inscrições em muros, afrescos etc.), mostrou uma relatividade dessa afirmativa. As mulheres em cada período histórico devem ser tratadas como plurais, pois não há uma homogeneidade dentro das sociedades, seja antiga ou moderna. Além disso, se demonstrou através das fontes, manuscritas e imagéticas, que haveria uma participação feminina no espaço público e privado, seja através da presença ou da ausência, tornando possível o questionamento de uma fronteira delimitante. François Lissarrague (1998), com os estudos da iconografia grega, ou Pedro Paulo Funari (1995), com as inscrições nos muros da cidade de Pompeia, demonstram como as fontes trazem uma pluralidade na experiência social das mulheres.

Grécia e Roma possuem um ponto em comum, na tentativa de reconstituição do passado: ambas as regiões foram exaltadas e recuperadas como tentativa de resgatar uma herança cultural branca e superior. Esse nacionalismo que se debruçou a interpretar o passado, fez da histografia greco-romana um espaço de justificativa para atos violentos e discriminatórios.

A ideia de uma superioridade e de um imperialismo (sobretudo romano) serviu para embasar a expansão fascista. Não à toa a política de Mussolini é a de conservação da cultura material de Roma, visto que representa a supremacia italiana sobre os povos conquistados no mundo antigo e moderno. O ditador fazia visitas oficiais à cidade de Pompeia como forma de reconhecimento e associação entre os italianos e a chamada romanização. Com relação à historiografia romana, Marina Cavicchioli afirma que:

> [...] arqueólogos e historiadores clacissistas mais do que pensar que estavam reconstruindo um deter-

> minado tipo de passado, se consideraram em uma posição privilegiada por estudarem a cultura romana, acreditando que com isto estariam contribuindo para a compreensão dos padrões culturais da civilização ocidental. Contudo, o que fizeram foi categorizar e discutir os objetos partindo de noções ocidentais contemporâneas e masculinas (Cavicchioli, p. 6).

Rebecca Kennedy (2001), em sua fala para Universidade Federal do Estado do Rio de Janeiro, expressou sua preocupação com a utilização desse passado retorcido e interpretado de maneira conveniente. A extrema direita estadunidense, por exemplo, vem se utilizando da premissa das origens, na qual os gregos e romanos se opunham aos bárbaros, para justificar uma supremacia branca em detrimento de imigrantes advindos do terceiro mundo. Essa é uma teoria racial que excluí e violenta os corpora que não se encaixam no discurso de uma "raça ariana". A utilização do mundo antigo se dá em muitas vias, dentre elas a do evolucionismo, no qual compreendem que o mundo greco-romano tinha por premissa levar uma civilidade para os outros povos, mas uma civilidade que passaria pela eugenia, ou seja, por uma ideia de raça pura ou limpa. Kennedy acredita que Sir Francis Galton, fundador da teoria eugenista, teria lido *Platão, República,* e Aristóteles, *História dos animais* e *Política*, para fundamentar sua teoria. O ideal branco para essas teorias foi representado pela imagem de Apolo Belvedere (uma estátua de mármore grega que representa o deus Apolo). O fato é que essas teorias são creditadas e levadas a cabo até hoje por grupos nacionalistas nos mais variados lugares.

Donna Zuckerberg, no livro *Not all dead White Men* (2018), estuda como os Clássicos estão sendo usados pela comunidade chamada de *Red Pill*[4]. Estruturada por volta de 2012, a comunidade estadunidense é montada sobre uma rede online e se desenvolve por meio de ideias antifeministas de extrema direita, em que uma supremacia masculina é exaltada. Esses homens coordenam ataques e enviam ameaçar de morte e estupro a feministas declaradas. O perfil por detrás dessa comunidade é, em sua maioria, homens heterossexuais, brancos, politicamente conservadores, sem grande afiliação religiosa e entre idade de dezoito e trinta e cinco anos (Zuckerberg, 2018, p. 11).

Para eles a sociedade impõe a ideia de uma supremacia masculina e branca de maneira midiática, pois, na verdade, eles seriam oprimidos, haveria então "um mito do privilégio masculino" – *myth of male privilegie*. O Red Pill argumenta, portanto, que não há um privilégio, visto que há uma série de percentuais que afirmam que os homens são as maiores vítimas da violência: o suicídio é maior, eles morreriam mais no local de trabalho, são 90% dos presidiários, o número de estudantes homens no ensino seria menor se comparado ao de mulheres. Eles alegam ainda que, ao contrário das mulheres, são falsamente acusados de estupro ou forçados a pagar pensão alimentícia para as crianças sobre as quais não possuam direitos parentais (Zuckerberg, 2018, p. 12).

As narrativas apresentadas acima são tidas pelo grupo como absolutas e a maneira de enfrenta-las seria, para eles, uma luta da cultura narrativa – "figth the cultural narrative". O grupo não busca entender os percentuais por eles levantados ou recusar a narrativa posta, mas atacar o feminismo como se este fosse o causador dos males masculinos. A ideia do nome e da ideologia do grupo foi retirada do filme *Matrix* (1999). No filme *Neo* (Keanu Reeves) é chamado pelo personagem

4 O grupo inclusive apoiou o Donald Trump em 2014.

Morpheus (Laurence Fishurne) a participar do movimento de resistência que os libertará da Matrix, uma realidade em que as máquinas comandam o comportamento humano. Nessa aventura, o protagonista é posto a escolher entre duas pílulas de cores diferentes (vermelho e azul), uma o torna refém da ilusão, a outra o fará descobrir a verdade. Ao escolher o comprimido vermelho, Neo acorda do mundo ilusório, em paralelo a história do filme, o grupo *Red Pill* acredita que eles estão nesse mundo das ilusões e que devem despertar dele por meio da pílula vermelha, da verdade passada pelo grupo.

Zuckerberg analisa artigos, postagens e comentários lançados nas redes por essa comunidade para pensar em como a antiguidade greco-romana é utilizada para justificar essas ideologias violentas. Nas postagens, o mundo antigo é alvo de admiração. O grupo utiliza-se da filosofia greco-romana para justificar sua crença de que mulheres e pessoas de cor não são apenas mais raivosas e mais emocionais do que os homens, mas são moralmente inferiores. A identidade desses grupos é formada por meio da utilização de uma herança cultural clássica, e o termo clássica aqui não é despretensioso, do contrário se torna um marcador de classe social[5]. Associar-se aos antigos para eles tem um valor de superioridade, pois faz deles descendentes de homens brancos que alcançaram a gloria. Essa mentalidade conservadora faz da sociedade greco-romana um lugar de feitos históricos idealizados e povoado por heróis homéricos. A memória da antiguidade é convocada de modo positivo para justificar uma colonização

5 Em Roma, segundo Aulus Gellius, Servius Tullius (Sérvio Túlio) dividiria a sociedade em estratos e utilizaria o termo classici para se referir aos homens que possuíam renda elevada (AULUS GELLIUS, The Attic Nights 1927, VI, § 13). Assim, ter a formação das camadas superiores, para a modernidade, ocorre em ser versado e nos clássicos, isso é nos escritos antigos que poderiam reforçar as hierarquias existentes.

e civilização dos povos "bárbaros", ou seja, daqueles que não estão nesse grupo de homens brancos.

Além disso, a comunidade *Red Pill* é "[...] atraída pelos antigos porque veem neles um reflexo da sua própria política reacionária de gênero" (Zuckerberg, 2018, p. 25)[6]. E, se esse é o caso, temos inúmeras fontes que, se utilizadas de maneira isolada, sem contextualização e outras fontes agregadoras, podem sustentar essa hipótese. Assim, utilizando-se da teoria aristotélica a respeito da inferioridade feminina, o Red Pill entende que todas as mulheres, em todos os períodos históricos, compartilham as mesmas características negativas"[7].

No Brasil, essa mesma conexão é feita no vídeo produzido pelo projeto *Brasil Paralelo* que ao se aliar com os pensamentos de Olavo de Carvalho, propõe um revisionismo de direita, exaltando uma cultura branca e de superioridade. A narrativa presente é a de que nosso país seria herdeiro de Portugal e, por conseguinte, dos gregos e romanos, trazer essa discussão seria pensar e fortalecer uma identidade nacional. O maior problema dessa associação é que ela deixa de lado nossa real herança cultural: indígena e africana, para exaltar uma herança colonizadora.

Assim, em todos esses exemplos, o passado é usado de maneira arbitrária para justificar e dar credibilidade as ações do presente. A cultura greco-romana foi utilizada por movimentos políticos e sociais de modo a tirar vantagem, tomando emprestado documentos escritos[8] e tirando-os de seu contexto histórico de modo a perpetuar a ideia de que homens

6 The men of the Red Pill are particularly attracted to the ancient world because they see in it a reflection of their own reactionary gender politics.

7 [...] that all women, over all historical periods, share the same negative characteristics.

8 A exemplo de Heródoto, Ovídio e Marcos Aurélio.

brancos são a autoridade intelectual que evita a ameaça das mulheres e dos bárbaros (Zuckerberg, 2018, p. 4).

A antiguidade greco-romana funcionou como orgulho nacional e, para tanto, tinha que fazer parte de um discurso normativo. Tal experiência influencia de maneira direta o estudo sobre o gênero; afinal, as mulheres são tratadas de maneira singular e ocupam um lugar de inferioridade e obediência. O discurso conservador afirma que as mulheres gregas e romanas eram exímias donas de casa, viviam para seus maridos e deveriam ter a participação apenas dentro de suas casas; essa limitação do espaço de atuação feminina era justificado não só pela inferioridade, mas pelo perigo que a mulher representava para a sociedade. Isoladas no ambiente doméstico, as mulheres na antiguidade foram narradas com base em uma sociedade ocidental que compreendia o feminino como submisso e homogêneo. Contudo, essas interpretações não têm total coerência quando vamos às fontes antigas, do contrário, as fontes ressaltam a participação e transgressão das mulheres. Então, o que nos dizem as fontes?

Antes de responder a essa pergunta, gostaria de frisar que tanto a Grécia quanto Roma são sociedades do mundo antigo que ganham proporções diferentes em cada período e possuem um vasto território e que, portanto, apresentam uma pluralidade e contextualização maior do que conseguiria abordar neste texto. Portanto, as narrativas sobre o feminino que serão trabalhadas devem ser posicionadas dentro de um período histórico e local bem determinado.

Das mulheres gregas: a Atenas do século V AEC

O mundo grego, segundo Édith Parmentier e Aliénor Solas (2017), é moldado por um "atenocentrismo", sendo a cidade de Atenas a medida para todas as outras. Essa característica tem por base a localização privilegiada em relação as outras cidades e a grande quantidade de documentos encontrados. O desequilíbrio das fontes afeta também as categorias sociais, visto que os documentos mencionam apenas as classes superiores e urbanas. A questão se agrava quando os debates de gênero são analisados, pois os documentos, como já mencionado, são exclusivamente produções masculinas, ainda que poucas mulheres tenham produzido algo. Assim, a documentação textual reproduziria a estrutura familiar patriarcal. Por exemplo, quando vamos ao filósofo Xenofonte, encontramos uma espécie de formação da boa conduta feminina e masculina que se liga à apropriação dessa cultura pelos modernos. O filósofo Xenofonte argumenta que a biologia das mulheres é formada de modo inferior e por sua fisiologia ela não teria o corpo necessário para circular fora do espaço doméstico.

Desde o início, na minha opinião, o deus preparou-lhes a natureza, a da mulher para os trabalhos e cuidados do interior, a do homem para os trabalhos e cuidados do exterior da casa. Preparou o corpo e a alma do homem para que possa suportar melhor o frio, o calor, caminhadas e campanhas bélicas. Impôs-lhe, por isso, os trabalhos fora de casa; à mulher, penso eu, por ter-lhe criado o corpo mais fraco para essas tarefas, disse-me ter dito, impôs as tarefas do interior da casa (*Econômico*, VII, 22-24).

Portanto, em Xenofonte há naturalmente um preparo da *physis* e da *psykhé* que justifica o que seria uma divisão do trabalho. Na visão narrada pelo filósofo, os papeis de gênero são bem demarcados e a mulher ideal deve ocupar um lugar de submissão. Então é possível falar em patriarcado, submissão ou mesmo de uma inferioridade feminina trazida pelas fontes gregas. Contudo, é preciso resistir às generalizações provenientes dessa afirmação e a universalização do ideal de família ateniense como sendo da Grécia (PARMENTIER; SOLAS, 2017, p.

2). Primeiro, temos em vista que a narrativa do Econômico é uma representação feminina, não de uma mulher existente e única. Segundo, se na antiguidade era preciso fazer tratados sobre como homens e mulheres deveriam se comportar é porque, provavelmente, não se comportavam dessa forma. Terceiro, Atenas é apenas uma pequena cidade da Ática e, portanto, não traz toda a diversidade presente na Grécia.

Sobre as mulheres atenienses e sua participação na pólis, temos alguns possíveis indícios. Em um texto elaborado por François Lissarrague em 1998, "*Instrusions au gynécée*", o autor interpreta algumas iconografias ligadas ao espaço doméstico, em que demonstra duas premissas. Primeiro, de que haveria uma rede de sociabilidade feminina, rechaçando a informação de que as mulheres viveriam isoladas dentro da *oikía*. Segundo, um conjunto de imagens que tratam da contradição entre a sexualidade satírica dentro do espaço doméstico e as categorias masculinas do ser adulto, homem e cidadão, categorias essas que são questionadas.

O que nos interessa aqui é o primeiro ponto levantado por Lissarrague, no qual aponta para um diálogo entre as mulheres no espaço doméstico. Uma das imagens estudadas é de uma *pýxis* – uma espécie de refratário para guardar pequenos objetos, joias ou cosméticos, e é utilizado em ambiente doméstico ou eram colocados em tumbas – de figura vermelha, datada do século V AEC, que se encontra no Museu do Louvre, em Paris.[9] A imagem cobre toda a superfície do recipiente, e os dois lados mostram as mulheres em conjunto fazendo as atividades do lar. Existem sete mulheres presentes na imagem: elas fazem diversos trabalhos, duas delas estão

9 Figura 1 - Pýxis ática de figura vermelha, Paris, Musée du Louvre, CA 587. Atribuído: Centauromachy; proveniência: não informado; datado: 460-440 a.E.C.; dimensão: não informado.

sentadas, podendo ser identificadas como as senhoras da casa, já que ocupariam esse lugar de destaque.

Lissarrague entende que traçar uma distinção dos vínculos e classe social é bastante difícil dentro desta imagem. Contudo, Fábio Lessa (2004, p. 42), historiador brasileiro, supõe que "esses vínculos podem ser de parentesco – esposa, sogra, cunhadas, filhas, sobrinhas..."; quanto ao status social dessas mulheres, ao observar os signos presentes na imagem – *chitón* plissado e de cor clara, cabelos presos com fitas, a posição das mulheres sentadas e de pé, os instrumentos domésticos como a roca de fiar –, supõe que pertencem a um grupo da elite.

Podemos localizar alguns objetos que servem para identificar o espaço em que a cena ocorre, são esses a coluna, a porta entre aberta que mostra o thálamo – quarto nupcial –, um lekythos – vaso usado para guardar óleo ou perfume –, as mobílias e o animal doméstico. A imagem destaca, assim, um ambiente doméstico amistoso e interativo, em que as mulheres trocam informações. Ao analisar uma série de iconografias que tratam das atividades femininas no interior da casa, a historiadora brasileira Nathalia Junqueira percebeu que as mulheres criavam entre elas um "círculo social".

Essas representações mostram como havia uma interação entre as mulheres dentro do *oîkos*; elas não permaneciam isoladas o dia todo, cuidando da casa e dos filhos. Há um círculo social em que podem participar as amigas, as vizinhas e as parentes femininas, em um momento em que elas poderiam conversar e trocar informações, em que o silêncio priorizado pelo padrão da melissa era quebrado (Junqueira, 2001, p. 68).

Esse círculo social feminino, chamado por Lessa de "redes sociais de amizade", tornava possível a circulação de ideias entre as mulheres e seu reduto social (filho e marido), ou seja, havia uma participação cívica ocorrendo de maneira informal: "partimos do princípio de que a amizade – philía

– será o fator de coesão das redes sociais informais nas quais a mélissa irá atuar, constituindo seus próprios grupos e seus lugares de participação cívica" (Lessa, 2004, p. 65).

Além disso, já é atestado que as mulheres não viviam restritas ao espaço do doméstico. Na Atenas clássica, era provável que as mulheres representassem uma parcela expressiva da mão-de-obra agrícola, nas atividades de colheita, "pois é clara a ausência masculina nas representações de tais cenas pelos pintores gregos" (Lessa, 2004, p. 68). As atividades desempenhadas na casa, a fiação, ou fora dela implicavam em uma produtividade econômica e em uma interatividade social:

> [...] ao observarmos a cultura material produzida nos séculos VI e V a.C., encontramos cenas representando mulheres atuando no âmbito público, não somente em procissões de casamento ou ritos funerários, nas quais a sua participação era recomendada, ou busca por água nas fintes, mas também cenas de colheita de frutos e, além disso, comercializando produtos ou serviços, práticas essas que não deveriam fazer parte dos afazeres femininos por ocorrerem fora da casa (Junqueira, 2015, p. 59).

Haveria aqui também uma diferença entre a esfera discursiva e prática da pólis. No discurso os corpos são moldados de modo ideário não refletindo uma realidade cotidiana e sim um pensamento recorrente dos homens de elite do mundo grego. Os papéis são moldados pelas relações e construções culturais articuladas pela diferenciação entre o gênero, ou seja, "o discurso presente na sociedade polariza os gêneros e agrega-lhe características antagônicas, havendo uma fabricação do gênero, mas que somente ocorre através da relação entre homens e mulheres dentro dessa sociedade"

(Junqueira, 2015, p. 61). Ao estudar a obra de Heródoto que dá ênfase nessa mulher helênica do lar, Nathália Junqueira (2015) entende que para se estabelecer uma ideal de mulher era necessário ao autor contrapor essa figura a outras vivências sociais, a mulher ateniense permanecia na casa, a egípcia, iria ao mercado, em outras palavras, Heródoto constrói o feminino ateniense a partir de um movimento de inversão no qual o eu e o outro são paradigmas para construção dos modelos normativos e é essa determinante que reflete na compreensão de bárbaro (Hartog, 2014, p. 316). É através do *o outro* que o ateniense se identificar e constrói a identidade.

O estereótipo criado em torno do *outro*, que nem sempre era bárbaro já que outras categorias se adequam bem a essa ideia, como as mulheres, os *ksénos*, os metecos, se desenvolve de uma maneira complexa no mundo grego. Um exemplo clássico seria a figura de Medeia; a heroína da tragédia de Eurípides narrada como princesa de Cólquida, em sua jornada encontra Jasão, por quem se apaixona e ajuda no roubo ao *velocino de ouro* – um objeto mitológico protegido pelo rei Aeetes. Medeia, conhecedora das práticas mágicas, ajuda Jasão e foge junto aos Argonautas para Corinto. Ao chegar na cidade grega, a personagem é identificada com o outro, o bárbaro, conhecedor das práticas mágicas, perigosa, e, por isso, deve permanecer nos limites da cidade, ela já não é mais a princesa. Em contrapartida, Jasão quer ascender socialmente e, para tal, abandona sua esposa para casar-se com a filha de Creonte, rei de Corinto. A trama se desenrola com a vingança de Medeia, essa já prenunciada por sua Nutriz no início da tragédia (Eurípides, Medeia, v. 38-45)[10].

Decidida a se vingar, Medeia envenena a esposa de Jasão

10 Sobre o mito e suas variações, ler o artigo de Brian Kibuuka, "Mito, representações e gênero em Medeia de Eurípides" (2018).

e mata seus filhos, o objetivo é que seu esposo, já velho, não deixe herdeiros. O argumento que sustenta o discurso da mulher é o da honra, pois o marido havia quebrado seu juramento de fidelidade, portanto a morte dos filhos não mancha as suas mãos, mas a de Jasão, isso é sabido pelos deuses (v. 1351-1357) e pelo coro que representa as mulheres da cidade de Corinto.

A heroína é neta do deus Hélio, tem uma linhagem, que mesmo não sendo grega, deve ser preservada. Além disso, durante a narrativa, a personagem ocupa um lugar de perigo, de medo, não se deve confrontá-la, pois ela é poderosa. A narrativa de Eurípides termina com o diálogo entre Medeia e Jasão no qual discutem de que modo os ritos fúnebres iram ser feitos. Para Moacyr Flores de todas as heroínas trágicas com mitologias semelhantes (Ifigênia, Alceste e Fedra), "Medeia é a única que luta por seu amor, é mais humana de todas as heroínas, é o arquétipo da mulher que se vinga por ter seu amor negado e quebra todos os valores sociais" (2006, p. 47).

Jasão atribui a deusa Cibele e a Éros o salvamento dos argonautas na fuga da cidade de Cólquida; Éros teria lançado sua flecha no coração de Medeia, obrigando-a a agir contra sua pátria. Além disso, Jasão argumenta que teria tirado a esposa de um país bárbaro para habitar na Grécia, mas que para se estabelecer na elite daquela sociedade, deveria se casar novamente. Ao final, após ver os filhos mortos, Jasão se lamenta de ter casado e trazido a solo grego uma mulher bárbara, e justifica os feitos de Medeia por sua origem, para ele nenhuma mulher grega ousaria matar a própria prole (v. 1323-1350).

O mito de Medeia se desenrola em dois sentidos. Na primeira Egeu, rei de Atenas, a quem uma profecia havia sido dada – a de que não poderia ter filhos –, procura a feiticeira para que essa o cure e promete, pelos deuses, protegê-la se conseguir fugir de Corinto e chegar à terra ateniense (v.

663-758). O segundo momento é o resgate da heroína pela carruagem do deus Hélio (v. 1299-1322). Uma cratera de figura vermelha atribuída a Underworld traz a versão do mito de Medeia[11] sendo levada pela carruagem divina[12] e a presença da deusa Atena, situada na esquerda. Os deuses gregos são comumente interpretados de duas formas. A primeira, demonstra uma separação bem demarcada entre o espaço mortal e imortal que leva os deuses a possibilidade de se movimentar entre o campo feminino/masculino. A segunda, levantada por Walter Otto, diz respeito ao teomorfismo. Otto assume que a religiosidade grega se baseia na ideia de que o deus se torna homem para que o humano seja elevado a figura divina: "'a ideia e o intento dos gregos era endeusar os homens, não hominizar a divindade. Trata-se de um teomorfismo, não de um antropomorfismo!'" (Otto, 2006, p. 89). Assim, a presença dos deuses na cratera, torna eloquente a interpretação de que Medeia possa circular além do mundo mortal e performar em outro status, assim, o ato de matar os filhos foi reconhecido como justo.

Estamos diante de uma mulher bárbara, vinda do leste do Mar Negro, e que será estigmatizada por uma série de elementos narrativos, mas que também será a heroína deste mito. O bárbaro, o estrangeiro, o não-grego do mundo antigo, aquele que não tinha a língua e os costumes helenos, era também uma figura que demonstrava possuir a métis

11 Figura 2 – Medeia na carruagem do deus Hélio. Ânfora Ática de pescoço e figura vermelha. Alemanha, Munique, Antikendammlungen, J810. Atribuído: Underworld; proveniência: Itália, Canosa; datação: não tem; dimensão: não tem. Disponível em: <http://www.beazley.ox.ac.uk/record/750C6572-BF9648 3C-BA71-F86 0DBB5B1FE>.

12 Essa versão do mito é mencionada por Eurípides, mas aparece de forma mais clara em Apolodoro: após matar o filho Mérmero e Feres, Medeia recebe de Hélio uma carruagem puxada por dragões alados e foge para Atenas (Apolodoro, I, 28, p. 83).

– a astúcia – própria dos atenienses. Para Brian Kibuuka (p. 66-67) a forma como Medeia se desenvolve na crise a faz possuidora da polymétis, de inúmeras artimanhas – ou de téchnai – com as quais ela articula para sair das situações que não lhe agradam, seja em favor ou contra Jasão. Medeia não só possui a métis, como é reconhecida por Egeu como tendo uma sabedoria – sophía –, utilizada para persuadir com sutileza em seu discurso. São essas duas características de Medeia, a astúcia e sabedoria, que leva Egeu a lhe dar abrigo e o coro a partilhar de sua dor. Durante a peça trágica vemos formar uma solidariedade feminina, o coro não se posiciona em desfavor a Medeia, mas contra o ato filicida, portanto, elas reconhecem que deve haver uma reparação social. Elas estão unidas não apenas pelo discurso, mas por partilhar da mesma dor, pois, "partilham a mesma natureza: a natureza feminina" (Kibuuka, p. 68).

Essas pequenas inferências que fogem ao campo do discurso normativo demonstram a multiplicidade da prática feminina. Sobre elas, poderíamos dar outros exemplos além dos que foram mencionados aqui: como a transgressão das Bacantes, da Antígona, as mulheres que ocupavam espaços públicos indo até a fonte buscar água ou trabalhando, enfim existem uma infinidade de mulheres dentro do mundo antigo.

Das mulheres romanas no século I-II EC: os afrescos de Pompeia

Alguns estigmas do mundo grego também são recorrentes em Roma, pois ambas as sociedades foram interpretadas por meio de uma tradição historiográfica baseada em um conservadorismo. Nessa perspectiva, Marina Cavicchioli, afirma que, ao ser reconstruído e influenciado por um presente conservador e positivista, a cidade romana teve um passado assexuado, em que historiadores e arqueólogos excluíram o tema e as fontes que tratavam da sexualidade. O presente perpetuou a imagem de que as mulheres ocupavam apenas o espaço doméstico e de que a cidade seria o modelo para todas as outras.

Durante o texto, já desfizemos os estereótipos mencionados, nesse sentido, podemos avançar nessa discussão e focar na multiplicidade de atuação das mulheres romanas dentro do universo pompeiano. A cidade é de uma variedade cultural muito grande, pois foi habitada por gregos, etruscos e romanos, sendo que cada um deles contribuiu para a formação cultural do local.

A cidade de Pompeia foi inundada pelas lavas do vulcão Vesúvio, em 79 EC, essa dinâmica devastou muitos documentos, mas permitiu que outros fossem conservados; tornando a cidade um dos mais ricos sítios arqueológicos. As descobertas advindas desses sítios foram de enorme importância para compreender o cotidiano romano e perfazer novos caminhos.

As primeiras escavações foram feitas para recolher "tesouros perdidos" para encher os museus e os palácios da Europa, não havia uma preocupação com a preservação do sítio ou com a catalogação do objeto, de fato a cultura material foi compreendida, nesse primeiro momento, como obra de arte e não como possibilidade de percepções do passado. Esses sítios eram a prova da exuberância nacional de muitos povos da Europa, por esse motivo:

> [...] recebeu grandes incentivos dos reinos e depois do Estado Italiano, tornando-se contemporaneamente um dos maiores ícones do Mundo Antigo romano. Este símbolo foi resgatado inúmeras vezes, no intuito de estabelecer relações indenitárias entre passado e presente. Assim, buscava-se nos antigos

> romanos uma origem legitimadora de um discurso contemporâneo, como, por exemplo, das muitas idcias fascistas (Cavicchioli, 2009, p. 60).

A ideia de unidade, provocada pela unificação da Itália – final do século XIX – e, posteriormente, pelo fascismo – século XX –, tomou o passado sob a mesma perspectiva. Contudo, ao analisar os documentos de Pompeia se percebeu que não havia essa homogeneidade, do contrário, a cidade foi habitada por vários povos e apresentava uma cultura bastante variada, "assim como a própria Roma, por uma fusão e mescla de identidades, provavelmente fluidas, ainda que sob uma ideia de romanização" (2009, p. 61).

As casas onde as mulheres aristocratas eram supostamente confinadas funcionava em uma dinâmica pública. Fábio Faversani e Lourdes Feitosa (2003, p. 255) debatem sobre a divisão do espaço público e privado presente em Pompeia. Segundo os autores, Wallace-Hadrill (1994), na análise proposta por meio da arquitetura e dos objetos dispostos em cada cômodo nas casas romanas e pompeianas, defende que acontece dentro desse espaço uma articulação política com pessoas de camadas sociais diferentes, assim, de alguma forma, o espaço político englobava as mulheres. A divisão espacial do público e privado é limítrofe e poderia ocorrer apenas em casas aristocráticas, onde há uma possibilidade de o espaço ser dividido, por isso devemos evitar um modelo único de casa para toda a extensão do território de Roma.

As interações femininas ocorriam, também, no dito espaço público. Mulheres aristocratas eram responsáveis por benefícios e construções públicas, a informação nos é passada por meio de nomes que eram assinados nas obras públicas. Tal inferência implica na possibilidade de aceitar que em Roma haveria mulheres com poder aquisitivo e independentes que participavam da esfera política, não sendo possível afirmar que todas as mulheres não tivessem atuação fora da casa.

A historiografia que buscou afirmar a exclusão absoluta das mulheres tomou o que estava na lei como sendo a realidade. No entanto, a lei representa apenas como os que a escrevem gostariam que fosse a realidade. Os aristocratas romanos desejaram excluir as mulheres dos assuntos públicos. Fizeram as leis objetivando este fim, mas não o alcançaram plenamente. Isto é o que demonstram os estudos mais recentes (Faversani & Feitosa, 2003, p. 256).

O debate sobre a formação do universo feminino nos é trazido, também, pelos afrescos de Pompeia. Contrapondo algumas perspectivas literárias e homogêneas em torno da honra e moral de Lucrécia na obra de Tito Lívio, por exemplo, as pinturas mostram a sexualidade e a participação das mulheres na esfera pública. No ano 80 EC, o general Sulla elegeu Vênus, a deusa do amor, como a padroeira da cidade; "A Vênus de Pompeia, como representada nas esculturas e pinturas, é ao mesmo tempo sedutora e digna" (Will, 1979, p.) [13]. Sobre a deusa recai, segundo Elizabeth Will, a duplicidade mãe e sedutora, essa que por vezes é trazida como oposta.

No afresco pintado em Pompeia na Casa de Vênus, a deusa é mostrada nua, ela está deitada acima de uma concha e se apoia com o cotovelo esquerdo, seu pé direito se ergue de modo que parece estar seduzindo o espectador da imagem. Na pintura, aparecem dois Éros: um é alados e está abana a deusa, o outro, ao fundo, está sentado num animal marinho e contempla Vênus. A deusa é mostrada como sendo branca e tem pernas voluptuosas, o que nos leva a outro ponto das imagens romanas, a de que o corpo belo feminino era visto

13 The Venus of Pompeii, as represented in sculpture and painting, is at once seductive and dignified.

sob uma roupagem diferente da que atribuímos ao belo do mundo antigo. A beleza da mulher romana está associada a curvas robustas e não ao corpo "esbelto", ideal de beleza moderno. "Branca e carnuda era o ideal aristocrático destinado às mulheres" (Cavicchioli, 2015, p. 95).

A presença marcante das mulheres nas paredes de Pompeia e a própria dinâmica da casa romana demonstram que há uma circulação e participação de mulheres no meio público. Aqui citei apenas alguns exemplos de modo a demonstrar as nuanças discursivas em torno da temática de gênero, mas haveria outros tantos documentos que poderiam questionar o isolamento e a não participação das mulheres no âmbito público.

Conclusão

Não foi apenas a mudança de perspectiva (o movimento feminista) que possibilitou novos debates históricos, mas a própria pluralização histórica proporcionada pela escola dos Annales que tornou possível a introdução de temas mais subjetivos (emoções, gênero, vestimentas, etc). Nessas novas abordagens, o próprio fazer histórico foi questionado e passou-se a entender que a História é filha do presente. A fronteira entre passado e presente é constante e se move de acordo com a compreensão humana do passado. Em relação a antiguidade, por exemplo, entende-se que olhar para o passado só é possível pelos questionamentos que fazemos ao tempo presente, portanto, os historiadores do mundo antigo sempre vão trabalhar com categorias modernas; produzindo seus discursos e interpretações por meio dessas. Para o grande historiador Marc Bloch (2002, p. 61) o presente está também nos sentimentos interpretativos de quem produz o discurso, assim, a vivência pessoal do pesquisador influenciaria sua escrita sobre o passado. Nessa perspectiva, a História que desejamos escrever não é uma reconstrução do passado, mas um relato de um determinado passado que será interpretado, selecionado e reconstituído pelo pesquisador. Portanto, a pesquisa histórica é produção de um discurso, assim como são as fontes históricas.

Os classicistas, ao se apoiarem em leituras empiristas e em fontes escritas, reforçaram pontos questionáveis que contribuem (ainda hoje) para a discriminação de alguns grupos sociais. Segundo Funari,

> [...] os estudos clássicos reforçam pontos de vista conservadores de diversas maneiras, na maioria dos casos ao apoiarem-se em uma leitura empirista, a partir do senso comum, dos documentos antigos. O uso do senso comum para a manutenção de relações iníquas de poder, segundo as agudas observações do linguista britânico Norman Fairclough, contribui para que relações de poder injustas sejam mantidas pela naturalização dos discursos sociais (1995, p. 179-180).

Assim, o debate sobre a "recepção do passado" ou "os usos do passado"[14], é de grande importância para a inspiração de novos trabalhos, e para a identificação e distinção mais rápida entre os textos, ideias e valores do mundo antigo e os da sociedade que deles se apropriam.

Os modernos criam, transformam, manipulam e até inventam costumes para forjar uma ligação entre presente e passado, dando espaço ao nacionalismo e à herança cultural

14 A diferença entre os termos é definida no artigo "Recepções da Antiguidade e usos do passado: estabelecimento dos campos e sua presença na realidade brasileira" (2020), escrito por Glaydson José da Silva, Pedro Paulo Funari e Renata Senna Garraffoni.

que exalta os feitos antigos. Não é que a antiguidade não possa ser pensada em relação ao mundo moderno, mas essa comparação precisa ser lúcida e honesta e não uma tentativa violenta de moldar comportamentos. Os conceitos modernos devem nos fazer refletir e não modular a sociedade antiga.

Referências

Fontes iconográficas

Figura 1 - Pýxis ática de figura vermelha, Paris, Musée du Louvre, CA 587. Atribuído: Centauromachy; proveniência: não informado; datado: 460-440 a.E.C.; dimensão: não informado.

Figura 2 – Medeia na carruagem do deus Hélio. Ânfora Ática de pescoço e figura vermelha. Alemanha, Munique, Antikendammlungen, J810. Atribuído: Underworld; proveniência: Itália, Canosa; datação: não tem; dimensão: não tem. Disponível em: <http://www.beazley.ox.ac.uk/record/750C6572-BF9648 3C-BA71-F86 0DBB5B1FE>.

Fontes escritas

AULUS GELLIUS

The Attic Nights. Trad. John C. Rolfe. Cambridge: Harvard University Press, 1927.

Bloch, M.

Apologia da história ou o ofício do historiador. Rio de Janeiro: LTDA, 2002.

CAVICCHIOLI, M.

"Belas e desejadas: Imagens da beleza feminina no universo mítico religioso romano e suas continuidades". *In*: MAR-

QUETTI, F. R.; FUNARI, P. P. (org.). *Sobre a pele*. Imagens e metamorfoses do corpo. São Paulo: Fapesp/Intermeios, 2015.

PARMENTIER, E. & SOLAS, A. R.
"Famille et société en Grèce (Ve–IIe s. avant J.-C.): les sources textuelles (littéraires et épigraphiques) et leur utilisation". In: PARMENTIER, E. & GUILHEMBET, J.-P. *Famille et société dans le monde grec et en Italie du Ve au IIe siècle av. J.-C.* Paris: Armand Colin, 2017.

EURÍPIDES
Medeia. Trad. Flávio Oliveira. São Paulo: Odysseus, 2006.

FEITOSA, L. & FAVERSANI, F.
"Sobre o feminino e a cidadania em Pompeia". Pyrenae, Barcelona, n. 33/34, 2002-2003.

FEITOSA, L. & FUNARI, P. P.
"Corpos e peles: aisthesis romana em discussão". *In*: MARQUETTI, F. R.; FUNARI, P. P. (org.). *Sobre a pele*. Imagens e metamorfoses do corpo. São Paulo: Fapesp/Intermeios, 2015.

FLORES, M.
"O teatro grego". *In*: FLORES, M. (org.). Mundo greco-romano, o sagrado e o profano. Porto Alegre: Edipuc-RS, 2006.

FUNARI, P. P.
"Romanas por elas mesmas". *Cadernos Pagu*, n. 5, Campinas, 1995.

HARTOG, F.
O espelho de Heródoto: ensaio sobre a representação do outro. Belo Horizonte: UFMG, 2014 [1980].

KENNEDY, R. F.
Uses of the Greco-Roman past in current racist and supremacist discourses. Universidade Federal do Estado do Rio de Janeiro, 2021. Disponível em: <https://www.youtube.com/watch?v=9Uevkc4vnHQ>

KIBUUKA, B.
"Mito, representações e gênero em Medeia de Eurípides".

Hélade: Rio de Janeiro, v. 4, p. 56-87, 2018.

Lessa, F. S.
O feminino em Atenas. Rio dc Janciro: Mauad, 2004.

Lissarrague, F.
"Images du gynécée". *In*: Veyne, P. *et al.* Les mystères du gynécée. Paris: Gallimard, 1998.

Otto, Walter.
Teofania. São Paulo: Odysseus, 2006.

Pomeroy, Sarah B.
Goddesses, whores, wives, and slaves: Women in classical Antiquity. New York, 1995.

Schmitt-Pantel, P.
Histoire des femmes en Occident I. Paris: Plon, 1991.

Silva, G. J., Funari, P. P. & Garraffoni, R. S.
"Recepções da Antiguidade e usos do passado: estabelecimento dos campos e sua presença na realidade brasileira". *Revista Brasileira de História,* São Paulo, v. 40, n. 84, 2020.

Will, E. L.
"Women in Pompeii". Archaeology, v. 32, n 5 (September/ October 1979), p. 34-43.

Xenofonte
Econômico. Trad. Anna Lia Amaral de Almeida Prado. São Paulo: Martins Fontes. 1999.

3

AMBIGUIDADES FEMININAS, CORRUPÇÃO, TRABALHO E JUSTIÇA EM HESÍODO

Thayele Vitória Santana
Brian Kibuuka

O texto hesiódico *Trabalhos e dias* apresenta um discurso ambientado no século VII a.C., época em que a Grécia passou por grandes mudanças socioculturais, econômicas, políticas e artísticas. No período estavam surgindo instituições culturais importantes, como as *póleis*, o alfabeto e a moeda.

Há no poema a apresentação pelo próprio Hesíodo de alguns aspectos biográficos: ele nasceu em Ascra, uma pequena cidade na Beócia, próxima ao Monte Helicon, no século VIII a.C. O pai de Hesíodo foi um migrante proveniente de Cime, na Eólia, uma região da Ásia Menor (*Trabalhos e Dias* 633-40).

Trabalhos e Dias é um poema que exalta a importância do trabalho no campo. Em relação ao contexto *políade*, sua temática principal está direcionada à justiça, uma evidência de que existe um discurso a respeito do trabalho não somente no campo, mas também na pólis. Articula-se no texto hesiódico a temática de gênero, corrupção, trabalho e justiça, especialmente nas representações femininas de Pandora e as Érides.

Outro texto hesiódico importante é *Teogonia*, que apresenta o mito de *Prometeu* e *Pandora* (vv. 550-565). Pandora no poema é dada como presente de Zeus aos homens mortais, sendo uma criação não nomeada e esculpida com a beleza de uma deusa. Pandora se tornará em *Trabalhos e Dias* o mal que será a origem dos males no mundo, sendo a primeira mulher e a origem da necessidade do trabalho masculino (*Trabalhos e Dias* 90-104). Ao mesmo tempo em que Pandora é a origem dos males, ela é a esperança da perpetuação da humanidade, dando origem às demais mulheres.

Quanto a Éris – que em grego significa querela –, ela é a deusa da discórdia, e possui em Hesíodo duas representações, a má e a boa. Em *Teogonia*, Éris tem ânimo cruel e é filha da Noite. Em Trabalhos e Dias existem duas representações de Éris: a boa Éris instiga a luta justa do homem mortal, ou seja, a luta louvável do homem com o trabalho no campo; e a má Éris, que provoca guerras, discórdia e corrupção, a justiça torta dos homens em oposição à justiça reta e divina de Zeus.

Tanto Pandora quanto Éris permitem encetar uma análise a temática do trabalho, da justiça divina e humana e da corrupção a partir do corpus *hesiodicum*. Hesíodo constrói em sua narrativa didática a respeito da justiça a questão da formação do homem injusto e desmedido, e da justiça divina que vem de Zeus. Além disso, o conflito legal entre Hesíodo e seu irmão Perses, mencionadono início de *Trabalhos e dias*, indica a possibilidade de subornar em seu tempo os reis-juízes para ficar com a parte da herança paterna do poeta; os reis-juízes são também chamados por Hesíodo de *comedores de presentes*.

A narrativa de Hesíodo parece estar inclinada para a dignificação do homem a partir do trabalho, que só é possível alcançar a *areté* (virtude) com o trabalho. A boa Éris instiga a competição saudável entre os homens. A má Éris inspira a conduta injusta, como de Perses, que estmulado pela má

Éris, tenta usurpar a herança de Hesíodo, ainda que este siga dando conselhos ao irmão para que ele não cometa a desmedida, o excesso (*hýbris*) (*Trabalhos e Dias*, 213-216). Diferente da *areté do corpus homericum*, que é natural dos guerreiros independente da injustiça cometida por eles, no *corpus hesiodicum* a justiça é relacionada à virtude que só é conquistada através da labuta. É notório, então, a construção de uma moralidade jurídica arcaica hesiódica.

O gênero é parte fundamental da problematização da conduta de gênero normativo, ou seja, para a repetição de um comportamento que deveria assumir o caráter de "natural", decorrente de padrões de feminilidades e masculinidades como singulares. Em uma grande medida, a feminilidade é trazida como negativa no discurso hesiódico, a não ser que, moldado pelo masculino, o feminino se torne passível de uma educação[1].

Aspectos teórico-metodológicos da análise do discurso hesiódico

A análise da semântica dos enunciados de *Trabalhos e Dias* e *Teogonia* de Hesíodo auxilia no reconhecimento de passagens, em ambos os poemas, que relacionam trabalho, justiça, corrupção e gênero. Quanto a este último campo, a abordagem de gênero, as representações ambivalentes do gênero feminino e a interrelação entre o feminino e o masculino abrem espaço para a necessidade de instâncias de justiça diante da prática de corrupção genericamente marcada.

1 Tragas uma esposa para sua casa quando tu tiveres a idade certa, enquanto tu não tens menos de trinta anos, nem muito mais; esta é a idade certa para o casamento. Deixa tua esposa crescer quatro anos e case-se com ela no quinto. Case-se com uma donzela, para que possas ensiná-la a ter cuidado." (Hesíodo, *Trabalhos e dias*, 695-699)

Em relação ao gênero, busca-se aqui ampliar o quadro de investigação no campo de gênero na antiguidade à lume do conceito da misoginia de Zarecki (2007), a partir da análise do discurso como recurso metodológico nas perspectivas de Maingueneau.

A análise do discurso é uma disciplina que, em vez de proceder a uma análise linguística do texto em si ou a análise sociológica ou psicológica de seu contexto, visa "articular sua enunciação sobre um certo lugar social" (Maingueneau, 1997, p. 13). Ela está, portanto, em relação com os gêneros do discurso ou com os campos discursivos, a partir da premissa que "*a língua é uma realidade social e a palavra uma realidade individual*" (Maingueneau, 1997, p. 13).

As diferenças entre o discurso masculino e o feminino revelam hierarquias estabelecidas, desde a forma como a mulher se dirige ao homem e vice-versa, e como são estabelecidas as assimetrias de gênero a partir da construção do discurso. Os documentos de análise da pesquisa, *Teogonia* e *Trabalhos e dias*, apresentam discursos que certamente tentam estabelecer as normatividades socioculturais de gênero, em que os estereótipos serão mapeados nas representações, e que permite a investigação da desigualdade de gênero a partir das perspectivas de Butler.

A sociedade grega apresenta valores androcêntricos, em que a dominação masculina engendra a violência física e simbólica, e mantém as assimetrias de gênero, conforme aponta Bourdieu. De acordo com Bourdieu, os corpos são então controlados à medida que são "submetidos" por causa da divisão do trabalho, das práxeis coletivas ou privadas, à marginalização, caso sejam identificados como femininos". Tais condutas normativas e repressivas abrem espaço para instâncias da misoginia no tecido social grego. Para mapear as representações de tais condutas, passa-se, no que segue, à descrição dos mitos de Prometeu e Pandora, e das duas Érides.

O mito de Prometeu e Pandora

Há representações ambivalentes do feminino na narrativa de Hesíodo tanto no mito das duas Érides, quanto no mito de *Prometeu e Pandora*. Essas e outras representações são, segundo Zarecki (2007), representações de um masculino singular, e de um feminino plural que se interrelacionam e servem de base para a misoginia como parte do tecido social políade grego.

Teogonia apresenta, nos versos 550-565, o mito em que o masculino retratado. Prometeu é amigável aos homens, protetor da raça humana diante das divindades. O feminino é variegado, atravessado por uma ambiguidade: Pandora é dada como presente de Zeus aos homens mortais; concomitante a isso, ela será a origem dos males no mundo. Em *Trabalhos e dias*, ela é nomeada Pandora[2], sendo a primeira mulher.

2 "Todos os presentes". Ela é dada de presente aos homens (Cf. Trabalhos e Dias 83-89) através de Epimeteu ("aquele que pensa depois"), que é irmão de Prometeu ("aquele que pensa antes") (Cf. Moura, 2012, p.69). Certamente, Zeus em cólera, por ter sido enganado por Prometeu, que já havia alertado Epimeteu que não recebesse nenhum presente de Zeus, enviou Pandora para Epimeteu, que só compreendeu o aviso de seu irmão depois de aceitar Pandora. Logo, provavelmente essa sequência justifica o presente por meio de Epimeteu ("aquele que pensa depois"), meio que Zeus teve de ludibriar os homens. Hesíodo exalta então a sapiência de Zeus por meio de tal truque (Cf. Trabalhos e Dias 100-105).

O paradoxo de Pandora

O período e o contexto de *Trabalhos e Dias* foi uma época em que a Grécia passou por grandes mudanças socioculturais, econômicas, políticas e artísticas. As ágoras das póleis gregas eram, frequentemente, o centro político e eventualmente comercial em que cidadãos afluíam para fazer negócios, e também se reuniam para discutir assuntos da vida privada e da comunidade. Eram nesses espaços que os gregos faziam assembleias e julgamentos. À estes últimos que Hesíodo alude no início de sua obra *Trabalhos e Dias* (vv. 27-30).

Prometeu, em *Teogonia* (vv. 550-565) e nos *Trabalhos e Dias* (vv. 42-59), rouba o fogo de Zeus para a humanidade. Tal ação provoca a cólera divina, que reage enviando como punição aos homens mortais a primeira mulher, também origem das demais mulheres (*Trabalhos e Dias* 53-82). Pandora só é nomeada nos *Trabalhos e Dias* (*Trabalhos e Dias* 90-104).

Pandora é apresentada como um ser cheio de astúcias e ambiguidades. Vernant (1999) afirma que o problema apresentado por Hesíodo está fundamentado na competição entre deuses e seres humanos, na parte que cabe a cada um deles nos sacrifícios. Prometeu é encarregado por Zeus para o trabalho de dividir quais partes do sacrifício serão entregues aos deuses e aos seres humanos. Vernant afirma que Prometeu, filho do titã Jápeto, era ardiloso e esperto para resolver o conflito entre homens e deuses:

> Quando se discerniam Deuses e homens mortais em Mecona, com ânimo atento dividindo ofertou grande boi, a trapacear, o espírito de Zeus: aqui pôs carnes e gordas vísceras com a banha sobre a pele e cobriu-as com o ventre do boi, ali os alvos ossos do boi com dolosa arte dispôs e cobriu-os com a

> brilhante banha. Disse-lhe o pai dos homens e dos Deuses: "Filho de Jápeto, insigne dentre todos os reis, ó doce, dividiste as partes zeloso de um só!". Assim falou a zombar Zeus de imperecíveis desígnios. E disse-lhe Prometeu de curvo pensar, sorrindo leve, não esqueceu a dolosa arte: "Zeus, o de maior glória e poder dos Deuses perenes, toma qual dos dois nas entranhas te exorta o ânimo". Falou por astúcia. Zeus de imperecíveis desígnios soube, não ignorou a astúcia; nas entranhas previu males que aos homens mortais deviam cumprir-se. (Hesíodo. *Teogonia*. vv. 535-552)

Prometeu enganou os deuses dando a eles ossos envoltos em gordura brilhante, entregando assim para os seres humanos a carne envolta em pele e pelos. Se estabeleceu, portanto, uma divisão favorável aos seres humanos, o que provocou a ira de Zeus contra Prometeu. Zeus, em Teogonia, ao ser enganado pelas astúcias de Prometeu, criou um mal aos homens, que, como já foi dito, é ao mesmo tempo um presente para os homens mortais, e uma punição por conta do roubo do fogo por Prometeu para a humanidade. A criação do mal tem suas características elencadas como um ser de beleza divina e o caráter ardiloso (*Teogonia*, vv. 570-584). Nos *Trabalhos e Dias* (vv. 90-104) a necessidade do trabalho masculino também está relacionado no sentido de prover o *oîkos*, o lar, portanto uma ação necessária para a sobrevivência da estrutura políade grega.

As análises de La Combe, em *La dernière ruse: Pandore dans la Théogonie* (1996), apontam para as dicotomias do mito hesiódico: o ato de dar ou recusar, no sentido em que Zeus daria ou não o fogo para a humanidade de acordo com a melhor parte da carne; e os homens aceitarem ou não Pandora, o presente divino.

La Combe aponta para uma "série de truques" de Pandora que dão início à separação entre homens e deuses. O mito tem as dicotomias a partir da criação da personagem, os quais La Combe indica que o fogo/terra marca o plano humano aceitar/recusar o presente, e tal ação é enganosa, pois dar ou receber o presente é uma façanha. A Pandora hesiódica é em seu exterior bela, contudo de natureza enganosa:

> A realidade de Pandora é, portanto, dupla. Ela é para os homens ao mesmo tempo adventício, adicionado de fora ao termo de uma ação que desenrola-se entre deuses, e constitutiva de seu ser. A dualidade tem a ver com a própria natureza do que é produzido: como o ser dos homens é agora definido negativamente (em relação aos deuses, em relação aos bens que eles dão), como ser sempre afetado pelos danos (a desgraça do verso 512), não pode ser gerado naturalmente.[3] (Blaise, La Combe & Rousseau, 1996, p. 293).

Pandora ao abrir o vaso traz os males ao mundo, mas no fim consegue o tampar a tempo de deixar dentro a *hýbris*, expectativa. A *hýbris* em si é de natureza ambígua em *Trabalhos e Dias*, segundo West (1978), pois é uma expectativa por coisas boas ao mesmo tempo que ela é utilizada para o mal; a hýbris é semelhante à natureza de Pandora.

3 La réalité de Pandore est donc double. Elle est pour les hommes à la fois adventice, ajoutée du dehors au terme d'une action se déroulant entre des dieux, et constitutive de leur être. La dualité tient à la nature même de ce qui est produit : comme l'être des hommes est désormais défini négativement (par rapport aux dieux, par rapport aux biens qu'ils donnent), comme être toujours affecté en mal (le malheur du vers 512), il ne peut être engendré naturellement.

Pandora é a origem dos males na terra. Ela porta o sopro de Zeus para abrir o vaso que continha os males do mundo, a expectativa (em grego, *elpís*) ainda fica dentro do vaso quando Pandora o tampa novamente. No entanto, paradoxalmente, tal personagem é a esperança da continuação da humanidade que dá início a Idade de Ferro. (HESÍODO, Trabalhos e Dias 174-179)

Vernant (1999) faz uma comparação de Pandora com o fogo. Segundo o autor ambos consomem, fogo e mulher, sendo que a mulher é uma representação do que consome os bens do marido. Hesíodo coloca o matrimônio como a ruína dos homens, uma extensão de Pandora que no mito é quem consome os frutos do trabalho masculino, ao mesmo tempo a falta do casamento também é uma catástrofe. A ambiguidade presente no feminino representado por Pandora indica que a mulher traz infortúnios aos homens, mas também é a única que em seu ventre é capaz de prolongar a vida humana. Vernant afirma que o domínio do fogo é uma marca do que é propriamente humano, também, que somente os homens se casam, e tais características separam o ser humano dos animais, dessa forma, a mulher através do matrimônio também é um indicador de separação da condição humana dos animais. Logo, fogo e matrimônio são marcadores de uma vida civilizada. Em suma, observa-se que o feminino já existia através das deusas, mas é Pandora que será a primeira mulher mortal que dará origem às demais entre os seres humanos, gerando a necessidade do trabalho masculino, do matrimônio e dos meios para assegurar a fecundidade.

O paradoxo das Érides

As representações ambivalentes do feminino na narrativa de Hesíodo também se estendem às representações de Éris.

A deusa da discórdia é dupla: há duas Érides, que representam a ambiguidade feminina. Em Teogonia, a Éris, de ânimo cruel, é filha da Noite. Em Trabalhos e Dias, Hesíodo alude as duas Érides (Trabalhos e Dias 11-26): a boa Éris, que instiga a luta justa do homem mortal, representando a luta louvável do homem com o trabalho no campo; e a má Éris, que provoca guerras e discórdia entre os homens mortais. A mesma deusa que provoca a luta justa (trabalho), instiga também a discórdia e a corrupção, a justiça torta dos homens em oposição à justiça reta e divina vinda de Zeus. Logo, as Érides se relacionam com as masculinidades, e seus efeitos benéficos e maléficos, à semelhança dos efeitos provocados por Pandora. As mazelas do mundo contaminado pelo feminino se estendem na desmesura provocada por Éris, afastando a comunidade humana políade da justiça reta que vem de Zeus. A justiça, corrompida, torna o trabalho insuficiente para a provisão dos recursos básicos para a subsistência.

Éris: entre trabalho e o conflito

Éris, deusa dupla, coincidente com a representação ambígua do feminino, ora boa, ora má, auxilia a observar sob quais circunstâncias a sua conduta se relaciona com a prática da corrupção, trabalho e justiça em um contexto políade na Grécia do século VIII a.C. Em primeira instância, Hesíodo se coloca em posição do poeta que fala verdades nos Trabalhos e Dias:

> Tu! Eu, por mim, a Perses quero dizer verdades. Pois não há uma só raça de lutas, mas sobre a terra são duas. Uma a quem conhecer louvará, a outra é censurável. Ambas têm ânimo distinto. (Hesíodo. *Teogonia*. vv. 10-13)

A verdade dita por Hesíodo a Perses aponta para a existência de duas lutas – Érides – em Trabalhos e Dias. No plano humano, as atividades humanas são desenvolvidas e há a necessidade do trabalho no mundo dos mortais. Essa necessidade faz com que haja duas lutas. Se Teogonia, a linhagem dos filhos da deusa Nix, personificação da Noite, apresenta Éris, caracterizada nos versos 225-232 por ter uma "natureza hedionda que gera fome, batalhas, fadiga e litígios", ela representa o conflito que vigora em toda a trajetória dos homens em busca de sustento ou glória:

> Uma traz a guerra e a discórdia funesta, cruel. Nenhum mortal a ama, mas forçados pela vontade dos mortais, honram a Luta opressora. A outra, gerou-a primeiro Noite tenebrosa. Fincou-a o Cronida altirregente que mora no éter nas raízes da terra; é muito melhor para os homens. Esta desperta ao trabalho até o indolente pois anseia por trabalho ao olhar para o outro, rico, que se apressa a arar, e a plantar e bem dispor a casa. E emula o vizinho que corre atrás da riqueza. Esta é a boa Luta para os mortais. O oleiro provoca o oleiro e o carpinteiro ao carpinteiro, mendigo se mede ao mendigo, aedo ao aedo. (Hesíodo, *Trabalhos e dias,* 14-26)

A má Éris instiga a discórdia e a guerra funesta entre os homens. Embora não seja louvável pelos mortais, ela é mantida pela vontade divina. A boa Éris, por outro lado, é a louvável disputa que instiga o trabalho entre os mortais. É por meio do trabalho que Hesíodo dá o valor moral da dignificação do homem que conquista suas riquezas de maneira justa:

> A associação de Pandora com a boa Éris é reforçada na longa passagem exegética conhecida como o Mito das Cinco Idades, que implica na boa Éris que veio depois da má Éris. A relação entre o mito das Cinco Raças e o mito de Pandora tem se mostrado problemática para mais de um comentarista, principalmente no argumento de que o tempo é subjetivo, relativo apenas à pessoa e a circunstância. Mas, não devemos descartar esta seção da história como meramente um artifício retórico designado para fazer advertências do autor a Perses mais facilmente compreensível. (Zarecki, 2007, p.26)

Zarecki relaciona a boa Éris com Pandora. A boa Éris instiga o trabalho, e Pandora é a causa da origem da necessidade do trabalho masculino, pois antes da sua chegada o homem não tinha necessidade de arar arduamente a terra. Logo, é com ajuda da boa Éris que o homem efetua o labor, o meio para o mortal ser estimulado de maneira justa a obter riquezas. Dessa forma, pode-se entender que Pandora e a boa Éris são equivalentes em relação ao trabalho.

Pandora, Éris e o mito das raças

O curioso é compreender a necessidade do trabalho masculino com a chegada de Pandora e a luta entre os mortais. Zarecki (2007) sinaliza para uma das características de Zeus, que desde a Ilíada transita entre o bem e o mal; uma situação semelhante de tal transição em Hesíodo ocorre com a boa e a má Éris. Neste caso, o trabalho surge a partir dos males, todavia o trabalho não deve ser considerado em si mesmo um mal, mas como ócio e infortúnio. Para o poeta, é partindo do trabalho que o homem mortal conquista riquezas e se torna virtuoso, demonstrando assim uma face positiva para o que primeiramente surge como maldição.

Há, em Trabalhos e Dias o Mito das Raças (vv. 109-196). A primeira raça de homens imortais pertence à Era de Ouro, período em que o trabalho não existia; logo, os homens desconheciam a fadiga e a dor, e a terra não tinha a necessidade de ser arada, pois ela dava frutos espontaneamente.

A segunda raça de homens na Era de Prata não cultuava os deuses, e diferente dos homens da raça de Ouro, eles sentiam dores. A terceira raça de homens por Zeus foi criada, a do Bronze, raça de homens violentos e inflexíveis. A quarta raça, a dos heróis nobres e justos que possuíam terras que davam frutos espontâneos, também não conhecia o trabalho. A quinta raça, a de Ferro, Hesíodo lamenta por fazer parte dela, pois nela os bens e os males estão juntos, e os homens envelhecem, são perversos e invejosos. Uma observação que se faz importante é que a raça de Ferro é a que Pandora vai dar sucessão quando ela tira a tampa do vaso que traz os males ao mundo, o que implica na necessidade do trabalho masculino que se relaciona com a boa Éris, que instiga a luta louvável entre os homens.

Na perspectiva de Vernant, as raças estão relacionadas à preciosidade do metal, que vai implicar na desordem gradativa do mundo, da raça superior à inferior, assim como os metais que seguem do mais precioso ao de menor valor (Caporalini &Murari, 2009). Logo, a condição humana da raça de ferro baseava-se na ambiguidade e ambivalência. A moral presente no mito hesiódico implica na preocupação com a justiça como princípio da existência humana e da organização das leis naturais e morais do mundo dos mortais. O poema como função educativa aponta, através dos conselhos de Hesíodo para o seu irmão Perses, o valor moral que o trabalho assume, implicando assim, na justa medida.

É imprescindível analisar as Érides e Pandora hesiódicas como representações ambíguas que desencadeiam na perspectiva geral sobre o feminino. As Érides se relacionam com as masculinidades e seus efeitos benéficos e maléficos à semelhança dos efeitos provocados por Pandora. Ambas as representações apontam para um discurso inserido em uma sociedade androcêntrica, em que representações do feminino as mostram como astuciosas, enganosas e híbridas. Há, portanto em Trabalhos e Dias uma tentativa do poeta em estabelecer condutas normativas de gênero, que interferem nas masculinidades e implicam na misoginia.

As dificuldades de relação no mundo masculino provocadas por Pandora e por Éris engendram a necessidade de que a justiça divina tenha uma contraparte, a justiça humana, nos referidos poemas do corpus hesiodicum. A justiça humana é administrada pelos próprios humanos.

A justiça e a corrupção

A administração da justiça em um mundo comtaminado pelos males trazidos por Pandora e Éris torna-a vacilante. Os reis-juízes se tornam corruptos; e o seu apetite por presentes (trazido pelo contato com Pandora, cujo nome significa literalmente "todos os presentes"?) faz com que Hesíodo os chame de *dorophágoi* (comedores de presentes – *Trabalhos e dias* 38-39). As mazelas do mundo contaminado pelo feminino se estendem na desmesura provocada por Éris, afastando a comunidade humana políade da justiça reta que vem de Zeus. A justiça, corrompida, torna o trabalho insuficiente para a provisão dos recursos básicos para a subsistência.

Há, portanto, em Hesíodo, um conflito de gênero fundamental que é utilizado para explicar os obstáculos à dignificação do homem a partir do trabalho. Se apenas é possível alcançar a areté (virtude) com o trabalho, instigado pela boa Éris, a divindade feminina que instiga a competição saudável entre os homens, é na conduta injusta de Perses, estimulada pela má Éris, que se observa no poema hesiódico a necessidade de fugir dos males trazidos por Pandora. Diferente da areté do Corpus Homericum, no Corpus Hesiodicum a justiça está relacionada à virtude que só é conquistada através da labuta, justiça masculina que é atravessada pela atuação do feminino, para o bem ou para o mal.

À guida de conclusão: Hesíodo, a crítica ao sistema jurídico arcaico e os desenvolvimentos ulteriores

Há, em Trabalhos e Dias, a justiça que aparece como forma de luta, a Boa Éris - ῎Ερις ἤδε (vv. 17-24); luta esta que implica na noção de fundamento do direito (Ramos, 2013) relacionado ao trabalho, meio para alcançar a *areté*, contra a conduta injusta, inclinando-se para as condutas justas. A moral presente no mito hesiódico implica na preocupação com a justiça como princípio da existência humana e da organização das leis naturais e morais do mundo dos mortais. O poema tem uma função educativa, apois ponta através dos conselhos de Hesíodo para o seu irmão Perses, o valor moral que o trabalho assume.

Hesíodo parece ter sido o primeiro a "analisar a relação do homem com a pólis" (Caporalini & Murari, 2009, p. 5). As análises do corpus hesiodicum permitem "compreender como e porque as sociedades se desenvolvem e se destroem". Hesíodo analisa a problemática da justiça, que mais tarde é pensada como um princípio normativo na filosofia de Platão, em que o discurso jurídico é letrado(Ramos, 2013). Logo, há o processo de mudança do pensamento mítico de Hesíodo para o pensamento lógico em Platão. Mais tarde

Aristóteles desenvolveu o conceito de justiça relacionado às questões da virtude intelectual, onde compete a essa instância virtude o exercício por meio do "ensino", e moral através do "hábito" (Russell, 1969). Logo, é através da prática constante dos "bons costumes" que o homem se torna justo e virtuoso. Para Aristóteles, a justiça não é necessariamente o resultado da igualdade, mas uma harmonia na proporção das ações.

A justiça na Teogonia é uma relação de duas partes, aquela que ofende o que está estabelecido ou juramentado, a justiça, e daquele justo deus ou homem que sofre a ação de uma injustiça, ou mesmo daqueles que se indignam por tal ato injusto (Ramos, 2013). Juramento, filho de Éris, está presente nos discursos dos homens. Na organização dos códigos morais da pólis, a partir de uma justiça da oralidade, o Juramento ocorre na aceitação da palavra do outro com testemunhas, a fim de manter a ordem. Observa-se o gérmen da tentativa de controle da corrupção por meio do processo, que envolve a escuta de testemunhas.

As relações de gênero exercem um importante papel nas relações entre trabalho, corrupção e justiça em Hesíodo, e as suas representações femininas se dão por meio de vários referentes que perdurarão nos desenvolvimentos ulteriores da literatura grega: as mulheres consomem o trabalho dos homens, o que obriga os homens a trabalharem. Problemas com a produção os levam à guerra, à necessidade de estabelecimento de um sistema judiciário e à e consequentemente ao conflito entre justiça e corrupção. E assim, entre Pandora e Éris, a necessidade de reprodução para manter seu legado e da produção para sustentar-se e sustentar a mulher, que a justiça e a corrupção eclodem. Então, Pandora e Éris possuem duas faces: a que alimenta e a que consome; a que enriquece por meio do trabalho árduo, portanto justa, e a que enriquece por meio da corrupção, enriquecimento fácil e injusto.

Referências

Documentos

HESÍODO

Works and Days. Edited with Prolegomena and Commentary by M. West. Oxford: Clarendon Press, 1978.

Os Trabalhos e os Dias. Edição, tradução e notas: Alessandro Rolim de Moura. Curitiba: Segesta, 2012.

Os Trabalhos e os Dias. Trad. Luiz Otávio de Figueiredo Mantovaneli. São Paulo: Odysseus Editora. 2011.

Teogonia: A Origem dos Deuses. Tradução e Estudo de Torrano, jaa (ed. original de 1991). São Paulo: Iluminuras, 2003.

Bibliografia

BLAISE, F.; LA COMBE, P. J. & ROUSSEAU, P.

Le métier du mythe: Lectures d'Hésiode. Villeneuve d'Ascq: Presses Universitaires du Septentrion, 1996-2020. 567p.

MONTANARI, F.; RENGAKOS, A. & TSAGALIS, C. (eds.)

Brill's Companions to Hesiod. Boston: Leiden, 2009.

CAPORALINI, J. B. & MURARI, J. C. F.

A problemática da justiça em Os Trabalhos e os Dias de Hesíodo. VII Jornada de Estudos Antigos e Medievais. 2009.

KIBUUKA, B. G. L.

Mulheres masculinas, homens femininos: representações, gênero e identidade no teatro de Eurípides. Tese de Doutorado em História Social. Niterói: Universidade Federal Fluminense, 2021.

MAINGUENEAU, D.

Novas tendências em análise do discurso. 3. ed. Campinas: Pontes, 1997.

RAMOS, O. M.

A concepção de justiça na Teogonia e n'Os trabalhos e os dias de Hesíodo. Manaus: Universidade Federal do Amazonas, 2014. Relatório Final relativo ao CNPQ PIB-H/0024/2013.

RUSSELL, B.

História da Filosofia Ocidental. Tradução de Brenno Silveira. São Paulo: Companhia Editora Nacional, 1969.

VERNANT, J.-P.

O universo, os deuses, os homens. Trad. Rosa Freire d'Aguiar. São Paulo: Companhia das Letras, 2000.

Mythe et Pensée chez les Grecs: études de psychologie historique. Paris: Éditions la Découverte. 1988. 443p.

ZARECKI, J.

Pandora and the Good Eris in Hesiod. Greensboro: University of North Carolina, 2007.

4
IMAGENS E REPRESENTAÇÕES DA MORTE EM "IFIGÊNIA EM ÁULIS", DE EURÍPIDES

Ialle Batista Alvarez
Brian Kibuuka

A morte é parte da trajetória humana, sendo o seu ocaso. A sua força derradeira e a sua universalidade torna-a suscetível de adquirir diferentes significações simbólica s a depender da cultura. No caso dos atenienses do período clássico, a morte é um tema importante da sua produção cênico-dramática. O tragediógrafo Eurípides, em particular, se dedicou em escrever tragédias que abordaram questões político-cívicas de Atenas em um contexto de guerra, a Guerra do Peloponeso (431-404 a.C.). Em suas peças, a questão da guerra, do gênero, das tensões entre as esferas públicas e privada e a religião se encontram e se desdobram em enredos que acabam por ressignificar os conflitos em curso, e seus efeitos.

Eurípides se dedicou especialmente a refletir por meio de suas tragédias – ao menos, as supérstites – sobre o sofrimento colateral daqueles que, não tendo decidido pela guerra e não estando envolvido diretamente nela, sofrem-na tanto quanto e até mais que os envolvidos diretamente nos conflitos. Ele o faz em *Hécuba, Troianas, Suplicantes, Electra, Andrômaca, Ifigênia* em *Áulis* e *Fenícias.*

A peça escolhida para esta análise é a tragédia *Ifigênia* em *Áulis*, tragédia que reflete a respeito da morte e do sacrifício pessoal em favor da ordem da pólis. A peça aborda, em especial, o sacrifício da protagonista, que traz consigo significados simbólicos. Essa representação simbólica da morte cênica, protagonizada por Ifigênia, permite desde uma análise dos aspectos rituais como os sacrifícios, até às representações simbólicas presentes nesta morte em específico. A partir desta tragédia, é possível investigar a morte ritual, o sacrifício dos parentes em favor da guerra, a deterioração das relações familiares por causa das demandas cívicas, e como tais temas estão relacionados ao papel das mulheres na sociedade ateniense da segunda metade do séc.v a.C.

A tragédia *Ifigênia* em *Áulis* coloca em cena um líder e pai, Agamêmnon, que recebe um oráculo que exige um sacrifício humano para que os ventos soprem e as forças gregas possam se dirigir a Troia. Ele se vê entre exercer o seu dever de pai, poupando sua filha Ifigênia e consequentemente, proporcionando o fracasso do seu exército em direção a Troia; ou exercer o seu papel de líder conduzindo sua filha ao sacrifício para que assim seu exército pudesse ter êxito em ir à guerra. Ifigênia é uma jovem virgem, uma menina que também é mulher – ela se verá entre escolher continuar viva e se casar, ou se sacrificar em nome dos gregos para que estes alcancem a almejada vitória. Ifigênia, heroicamente, escolhe a Grécia e assume para si a sua honra de se sacrificar.

Ifigênia em Áulis é considerada a última feita por Eurípides, e a sua encenação se deu após a sua morte, em 405 a.C. A tragédia tem 1629 versos divididos em cinco partes: Prólogo, Párodo, Episódio, Estásimo e o Êxodo.

Prólogo

O prólogo de *Ifigênia em Áulis* (v. 1-165) coloca em cena o rei Agamêmnonprestes a tomar uma importante decisão: Ártemis diz, por meio de um oráculo, que só cessará a longa calmaria dos rios para que os gregos guerreiros pudessem embarcar em direção ao ataque a Troia se Agamêmnon oferecesse a sua filha primogênita, Ifigênia, para um sacrifício de morte. Agamêmnon já tinha mandado uma carta através de seu servo, para que sua filha comparecesse ao acampamento para o seu suposto casamento com Aquiles. Agamêmnon está arrependido de ter enviado essa carta, e escreve uma segunda reparando o que estava escrito na primeira missiva.

O fato de Agamêmnon ter escrito uma segunda carta indica o dilema fundamental: escolher entre os valores do *oîkos* e os da pólis (Hirata, 2001). Para Santos (2008), essa indecisão estaria ligada a um estado de alteração, uma cegueira momentânea que faria com que a razão fosse afastada de si. No prólogo, Eurípides situa o público do ambiente cênico de um contexto dramático que a peça irá se desenrolar e, principalmente, situa onde acontece toda a trama: Áulis, uma região limítrofe entre os bárbaros e os civilizados.

Párodo

O párodo (164-302) tem a participação do coro, que descreve o acampamento dos gregos, os guerreiros e os navios liricamente e algumas das atividades que faziam enquanto esperavam a ordem do embarque. Esse coro é composto por mulheres casadas, vindas de Cálcis e que ainda desconhecem a demanda pelo sacrifício de Ifigênia. Por isso, o tema não é alvo de sua preocupação.

Primeiro episódio

O primeiro episódio (303-542) trata da intercepção agressiva do velho escravo que porta a segunda carta de Agamêmnon por Menelau. Menelau, ao descobrir o novo plano de Agamêmnon, tem um duro embate com o irmão. A chegada de uma quarta pessoa na cena, anunciando a chegada de Clitemnestra e seus filhos em Áulis, põe fim ao debate, e Agamêmnon chega à conclusão de que é inevitável a morte de sua filha.

Primeiro estásimo e segundo episódio

O primeiro estásimo (543-589) apresenta o canto do coro, que indica quais são as consequências funestas do amor, relembrando a conduta de Páris e Helena e as consequências geradas por esse encontro. No segundo episódio (590-750), há o encontro entre Agamêmnon e sua esposa e filha. Logo após a saída de Ifigênia, Clitemnestra pede detalhes do futuro marido da filha e que ele descreva a genealogia de Aquiles. Agamêmnon demonstra cada vez mais estar incomodado de manter a mentira à sua mulher, e pede, sem sucesso, que ela volte para casa, a fim de evitar que ela presencie a morte de Ifigênia.

Segundo estásimo e terceiro episódio

O segundo estásimo 2 (751-800) apresenta o coro cantando o possível futuro de Troia e sua destruição. O terceiro episódio (801-1035) é o da revelação. Clitemnestra dialogará com o seu suposto genro Aquiles em sua tenda, e o escravo portador da segunda mensagem a mando de Agamêmnon entra na tenda e revela todo o plano de Agamêmnon. Em choque, Clitemnestra implora ajuda de Aquiles. Ele decide ajudá-la.

Terceiro estásimo e quarto episódio

O terceiro estásimo (1035-1097) consiste no canto do coro sobre a grandeza de Aquiles; e relembra as núpcias de seus pais, Peleu e Tétis e aborda o destino de Ifigênia. Há no quarto episódio (1276-1508) o diálogo entre Agamêmnon, Clitemnestra e Ifigênia. Mãe e filha vão confrontar o rei por causa de suas mentiras. Ifigênia tenta convencer o pai para que desista do seu plano e a deixe viver, lamentando o seu infortúnio. Em um segundo momento, acontece o diálogo entre Ifigênia, Clitemnestra e Aquiles, que não conseguirá manter o seu exército de mirmidões controlados por muito tempo. Então, Ifigênia mudou de postura e voltou atrás, mostrando-se decidida a se sacrificar pelos gregos e pela vitória da sua pátria. Essa sua atitude que fez com que Aquiles a admirasse e a louvasse por sua beleza, nobreza e dignidade próprias de uma esposa digna (Torrano, 2014). Aquiles diz que se casaria com ela se fosse necessário.

Quarto estásimo e êxodo

O quarto estásimo (1509-1531) é o mais curto dos coros: nele, a despedida de Ifigênia é celebrada, e há uma prece aos deuses pela vitória dos gregos. A saída do coro (êxodo, versos 1532-1629), é marcado pela chegada de um mensageiro a mando de Agamêmnon para contar à sua esposa Clitemnestra como foi o sacrifício de Ifigênia. O mensageiro afirma para Clitemnestra que Ifigênia teria voando para os deuses e, no seu lugar, teria aparecido uma corça.

A autenticidade do êxodo

Sobre o êxodo de Ifigênia em Áulis, há indícios de que ele tenha sido adcionado após a morte de Eurípides, havendo indícios de adulteração e interpolação na tragégia (Ribeiro Jr., 2010). Seu filho ou sobrinho, chamado de Eurípides Minor, pode ter completado o texto pouco antes da primeira apresentação da tragédia. Ao que parece, a peça original terminava no verso 1531, sem que o mensageiro contasse a Clitemnestra que Ifigênia teria sido salva e no seu lugar se encontrava uma corça (Kovacs, 2010).

As mulheres na sociedade grega

Marquardt afirma que a compreensão das personagens femininas de Eurípides, como Clitemnestra e Ifigênia, passa pela compreensão da posição que a mulher ocupava na Grécia Antiga (Marquardt, 20017) - em particular, a ideia de feminino na Atenas do século v a.C.

Na sociedade dita grega clássica, as mulheres detinham um destaque na vida religiosa. Elas experienciavam uma espécie de "cidadania ritual": as mulheres deveriam se restringir ao *oîkos*, exceto em situações específicas, como era o caso das procissões ritualísticas.

O casamento ocorria geralmente por volta dos 14 anos das mulheres, e 30 dos homens. A disparidade de idades entre marido e esposa pode ter ajudado a nutrir a ideia da inferioridade intelectual da mulher, e deve ter reforçado atitudes patriarcais (Marquardt, 20017). Além disso, Aristóteles, em *História dos Animais*, acreditava que a mulher deveria se casar jovem por questões de saúde, já que pelo fato do corpo não ter passado pelo processo da relação sexual, acabaria retendo o sangue menstrual que poderia causar alucinações e, em casos raros, até o suicídio. Para evitar esses riscos, o ideal seria casá-la cedo para que assim pudesse "desobstruir" o seu corpo.

A situação muda de configuração no que diz respeito à mulher espartana. Sua principal função era gerar novos cidadãos e, consequentemente, novos guerreiros. Porém, a mulher espartana era incentivada a circular em ambiente público, exercitando-se na palestra (Marquardt, 20017). Elas tinham alguma autoridade sobre seus filhos e sobre seus maridos.

A disparidade entre as condições femininas de Atenas e Esparte foram postas em cheque pela Guerra do Peloponeso. Provavelmente, isso influenciou a que o tragediógrafo desse espaço as personagens femininas em sua peça.

Não foi só Eurípides que escreveu sobre as mulheres, talvez até tenha sito um dos únicos a refletir sobre seu papel na sociedade ateniense, mas Aristófanes, com Medeia e Fedra, por exemplo, e ainda Ésquilo e Sófocles que também escreviam sobre mulheres, mas com tratamentos diferentes.

O sacrifício voluntário de Ifigênia demonstrava nobreza e coragem diante de uma audiência composta por homens atenienses. O fato de Eurípides narrar a saída da mulher do ambiente privado para circular no acampamento dos aqueus, indo ao encontro do seu futuro marido, já é um indício de uma abordagem crítica ao estereótipo do feminino ateniense. A condição de Clitemnestra também é outro ponto a ser explorado: Aquiles, ao repreendê-la por entrar na sua tenda, sendo ela uma mulher casada e ele um homem solteiro, indicia este trânsito feminino nos lugares privado e público.

Personagens e suas alterações: Clitemnestra

Ao longo da peça, alterações na narrativa são acompanhadas de mudanças de opinião de personagens, que mudam de ideia facilmente, às vezes de forma radical. Em oposição a essa peculiaridade da maior parte das personagens da peça, Clitemnestra se manteve consistente e estável do início ao fim da tragédia. Por outro lado, Agamêmnon Ifigênia, Aquiles e Menelau se alteram com o passar das cenas, o que culmina na cena do sacrifício de Ifigênia. Clitemnestra, a única a não mudar suas intenções, se engajou, desde que soube do plano do seu marido, a salvar a vida da filha a qualquer custo:

> À face me não virá o rubor de lançar-me aos teus joelhos, mortal de uma deusa nascido; pois para que é a soberba? Ou com que devo eu preocupar-me mais do que com a minha filha? Mas tu vinga, ó filho da deusa, o meu e teu revés e a tua prometida esposa –em vão, mas mesmo assim prometida ... Eu te suplico pelas tuas barbas, pela tua dextra, pela tua mãe - porque teu nome ao qual tu deves vingar, me perdeu! Não tenho para refurgiar-me outro altar que não teus joelhos, nem amigo algum perto de mim. (Eurípedes, *Ifigênia em Áulis* 898-910)

O motivo dela se humilhar perante Aquiles se deve ao fato do seu papel de mãe desempenhado na peça. Eurípides possivelmente quis refletir sobre este aspecto da maternidade, este duplo sentimento do ser mãe: de um lado está o amor incondicional pela sua filha e, do outro, está a terrível dor pela possibilidade de perdê-la. Em tempos de guerra, Clitemnestra pode estar representando todas as mulheres que compartilham desse sentimento de mãe que sofrem pelos seus filhos que estão sob risco, em combate, sem saberem ao certo a respeito do seu paradeiro, se estão vivos ou mortos. Clitemnestra também reflete a fidelidade conjugal, o autocontrole e a dedicação.

Mesmo sabendo que se tratava de uma morte a pedido da deusa Ártemis, Clitemnestra não concordou com a exigência divina. Após ser informada da morte da sua filha, que na verdade foi o relato da sua substituição por um animal no momento fatídico, ela não acreditou, antes julgou que Ifigênia foi sacrificada e de fato se encontra morta, pois a morte camuflou a sua existência. O que significa que tendo ou não a intervenção divina em favor da preservação da vida de Ifigênia, ela não poderá mais ver o crescimento da sua filha - e isso é como se a filha realmente estivesse morta.

Clitemnestra não consegue perdoar a decisão do seu marido, por isso ela planeja durante dez anos a sua vingança. É depois de dez anos que ela se vinga de Agamêmnon, matando não só ele como sua amante e seus filhos bastardos. A morte da filha é a justificativa para o assassinato de Agamêmnon.

Menelau

Menelau, irmão de Agamêmnon, cunhado de Clitemnestra e filho de Atreu, mesmo tendo uma pequena participação na peça, é caracterizado pelas suas mudanças de opinião na narrativa. A princípio, ele foi o responsável pelo plano de inventar um suposto casamento para atrair Ifigênia ao acampamento. Em seguida, ele aparece na peça quando o ancião estava prestes a enviar uma segunda carta e é interceptado por ele. Após descobrir a mudança de ideia do seu irmão sobre o plano, ele inicialmente ameaça contar a todos os *dânaos* o que está na carta, provocando uma discussão. Em seguida, ele se compadece com as lágrimas de Agamêmnon e reflete sobre algum dos argumentos do seu irmão, e volta atrás no plano de matar sua sobrinha, dizendo:

> Na tua situação me ponho. Agora sou eu que te digo que não mates tua filha, nem meus interesses anteponhas, pois não é justo que tu suspires e eu goze meus prazeres, que os teus morram e vejam os meus a luz [...]. Eu era um novato sem senso, antes de analisar o problema de perto e compreender o que é matar um filho [485-490] [...]. Que tem Helena a ver com a tua filha? Que o exército parta, desmobilizado, de Áulide e tu, irmão, cessa de teus olhos marejar de lágrimas. (Eurípedes, *Ifigênia em Áulis* 476-495).

Há, portanto, em Menelau, a mudança de opinião que também será característica dos demais personagens do drama.

Aquiles

Ao contrário de Menelau, Aquiles que sempre se manteve firme em nome da defesa da sua suposta futura esposa, Ifigênia, mas no final foi o próprio que iniciou as práticas do ritual para que o sacrifício acontecesse, satisfazendo a vontade da própria Ifigênia. Ainda assim, se colocou a disposição caso a sacrificante mudasse de ideia. O personagem de Aquiles vai muito além de uma breve mudança de comportamento. Aquiles apresenta ações muito mais reflexivas do que impulsivas, vinculando-se mais ao comportamento filosófico do que ao pensamento que norteia a tradição mítica, ou às tradições relacionadas à masculinidade.

Aquiles descobriu o plano de Agamêmnon ao mesmo tempo que Clitemnestra, Aquiles é a única salvação que Ifigênia dispõe, e ao mesmo tempo em que ele se encontra na mesma posição dela diante da deliberação do rei. Logo, o que o diferencia do universo feminino, embora estejam em situação de suposta igualdade, é o fato de o homem poder se dispor a ajudar, o que também demonstra que ele tem a liberdade de obedecer ou não os atridas.

Apesar disso, mesmo tendo toda essa liberdade, Aquiles não pretende ser contra Agamêmnon nem muito menos contra o exército. Por isso ele diz a Clitemnestra para conversarem antes com Agamêmnon para assim convencê-lo a mudar de ideia:

> [...] Aquiles: ouve então, para que nosso desígnio decorra bem
> Clitemnestra: Que queres dizer com isso? Pois ouvir-te é dever meu
> Aquiles: Persuadamos de novo seu pai a pensar melhor.
> Clitemnestra: Não passa de um miserável e teme o exército em demasia.
> Aquiles: Mas as razões, os temores vencem na disputa.
> Clitmnestra: Gélida esperança! Explica o que hei-de executar.
> Aquiles: Implora-lhe, primeiro, que não mate tua filha; e, se resistir, junto de mim deves encaminhar-te
> (Eurípedes, *Ifigênia em Áulis* 1005-1015)

Após Ifigênia aceitar seu sacrifício Aquiles a vê como uma igual. Como perfeito herói e guerreiro grego, Ifigênia se mostrou grandiosa ao aceitar o sacrifício. É por essa a razão que ele a desejou como uma esposa digna de sua altura, caso não se fizesse mais necessário o sacrifício. Brandão concluiu que o Aquiles de Eurípides é diferente do Aquiles homérico.

Agamêmnon

O personagem de Agamêmnon é emblemático e Eurípides o apresenta na peça "multifacetado" (Carvalho, 2018, p. 63). Ele tem vários conflitos, questionamentos e realidades díspares. Ao mesmo tempo em que representava a figura do comandante que preparava o seu exército para a guerra que se aproximava, ele era irmão de Menelau que teve sua vida privada exposta por conta da traição e fuga de sua mulher, Helena. Ele ainda tinha que exercer seu papel de pai, e estava prestes a sacrificar sua filha em nome das razões do Estado. Agamêmnon, do início ao fim, é instável por causa dos seus muitos papeis.

Agamêmnon precisa decidir entre a *ôikos* ou a sua *timé*. Os valores das razões familiares vs as razões do Estado constantemente afligem o seu comportamento e, por esse motivo, que ele é inconstante.

No prólogo, a primeira decisão de Agamêmnon foi optar pela *timé*, mandando uma carta como isca para atrair sua filha ao local do sacrifício. Essa decisão é subentendida já que a peça se inicia com Agamêmnon já tendo escrito uma segunda carta, arrependido da sua escolha de sacrificar sua primogênita. A *ôikos* nesse momento ultrapassa a *timé*. Esse comportamento atualmente é conhecido como arrependimento, e está ligado a esse estado emocional era reconhecido como "alterado" pelos gregos, como se assemelhasse a uma possessão divina:

> Da tabuinha os sulcos lavrei, a minha esposa fiz chegar a ordem de enviar minha filha como noiva prometida a Aquiles [...] Assim pensei persuadir minha mulher, [105] a mentira tecendo em torno do casamento da virgem [...]. Mas tendo sem siso decidido então, anulo agora o que disse, escrevendo com siso esta tabuinha

> que tu de noite [110] me viste abrir e selar, meu velho.
> Mas vamos! Toma esta carta, corre a Argos!
> (Eurípedes, *Ifigênia em Áulis* 1005-1015)

Agamêmnon passa a representar os reis que utilizam o pretexto de algum nome ou situação para provocar uma guerra que lhe é benéfica ou simplesmente pelo benefício próprio. Eurípides provavelmente buscou ponderar o que os anos da Guerra do Peloponeso puderam lhe ensinar: o poder da falsidade que prevalece sobre a verdade; os comandantes que não estavam aptos a comandar; a lealdade conveniente; as soluções que são provisórias; ou até mesmo as falsas razões.

Novamente o conflito da ôikos e timé retorna no primeiro episódio, quando Menelau descobre a mudança de plano do seu irmão e o embate começa. Nesse conflito, quando Menelau compadece das lagrimas do seu irmão, Agamêmnon percebeu o que está em jogo, principalmente porque Menelau ressaltou a sua posição real:

> Louvo-te, Menelau, porque, contra o que eu esperava, justo e dignamente mudaste tuas palavras [...]. Mas, porque arribámos a um destino inevitável, cumpra-se de minha filha a morte sanguinolenta".
> (EUR., Ifigênia em Áulis 505-510)

Menelau ainda tenta fazer Agamêmnon mudar novamente de ideia, mas o rei sabe que o seu destino é inevitável. Se Agamêmnon mudasse de ideia, perderia a sua honra e cairia em desgraça. Esse prevalecimento do bem coletivo em detrimento das ambições do mundo privado representa alguma noção de justiça cívica, em que as razões do Estado prevalecem às razões pessoais.

Ifigênia/Ártemis

Assim como o personagem de Agamêmnon, Ifigênia também vive uma dualidade, com características mais positivas que o seu pai. Ela é inteligente, e sua bravura é demonstrada juntamente com a sua coragem. Ifigênia representa a passagem de donzela para mulher, de temerosa para valente, de vítima para exemplo, e de viva para morta (nesse caso, de mortal para imortal). Junto a Ártemis, Ifigênia representa "a ambiguidade que habita em todo ser humano" (Vargas & Pollo, 2017, p. 236).

Ártemis aparece em cena como defensora da personagem Ifigênia. Ela também representa a situação na qual a região em que os aqueus se encontram: Áulis. Assim como Áulis se tratava de um local geográfico de uma região limite entre a Grécia (civilizada) com a Troia (bárbara), Ártemis, é a deusa das fronteiras entre a civilidade e a selvageria, sendo ela que confere a virtude de conduzir a passagem entre ambos e de demarca-las, como completa Cidre (2015).

Ifigênia é uma jovem e virgem menina/mulher, que se encontra na dualidade entre escolher continuar viva ou se sacrificar em nome dos gregos para que estes alcancem a almejada vitória. Ifigênia, heroicamente, escolhe pela Grécia e a honra de se sacrificar. Mas até que de fato esse sacrifício aconteça, é possível ver sua evolução enquanto personagem e perceber, em paralelo, como o destino das mulheres agora possuem uma nova virtude, de pessoas tão frágeis, delicadas e indefesas para uma força que se equivale ao homem e, especialmente, em Ifigênia. Ela consegue ultrapassar a coragem e a bravura do seu pai, já que assume seus deveres como líder, e de salvar também a sua família de uma desgraça:

> Decidi morrer; mas esse acto, quero torná-lo glorioso, para longe relegando sentimentos vis. [...] Tudo isto salvarei com minha morte e, como libertadora da Hélade, uma glória bem-aventurada me caberá. [...] Se Ártemis quis receber meu corpo, eu, mortal que sou, à deusa farei obstáculo? Pois bem, é impossível! Meu corpo eu entrego à Hélade. Sacrificai-me, destruí Troia. Essa será, por longo tempo, a memória que de mim deixo, estes os filhos, e os esponsais e a minha glória. (Eurípedes, *Ifigênia em Áulis* 1374-1399)

Ela ultrapassa a coragem e a bravura do seu pai por um simples motivo: seu discurso sobre a decisão da morte se trata de um sentimento genuíno pautado na glória do seu povo e da sua óikos, o que difere totalmente da de Agamêmnon, que temia ter uma fama de bárbaro e incapaz.

Ifigênia também pede à mãe que não se revolte contra seu marido, e que Aquiles não coloque sua vida em risco. Ela tenta evitar conflitos a qualquer custo mesmo que o custo disso seja a sua vida.

Outro ponto bastante pertinente na sua personagem é o fato da sua aversão por Helena. Ifigênia não quer se assemelhar a ela nem seguir os seus mesmos passos, já que a todo o momento suas decisões estão pautadas em consequentes das decisões tomadas pela fugitiva. Se Helena causou essa guerra, Ifigênia não quer ser mais um infortúnio ao seu povo. A oposição entre Ifigênia e Helena é o contraste entre a mulher perfeita e a imperfeita.

Conclusão: o significado da morte de Ifigênia

Certeau afirma que a morte volta como disfarce, e isso parece se encaixar com a cena de sacrifício de Ifigênia. A audiência é informada do sacrifício de Ifigênia porque a cena é contada no estásimo (versos 1509-1531) pelo coro, e depois é narrada com mais detalhes, no Êxodo (1532-1629) por um mensageiro da família, que a mando de Agamêmnon, conta a Clitemnestra como aconteceu o sacrifício. O mensageiro por sua vez narrou a cena dizendo que antes do degolamento da jovem, houve um barulho no bosque fazendo com que Ifigênia desaparecesse sobre a terra, e em seu lugar apareceu uma corça que jazia no chão ensanguentada. Ifigênia teria voado para os deuses e foi imortalizada. Então, o vidente Calcas anunciou a Agamêmnon que este venceria a guerra, pois o martírio de Ifigênia foi aceito.

O martírio de Ifigênia pode ser interpretado como um disfarce da morte. Tal morte pode ser lida a partir de seu lugar sociocultural, como um sacrifício, um produto da oposição entre as razões de Estado e das razões familiares e a partir da oposição entre mundo privado e mundo público (Certeau, 1998).

Há na Atenas Clássica, antes de transições importantes da vida, a realização de sacrifícios. Eles eram realizados nos casamentos, funerais e enunciação de votos, por exemplo. Não é acidental que um dos temas da obra de Eurípides seja a relação casamento-morte, ou do casamento que se transmuta em sacrifício mortal. A celebração da união de duas famílias por meio das núpcias de Ifigênia com Aquiles, acabou envolvendo uma outra pessoa, uma outra relação conjugal: a de Ifigênia com Hades. Os ritos pré-nupciais dos atenienses sempre mantinham o envolvimento do sacrifício de sangue, e ao que parece, Ifigênia encena uma das rotinas dos enlaces entre nubentes: os sacrifícios de casamento. Porém, esses sacrifícios eram feitos com animais, e não com pessoas.

Por que Eurípides coloca uma jovem mulher em um lugar que não lhe pertencia? Loraux afirma que assim como o animal, a mulher é submissa, passiva, dada e conduzida. Contudo, o seu sacrifício é maior do que a mera substituição da presença de um animal (Lourax, 1988). Portanto, o sentido da morte de Ifigênia é ressignificado: ela não apenas se dispôs a se casar, mas a unir o seu destino com o dos guerreiros, já que os soldados ali presentes também cumprem um papel semelhante ao dela: eles sacrificam as suas vidas em nome da sua honra e da sua cidade.

A morte de Ifigênia também se dá por interesse cívico, que se sobrepõe aos interesses familiares. Agamêmnon decide que o sentimento de paternidade que ele tem não pode ser maior do que as suas obrigações como líder. Do mesmo modo que Agamêmnon, os soldados abandonam o seu lar para atender o chamado do rei, e nesse momento as razões familiares ficam em segundo plano. Ifigênia faz o mesmo, e sua morte mantém a mesma direção tomada por seu pai e pelos soldados acampados em Áulis.

A oposição entre o mundo privado e o mundo público envolve o interesse precípuo da mulher e do homem. A mulher está destinada, a grosso modo, à procriação, no imaginário grego. O homem, à guerra. A mulher se ocupa daquilo que está no interior da casa, e o homem se ocupa do que é móvel, exterior à casa. De fato, na tragédia, os homens vão a guerra, e às mulheres permanecem em seus lares, esperando o retorno dos seus maridos, pais e filhos. O sacrifício público de Ifigênia manifesta para o exterior os sacrifícios das mulheres em tempos de guerra, muitas vezes invisibilizados por causa da restrição de circulação a que as mulheres estavam submetidas. Logo, a "bravura de Ifigênia diante da morte faz dela a única personagem da peça a demonstrar coragem. Coragem que era o maior preceito do homem na época heroica" (Marquardt, 2007, p. 133).

A coragem tem lugar um lugar privilegiado na ordem

social da sociedade ateniense. Porém, ao colocar uma mulher imbuída de coragem, a peça expõe que não existem mais os papeis previamente definidos pelos homens: agora há novas virtudes, e seres tão frágeis e vulneráveis foram alçados à condição de equidade com o homem. Conforme afirma Marquardt:

> "A atitude de Ifigênia apenas ressalta, pelo contraste, a fraqueza de Agamêmnon que oscila entre seus deveres para com a sua família e para com os seus exércitos. A firmeza e a coragem que lhe seriam necessárias são atributos da filha" (2007, p. 136).

Assim, Eurípides demonstrou a capacidade que as mulheres tem para tomar decisões melhores que os homens, principalmente os líderes, já que esses têm constantemente a sua motivação relacionada ao poder e à glória, sem ao menos levar em consideração os inúmeros soldados que interrompem as suas vidas para poder atender o chamado da pólis por razões meramente egoístas.

Referências

ALMEIDA, C. A.

Pais de. Eurípides. Ifigênia em Áulide. Lisboa: Calouste Gulbenkian, 1998.

ANDRADE, M. M.

A "Cidade das Mulheres". Cidadania e alteridade feminina na Atenas Clássica. Rio de Janeiro: LHIA, 2001.

CANTARELLA, E.

Pandora's daughters: the role and status of women in Greek and Roman antiquity. Baltimore, London: The John Hopkins University Press, 1993.

CARVALHO, V. E.

Uma releitura de Ifigênia em Áulis de Eurípides a partir do binômio casamento-morte. Curitiba: UFPE, 2018.

CERTEAU, M.

A invenção do cotidiano. 3. ed. Petrópolis: Vozes, 1998.

CIDRE, E. R.

Maneras rituales de matar a una doncella: Ifigenia entre las víctimas sacrificiales euripideas.Coimbra: Annablume, Imprensa da Universidade de Coimbra, 2015.

EURÍPIDES.

Medeia. Rio de Janeiro: Civilização Brasileira, 2004.

GRAVES, R..

Os mitos gregos. 2 ed. Rio de Janeiro: Nova Fronteira, 2018.

HIRATA, FILOMENA.

As cartas na tragédia grega. Classica 2000-2001, p. 315-322.

JOUAN, F.

Euripide. Iphigénie a Aulis. Paris: LesBellesLettres, 1983.

KIBUUKA, B. G. L.

A guerra e o teatro de Eurípides. Curitiba: Prismas, 2015.

As origens gregas da Hermenêutica e da Alegoria. *Revista de estudos Helênicos da UERJ,* No5: RJ, 14 páginas;

KOVACS, G. A.

Iphigenia at Aulis: Mith, Performance and Reception. Tese de Doutorado. Universidade de Toronto, 2010.

LOURAX, N.

Maneiras Trágicas de matar uma mulher. Imaginário da Grécia Antiga. Rio de Janeiro: Jorge Zahar, 1988.

MARQUARDT, C. R.

Ifigênia em Áulis: A função religiosa, o papel das mulheres e a simbologia do sacrifício na tragédia euripideana. UFRS: Porto Alegre, 2007.

RIBEIRO JUNIOR, W. A.

Os autores da Ifigênia em Áulis de Eurípides. *Codex* 2 (2), 2010, p. 57-91.

ROMILLY, J.

A tragédia grega. Brasília: Editora Universidade de Brasília, 1998.

SANTOS, F. B.

Aquiles em Ifigênia Em Áulis de Eurípides. *Synthesis* 13, 2006, p. 49-66.

Canto e Espetáculo em Ifigênia em Áulis de Eurípides: Prólogo e Párodo (1-302). *Letras Clássicas* 12, 2008, p. 117-133.

TORRANO, JAA.

A noção mítica de justiça nas relações de poder na tragédia Ifigênia em Áulis de Eurípides. *Letras Clássicas* 18 (2), 2014, p. 16-24.

VARGAS, T. C. & POLLO, V.

"Ifigênia em Áulis": a guerra, as núpcias e a morte. *Trivium: Estudos Interdisciplinares,* 9 (2), 2017, p. 232-245.

VERNANT, J.-P. & NAQUET, P. V.

Mito e Tragédia na Grécia Antiga. São Paulo: Perspectiva, 2014.

5
GÊNERO, MATERNAGEM E VINGANÇA EM "HÉCUBA", DE EURÍPIDES

Ialle Batista Alvarez

Eurípides, tragediógrafo grego, se dedicou a escrever tragédias que trataram de questões políticas-cívicas de Atenas em um contexto de guerra, a Guerra do Peloponeso (451-404 a.C.), deixando indícios interessantes que podem ser recuperados por meio de uma análise crítica de suas peças. É imensurável a sua importância para Antiguidade, tendo uma produção cênica-dramática de grande valor histórico e filosófico.

O tragediógrafo presenciou boa parte do desenrolar da Guerra do Peloponeso e, analisou as consequências que esse conflito poderia trazer tanto para aqueles que morreram em batalha, quanto para os que ficaram na *pólis*. E é sobre essa questão que Eurípides se pronuncia em grande parte de suas peças, especialmente a respeito das pessoas que não foram à guerra, principalmente as mulheres, e sofreram por causa dos seus efeitos.

A peça escolhida para análise é a tragédia *Hécuba*, texto cênico-dramático a partir do qual se pretende refletir aqui a respeito do gênero, maternagem e vingança. A peça, em particular, é dividida em dois acontecimentos colocados em cena: a reação de Hécubaao sacrifício de Políxena, cuja morte foi exigida por Aquiles. E a reação de Hécuba à morte de Polidoro, que aparece no prólogo da peça como fantasma, pois foi assassinado por seu anfitrião Polimestor e não teve seus rituais fúnebres, e permanece insepulto no mar.

A peça em questão foi pensada para ser encenada nos festivais dramáticos que aconteciam em Atenas, entre o século VI e V a.C., em nome e homenagem ao deus Dionísio. O teatro grego trágico, encenado no período festivo conhecido como Grandes Dionisíacas, contava com grande participação popular. Os tragediógrafos que apresentavam suas peças nos dias de festa tinham a intenção de "comover e promover o mínimo de reflexão no seu público, fazendo denúncias por meio de metáforas" (Kibuuka, 2015, p. 13) que podiam chegar a toda população grega, já que esta sempre se fazia presente nos théatra.

As relações de gênero, maternagem e vingança estão em cena nos discursos socioculturais de Eurípides, pois o "drama euripidiano, em particular, permite observar um conjunto de ideias que representam a mentalidade" (Kibuuka, 2015, p. 20) de seu contexto.

Conceitos de gênero

O gênero é, segundo Izquierdo (199?), um conjunto de obras culturais, uma espécie de modelo de comportamento que passa por um processo de excludência para ele se defina comportamentos em função do sexo, para que se defina o que é ser homem e o que é ser mulher.

Carloto (2001), por sua vez, segue a linha de Marx sobre o entendimento de gênero. Para ela, houve a existência do gênero por conta de "uma desigual distribuição de responsabilidade na produção social da existência". Ou seja, a partir da demanda de responsabilidades sociais, a sociedade ditou critérios para que cada indivíduo se adeque. O problema se deve ao fato desses critérios serem pautados em ideais sexistas, classistas e racistas. Basicamente, começar a entender sobre gênero é saber que ele se dá através da dinâmica das relações sociais, onde está diretamente relacionada ao tempo e ao espaço.

Dessa forma, entender sobre mulher é saber que durante muito tempo sua identidade ficou relacionada com o 'fardo' da maternidade e seu papel intransigente. Para Flávia Leão *et al.*, um dos motivos que permitiu com que essa visão de mulher-maternidade ficasse alusivo foi por conta de a mulher ficar reclusa em ambiente privado para que pudesse se dedicar aos filhos e, consequentemente, fosse cuidadora do lar. Assim, essa suposta obrigatoriedade da natureza feminina que foi dada a mulher de se tornar mãe, foi imposta pela sociedade durante muitos milênios, sendo até critério para que ela tenha reconhecimento e seja aclamada, mesmo ocupando outros papéis de extrema relevância (Barbosa, 2012). Ao ditar como homem e mulher devem se portar, principalmente as mulheres, e ao estabelecer a necessidade de valorização de funções maternais, com recriminação caso as mulheres não escolham tal papel, produz-se uma reprodução de comportamentos que são tidos como advindos da natureza materna (Gradvohl, 2014).

A mulher, ao ocupar esse papel intransigente, são submetidas aos valores sociais da maternidade e são, ao longo dos anos, valorizadas e desvalorizadas. Winnicott (1945) foi quem chamou esse sentimento de ser uma boa mãe de maternagem. Maternagem é a forma que a mãe cuida do seu filho de maneira protetora, cuidadosa e boa, sem fazê-lo por conta de laços sanguíneos, mas pela adequação ao mito do amor inato de mãe. Conforme Badinter (1985), esse discurso surgiu a partir do século XVIII.

Camila Araújo e Alana Aragão afirmam que a maternidade é uma construcão (Vieira & Ávila, 2018), não sendo nem é inata, nem natural, pois "não se nasce mulher, torna-se mulher" (Beauvoir, 1970). Assim sendo, o conceito de maternidade é flutuante de acordo com o discurso da época, em que a sociedade busca uma maneira de controlar e subjugar as mulheres de acordo com seu benefício próprio.

Gênero na Antiguidade

O estudo de gênero teve um start na antiguidade a partir da década de 70. No teatro grego ateniense, em especial, há marcas das relações de gênero presentes nos personagens, que são manifestadas nos nomes, nas roupas, nos critérios de circulação, na forma de falar e, também, nas máscaras trágicas (Kibuuka, 2021).

As tragédias gregas em particular, sendo muitas vezes metáforas do cotidiano, gravitavam entre o vivido e a encenação do vivido,[1] o que significa que mesmo que a plateia se visse nas encenações, as peças se mantinham uma certa distância para que as pessoas não a achassem grotesca ou pavorosa, podendo até ser alvo de censura. Como diz Aristóteles

> O mais importante é o arranjo das ações, pois a tragédia não é uma representação de homens, mas de um pedaço de ação, de vida [...]. Portanto, eles não agem para representar o caráter, mas o estudo do caráter é incluído por meio da ação (Aristot., *Poet.* 1350a15-25).

1 A tragédia recebe esse nome por conta da desmedida do seu enredo, um tema sempre abordado com 'excesso' do mito do passado sendo trazido para o presente provocado a 'tragicidade'. Como Brian Kibuuka pontuou: "Ao mesmo tempo que as tragédias mesclam o contexto em que elas se inserem ao tema e ao contexto do mito, pertencente a outros tempos, lugares e relações, elas abordam o seu presente, e nele, o excesso, a desmedida, o exagero".

Em relação a violência presente nas tragédias, elas não eram encenadas, somente relatadas, provocando "temor sem aterrorizar os espectadores por meio de cenas explícitas, separando assim as ações e seus sentidos" (Kibuuka, 2021, p. 51). Por isso a tragédia se faz espetacular e especular, justamente porque as cenas não-encenadas ficavam à mercê da imaginação da audiência.

Outro ponto pertinente é o binarismo de gênero[2] na Grécia Antiga. Para ele, o binarismo tinha uma tendencia de construir, repetir e assegurar os conceitos de gênero de forma hierárquica. Para tal afirmação, Homero foi evocado já que o mesmo diz que os "homens são especialistas em impulsionar um navio veloz no mar, e que as mulheres são hábeis nos teares" (Kibuuka, 2021, p. 55).

Xenofonte, um ateniense, evidencia o binarismo ao afirmar que há diferentes tarefas para cada gênero. Ele justifica dizendo que foram os deuses que fizeram os homens a se adequarem mais as atividades ao ar livre e as mulheres, mais adaptadas para as atividades dentro de sua casa:

> Pois ele tornou o corpo e a mente do homem mais capazes de suportar frio e calor, e jornadas e campanhas; e, portanto, impôs-lhe as tarefas ao ar livre. Em relação à mulher, eu presumo que deus tenha designado as tarefas internas, pois ele tornou o seu corpo menos capaz de tal resistência. E sabendo que ele havia criado a mulher e imposto a ela o alimento dos bebês, ele deu a ela uma porção maior de afeto pelos bebês recém-nascidos do que para o homem.

2 Um dos pontos iniciais para que aconteça esse binarismo é a genderizaçao, que naturaliza comportamentos de gênero por meio de brincadeiras, tipos de roupas, cores, comportamentos etc.

> E uma vez que impôs à mulher a proteção das coisas da casa, sabendo que para proteção uma disposição amedrontadora não é desvantagem, deus concedeu uma parcela maior de medo à mulher do que ao homem; e sabendo que aquele que lida com as tarefas ao ar livre terá que ser seu defensor contra qualquer transgressor, ele concedeu-lhe uma parcela maior de coragem (Xenofonte *apud* Kibuuka, 2021, p. 56).

Para manter o binarismo, o governo criava medidas para isso, como: a restrição de direitos e a violência. Butler nos dá mais informações quando afirma que:

> Essa violência surge de um desejo profundo de manter a ordem do gênero binário natural ou necessária, de fazer dela uma estrutura, natural ou cultural, ou ambas, à qual nenhum ser humano pode se opor e ainda permanecer humano. (Butler, 2004, p. 35).

Como Butler diz, essa era uma forma que os gregos adotaram para que alcancem uma ordem se utilizando da diferenças sexuais para manterem uma estrutura sem que os gêneros entrassem em conflito. Além disso, havia distinções de gênero no âmbito cívico e político,[3] diferenças que servem para justificar a desigualdade, a discriminação e até mesmo a homofobia.

A genderização provoca uma expectativa de performance de gênero, ou seja: espera-se que um cidadão homem ateniense seja bom em combates e nos discursos, e que as mulheres tenham sua circulação restringida. A ruptura com

3 Os discursos de gênero na antiguidade eram utilizados para reafirmar que os homens ocupam o espaço público e as mulheres se restringem ao ambiente privado, mesmo isso não significando que elas estariam presentes somente neles.

essas expectativas redundam em desprestígio social, com masculinidade e feminilidade contestadas.

Na Atenas Clássica da metade do v a.C., o ultrapassamento das fronteiras normativas de gênero ocorre, porém, no teatro,[4] em ritos religiosos, nas festas e em situações de risco iminente, como a guerra. Logo, o teatro e/ou poesia rompia com a lógica da *pólis* ideal, recorrendo ao travestimento de gênero para que os enredos se tornassem híbridos. Eurípides, especialmente, colocou em cena personagens em *performances* de gênero que não eram aceitos na *pólis*, provocando assim um efeito trágico.[5] Tal é o caso da tragédia *Hécuba* de Eurípides.

Hécuba de Eurípides: gênero e maternagem

A peça *Hécuba* de Eurípides se passa na costa da Trácia, território bárbaro e estrangeiro tanto para os helenos quanto para os próprios troianos (Lessa, 2018). A peça se inicia com o fantasma de Polidoro, ao lado da tenda do rei Agamêmnon, situando a plateia do cenário e dos embates, dos personagens envolvidos, e de quem vai fazer companhia a ele Hades - sua irmã, Políxena.

Polidoro era para ter sido um dos únicos filhos sobreviventes após a guerra de Troia pois seu pai, Príamo, ao ver sua terra ser invadida, seu precioso filho, Heitor, ser morto, enviou seu Polidoro para ser protegido por Polimestor, já que ele não podia portar um escudo nem levantar uma lança:

4 No teatro aconteciam travestimentos. A maior parte do elenco era protagonizado por homens; logo, para os papeis femininos, os atores deveriam se travestir..

5 Ver exemplos no quinto capítulo de: Kibuuka, 2021.

> Eu era o mais novo dos filhos do rei Príamo
> e como não podiam os meus braços jovens
> portar um grande escudo e manejar a lança,
> meu pai me afastou da cidade ocultamente
> (Eur., Hécuba, v. 23-25)

Nesses versos, temos duas informações importantes: a primeira foi o fato de Príamo ter tirado Polidoro da cidade não por tentar salvar um herdeiro ou por querer protegê-lo da morte, mas porque ele não tinha idade suficiente para estar numa batalha. Segue-se o padrão esperado para a masculinidade: homens devem agir em períodos de guerra com coragem, ímpeto, destemor, sem jamais acovardar ou tentar fugir do embate. Na Grécia desse período, lutar na guerra é uma marca da performance masculina.

Polidoro é enviado para a terra da Trácia, onde é governado pelo rei Polimestor, um antigo amigo da família. O jovem leva um tesouro considerável para que, caso Troia caísse, seus filhos que restassem não ficassem totalmente infortunados.

Após a saída de Polidoro da cena, o coro entra e interage com Hécuba. Elas se lamentam, levando notícias ruins. Elas contam que os gregos decidiram fazer o sacrifício a Aquiles, após ele aparecer e exigir uma oferenda para que os helenos possam voltar para casa sem mais prejuízos.[6] A jovem escolhida para ser sacrificada foi sua filha Políxena.

6 A ausência dos ventos nada mais era que uma desordem cósmica, e que a morte de Políxena foi para honrar somente Aquiles; pois mesmo depois do seu sacrifício o exército ainda não pôde partir. Agamêmnon diz a Hécuba que por conta do mau tempo, ela pode realizar a sua vingança. Somente com os ritos fúnebres de Políxena e Polidoro que o tempo abre, o que sugere ser de fato necessário solucionar a desordem cósmica.

O fato é que para chegar a decisão final, os gregos se viam em um embate: um lado achava justa a morte da jovem; o outro não concordava com tamanha atrocidade. Agamêmnon foi a única voz forte que se opôs. Os dois filhos de Teseu juntamente com Odisseu fizeram com que os gregos concordassem com o sacrifício. Terminando o seu canto, o coro diz que o que resta a Hécuba é suplicar aos deuses e ao próprio Agamêmnon para que eles mudem de ideia e possam assim interceder o destino trágico de sua filha.

Em relação à personagem Hécuba, ela é uma das mais citadas no teatro grego, tendo aparição em oito peças - um quarto do *corpus* supérstite dos trágicos. Mesmo com suas inúmeras aparições com diferentes personalidades quando é evocada, é apenas na obra de Eurípides que ela ganha o protagonismo.

A característica de Hécuba que perdura de Homero a Eurípides é o fato de ser mãe amorosa – a maternagem, como podemos perceber nessa passagem da Ilíada:

> Foi nessa altura que a mãe *amorosa* ao encontro lhe veio,
> Que acompanhava até a casa a mais bela das filhas, Laódice.
> Toma-lhe a mão e, falando, lhe diz as seguintes palavras:
> "Filho, a que vens aqui? Por que causa deixaste o combate?
> Sim, certamente é mui grande a pressão dos malditos Acaios
> contra a cidade sagrada. Por isso, teu peito te trouxe,
> para que do alto da acrópole a Zeus as mãos ambas alcançasses.

> Pára, aqui, um pouco de vinho mais doce que o
> mel vou buscar-te para que libes a Zeus e às demais
> divindades eternas,
> e tuas forças restaures, também, pós haveres bebido".
> (Homero, Ilíada 6.251-260).

A virada de chave da personagem – de Homero para Eurípides- se deu justamente pelo motivo que Eurípides sempre pontuou em suas peças: a guerra quando não declarada por motivos genuínos, acaba gerando consequências funestas para toda a cidade, principalmente para as mulheres. Hécuba seria a referência ideal dessa consequência: de rainha para uma escrava que viu seus filhos morrerem; de esposa para viúva.

Como a plateia sabia da caracterização de Hécuba: piedosa, bondosa, caridosa e boa mãe; e da mudança de sua sorte: ela se tornou uma mãe traída, vendida e cativa (Barros, 2020), não precisou de muito para que ela ganhasse apreço aos olhos do público.

Após Hécuba contar a Políxena o seu destino trágico, ela chora. Mas não chora pela sua vida e sim pelo destino de sua mãe, já que questiona o fardo que Hécuba carrega e por que ela recebe tantos revéses. Fica claro aqui que morrer para Políxena não é um problema. O que a deixa angustiada é a infortunada vida de sua mãe.

Ao perceber que conversar com sua filha nada adiantaria, Hécuba recorre ao seu velho amigo, sem sucesso. Ela lamenta seu infortúnio e questiona sobre a morte de mulheres inocentes, já que é melhor matar um boi do que recorrer ao um sacrifício humano, pois na guerra já morreram pessoas o suficiente.

Sacrifício humano na Grécia Antiga

Em relação ao sacrifício humano, mesmo Eurípides relatando inúmeros sacríficos humanos, essa não era uma prática grega. Henrichs (2012) relata que isso só estava presente apenas no imaginário deles, pois acreditavam que esses sacrifícios teriam acontecido em seu passado mais remoto. Segundo Queiroz (2017), os sacrifícios humanos não eram comuns para ritos fúnebres:

> É a necessidade que os constrange agora/ a consumar aqui um sacrifício humano/ sobre um sepulcro, se é mais conveniente matar um boi? [...] (Eurípedes., Hécuba 333-336)"

Políxena foi sacrificada por ser um prêmio de guerra, o que destaca a importância do morto. Isso pressupõe o valor individual masculino no campo de batalha, e a necessidade de que homens bem-sucedidos fossem evidenciado e reconhecidos. Soma-se ao fato de que Aquiles morreu em batalha e não pôde receber sua recompensa entre os vivos, e deveria recebê-la no Hades.

A importância dos rituais fúnebres justifica a gravidade e urgência do sacrifício de Políxena. Espíritos insatisfeitos traziam umas série de consequências para os vivos, como doenças, infertilidade, agonias e tormentos.

Políxena aceitou voluntariamente o seu destino fatídico, mesmo ela agora sendo escrava e filha do inimigo morto. No momento de seu sacrifício, ela não foi desrespeitada ou tratada de forma subalterna, porque, segundo Vernant (2006), sacrifícios não podiam ser maltratados, nem irem ao altar de maneira pressionada, para que fossem apagados todos os vestígios de violência.

Após a morte de Políxena, a tragédia indica o cuidado de realizar o funeral dela acordo como é a tradição. A morte de Políxena não tratou, portanto, nem de um crime, nem de um assassinato. Se Políxena fosse vista como inimiga, seu corpo seria ultrajado – poderia ter seu cadáver abandonado para ficar de comida para animais, não obter uma sepultura digna, etc.

O intuito de Eurípides ao narrar esses sacrifícios humanos, em especial, de mulheres virgens de sangue real,[7] era colocar em destaque os melhores efeitos patéticos e trágicos (Silva, 2014). Além disso, a morte de Políxena tinha motivações políticas e religiosas.

Políxena aceitou o seu destino pelo simples fato de que com sua morte ela alcançaria a liberdade, já que havia se tornado escrava com o fim do conflito. Assim, ela teria a oportunidade de viver em honra:

> *Políxena*:
> Matai-me deixando-me livre, pois entre os mortos
> Envergonho-me de ser chamada escrava, sendo rainha.
> (EUR., Hécuba 551-552)

O sacrifício de Políxena tem, portanto, duas vertentes: a primeira, como diz Segal (1993, p. 111), aponta para "o forte decreto da violência e violação que a guerra leva às mulheres", podendo significar tanto a morte social delas em período de guerra como também o fato de que a pessoa, tendo a oportunidade de morrer do que virar escravo, receberia muito mais honra. A segunda seria em relação a dar ao morto a oportunidade dos ritos fúnebres.

7 Entende-se como mulheres virgens na antiguidade aquelas que ainda tem uma vida inteira pela frente: casamento, filhos, família.

Ainda sobre o sacrifício, outra marca de gênero se evidencia quando Taltíbio entra em cena e narra como foi que desenrolou o sacrifício de Políxena. O que se esperava dela era de um comportamento dito 'feminino' em sua morte:

> Ó, argivos, que saqueastes a minha cidade, é por minha própria vontade que morro; que ninguém toque no meu corpo, pois apresentarei o meu pescoço com coragem. Deixai-me livre, pelos deuses, quando me matardes, para que eu possa livre morrer. É que eu sinto vergonha, sendo princesa, de me chamarem escrava no reino dos mortos.
> (EUR., Hécuba 547-552)

O que se espera de Políxena – ou de qualquer outra que estivesse em seu lugar- é que ela fosse uma jovem submissa, silenciosa e fragilizada. Ao romper o silêncio, Políxena também rompeu outra barreira: a da escolha – ela decide, mesmo sendo escrava. Com sua postura, ela muda os termos do sacrifício ao seu favor e dita como deve morrer "ninguém toque no meu corpo", "apresentarei o meu pescoço" e "deixe-me livre". Políxena percebe que só com a morte gloriosa que ela consegue recuperar seu status e honra. Por isso ela se apresenta sem medo do sacrifício. Na hora de sua morte, ela deixou desnudo o seu peito, o que deixou explícito que ela ofereceu a Neoptólemo dois tipos de morte: uma relacionada a morte sacrificial, com o pescoço cortado; e a morte masculina, que é semelhante a morte em batalha com um golpe no peito.

Após ser informada da morte de sua filha por Taltíbio, Hécuba inicia os rituais fúnebres da sua filha. Foi nesta ocasião que ela descobriu mais um infortúnio na sua vida: sua antiga escrava, ao invés de regressar com o vaso contendo água do mar para continuar as etapas dos ritos fúnebres, voltou com um cadáver que a ex-rainha reconheceu ser de seu filho mais novo, Polidoro. O que mais a chocou foi o fato do estado do corpo: nu, a beira mar, mutilado por uma gladio e ultrajado. Dessa forma, ela deduziu que o ouro que ele carregava foi o motivo de toda essa desgraça, e sabe a identidade do assassino: o anfitrião Polimestor, em que seu marido falecido confiava. Hécuba sabe que esse tipo de crime, a falta de hospitalidade, é intolerável, por isso se questionou:

> "Não existe uma justiça protetora de hóspedes?" (EUR., Hécuba 930-931).

Maternagem e vingança: Hécuba e o travestimento

A descoberta do filho morto deu início ao segundo movimento da peça: após Hécuba descobrir a morte do seu filho e da forma como morreu, ela foi atrás de vingança/justiça. O fato de a sua condição atual ser a de escravizada contribuiu para que a vingança fosse um meio dela se apaziguar. Ela queria que alguém sentisse um pouco do seu sofrimento.

Hécuba, decidida a se vingar, mata ao fim da peça os dois filhos de Polimestor, como se sua dor fosse transferida para seu inimigo, para que ele sentisse o que ela estava sentindo. Mesmo com essa vingança sendo executada com maestria, mesmo tendo o compadecimento do público pela narrativa, Hécuba é um exemplo que ilustra a subversão, em nome da maternagem, da feminilidade: quando uma mãe é ofendida, a resposta vem em forma de violência, de forma calculada e fria; com inteligência e agilidade; espera encontrar a oportunidade ideal para obter o que procura: a vingança.

Para construir sua vingança, Hécuba contou com dois aliados: Agamêmnon e as cativas troianas. Ao se associar ao rei, ela partilha da socialização masculina. Ao contar com o apoio das outras cativas, ela conta com a sororidade.

A pena imposta por Hécuba contra Polimestor, a cegueira, representava a morte social (Bomilly, 2011), um apelo "contra a cegueira que conduzia à guerra e a toda barbárie que resultava dela" (Lessa, 2018, p. 18).

A construção da vingança pelo travestimento

O que viabiliza a vingança de Hécuba é a sua iniciativa de utilizar a retórica para convencer Agamêmnon a punir Polimestor quando ele entrou na tenda para questionar a Hécuba por que ela ainda não fôra velar o corpo de sua filha. Como a ex-rainha sabe que precisava do seu apoio, ela argumentou habilmente junto a Agamêmnon.

Mesmo sendo mulher, a capacidade de retórica de Hécuba não corresponde às expectativas relacionada ao seu gênero. Ela usa recursos retóricos para convencer Agamêmnon do seu plano, apelando às leis relacionadas à hospitalidade: ela usa o argumento de que é imperdoável um hóspede/anfitrião/amigo sentar em sua mesa, compartilhar da sua hospedagem e trair da forma mais horrenda possível, deixando o hóspede insepulto. Hécuba argumenta que a lei existe para punir os injustos e que ela deve ser seguida, já que Polimestor cometeu duas infrações: a primeira assassinando seu hospede e a segunda profanando o templo divino.

> *Agamêmnon:*
> Depois de assassiná-lo, seu anfitrião quis desfazer-se
> do cadáver — penso eu.
> *Hécuba:*
> Ele o lançou ao mar, depois de mutilá-lo.
> (EUR., Hécuba 1011-1013)

A grave denúncia feita por Hécuba foi a de impiedade, pois Polimestor, após matar Polidoro, jogou o seu corpo no mar:

> Inda que seu desejo fosse exterminá-lo,
> por que lhe recusou um túmulo condigno
> e preferiu jogá-lo ao mar perversamente?
> (EUR., Hécuba 1033-1035)

Hécuba novamente se lamenta por seu destino, que de uma hora para outra passou de rainha para escrava, de mãe de numerosos filhos para quase nenhum, sendo que ela ainda vê sua pátria em chamas, reduzida a ruínas. Ela apela para Agamêmnon, que está envolvido com sua Cassandra.

Agamêmnon se comove com o discurso de Hécuba, mas diz que, apesar de querer ajudá-la, não pode fazê-lo sem que isso cause uma péssima impressão aos seus soldados, já que tramar a morte do rei trácio pode demonstrar que ele foi movido por amor a Cassandra. Isso porque, os soldados veem Polimestor como um amigo e Polidoro como um inimigo. Hécuba o entende e diz que ele não precisa ajudá-la colocando sangue nas mãos. A única coisa que ela precisa é da sua omissão e da sua ajuda caso o seu exército aparecesse querendo impedir a sua vingança.

O diálogo entre os dois é finalizando com Hécuba pedindo ao rei para que suspenda o funeral da sua filha para que ela possa enterrá-la junto com Polidoro após efetivar a sua vingança. Após, Hécuba pede que sua antiga serva chame Polimestor com a desculpa de que eles tem alguns assuntos pendentes:

> Vai procurar o anfitrião cruel e dize-lhe: 'A velha Hécuba, ex-rainha de Ílion, mandou-me vir até aqui

> para chamar-te a fim de tratar de um assunto dela e
> teu'. (EUR., Hécuba 1167-1170)

O adjetivo 'a velha Hécuba' não é colocado à toa, já que ela quer reafirmar que, enquanto posição de velha e mulher, ela não poderia fazer nenhum mal, mesmo não importando se Polimestor sabe ou não da verdade, o que é percebido outra marca de gênero, já que o mesmo não iria acontecer caso Hécuba fosse um homem. Mesmo que ele tenha cometido um crime contra Hécuba, ela age como se fossem amigos e por isso não teme nenhum mal, e se coloca disposto a ajudá-la, caso tenha algo que ele possa fazer. Hécuba segue agindo com ironia.

É na tenda que a vingança acontece, a morte dos dois filhos de Polimestor e a cegueira. A cegueira para o grego é o pior dos castigos, já que ser cego é ser dependente, deixando de ser útil para a sociedade. Mas Polimestor, ao se questionar de que sua situação não tem como piorar, logo ele volta a si e diz que não pode encontrar as troianas já que se for tentar procurá-las pode não saber voltar aos corpos dos filhos mortos e, consequentemente, pode deixá-los sem sepultura e sem os ritos fúnebres. Agora ele está na mesma posição que Hécuba se sentiu ao se deparar com o cadáver do seu filho sem sepultura. Ele sabe bem ser o dever dos pais zelar pelo corpo dos filhos:

> Com que destino, por que rota seguirei,
> abandonando os corpos de meus pobres filhos
> a estas infernais bacantes que sem dúvida
> irão decapitá-los e despedaçá-los
> para serem lançados cruelmente aos cães
> como pasto sangrento nas trilhas dos montes?
> [...] Como um marujo recolhe as velas de linho

> de sua nave usando as cordas, vou chegar
> ao leito onde eles jazem, pois é meu dever
> zelar pelos cadáveres de meus dois filhos!
> (EUR., Hécuba 1393-1403)

Nesse momento de sofrimento de Polimestor podemos perceber outra marca de gênero presente: o que se espera do comportamento masculino referente ao sofrimento de luto em espaços públicos. Tanto na *Ilíada* e *Odisseia*, quanto nas tragédias[8], os autores muitas vezes faziam com que o homem adotasse uma postura considerada feminina em ambientes públicos, como demonstrar dor e sofrimento desmedido em funerais. O homem podia sofrer, mas isso ficava restrito ao *óikos*. Essa postura do luto, ao ser apresentada ao público, dava margem para que o mesmo se sentisse habilitado a repetir as mesmas *performances*.

Agamêmnon voltou à cena após Polimestor bradar por ajuda e ele aparecer perguntando o que tinha acontecido e quem foi o responsável por matar os seus filhos. Polimestor não perdeu tempo ao falar que foi Hécuba a causadora de tudo. Quando Agamêmnon questionou Hécuba se foi verdade, a vítima se deu conta de que a ex-rainha presenciou todo o seu desespero e que seu desejo era de agarrá-la, estraçalhá-la e afogá-la. Agamêmnon então o reprende e manda-o deixar de ser bárbaro e falar o que houve. Agamêmnon finge estar disposto a ouvir o que aconteceu pelos dois lados para que assim ele pudesse julgar da maneira adequada – mas ele já tinha um acordo com Hécuba.

8 Platão e Sócrates falam em forma de crítica à tragédia, já que ela traria ao público um travestimento imbuído de feminilidade, porque o teatro provoca na plateia sentimentos/emoções, formas errôneas de se vestir e de se comportar para o telespectador masculino.

A peça termina com o julgamento Hécuba vs. Polimestor, uma guerra jurídica em que crimes de um aliado dos gregos e de um de seu inimigo cativo são expostos. Quem sai vitoriosa do embate discursivo é Hécuba, com o apoio do rei dos aqueus. Agamêmnon reconhece que é um crime matar um hóspede e que, por causa disso, não pode apoiar Polimestor:

> Aqui talvez seja banal matar um hóspede,
> mas entre nós, os gregos, é um ato infame.
> Como seria então possível absolver-te
> sem incorrer numa justa condenação?
> Não vejo, Polimestor, meios de apoiar-te.
> Ousaste agir dessa maneira degradante;
> suporta agora as consequências de teu crime.
> (EUR., Hécuba 1620-1626)

Polimestor, além de cometer um assassinato, violou a conduta de hospitalidade, agravando ainda mais a situação ao jogar o corpo ao mar, uma forma de ocultar o seu crime. A falta de hospitalidade não é aceita ainda que o hóspede seja um estrangeiro.

A peça chega ao fim após Agamêmnon pedir a seus escravos que levem Polimestor a um lugar deserto e que o deixem por lá, após ele ameaçar o rei dizendo que o próximo sangue que cairá é o dele. A sós, Agamêmnon se dirige a Hécuba e fala que é para ela ir finalmente enterrar os seus filhos. As cortinas se fecham com o rei pedindo que sua volta seja tranquila e que os livrem de todo o mal e com o canto do Corifeu:

> Encaminhemo-nos primeiro às tendas, amigas
> minhas, e depois ao porto; vivamos nossa
> vida de cativas, submissas ao destino inexorável"
> (EUR., Hécuba 1681-1684)

Conclusão

Hécuba gravita em torno de questões familiares: primeiro é o sacrifício da filha de Hécuba, Políxena; e a segunda é a vingança contra Polimestor em nome do filho de Hécuba, Polidoro, que morreu covardemente e sem os ritos fúnebres. A morte de Polidoro se dá pela transgressão de duas leis seguidas pelos gregos: a ruptura da hospitalidade e o de deixar o corpo sem sepulcro. Isso parece justificar todas as ações de Hécuba, que conta com o apreço do público.

Hécuba representa as mulheres imbuídas da maternagem, mas que, presa entre duas mortes - a morte social de quem perdeu tudo que tinha; e a morte física de seus filhos -, subverte seu gênero e passa a atuar em espaços e com *performances masculinas*. A rainha que perdeu tudo e virou escrava, sendo uma velha que está perto de morrer, consegue executar a justiça argumentando com o rei Agamêmnon e agindo com violência contra Polimestor. Assim, Eurípides deixa um recado ao público: não se deve duvidar da capacidade da pessoa de discursar e agir em situações extraordinárias por causa de sua condição social, seja ela um escravo, mulher, ou ambos.

Referências

Badinter, E.
Um amor conquistado: o mito do amor materno. Rio de Janeiro: Nova Fronteira, 1985.

Barbosa, P. Z., & Rocha-Coutinho, M. L.
Ser mulher hoje: a visão de mulheres que não desejam ter filhos. *Psicologia & Sociedade* 24 (3), 2012.

Barros, R. R. G. D. V.
As manifestações de catarse na obra Hécuba de Eurípides. Revista Areia 3, 2020.

Beauvoir, S.
O Segundo Sexo. 4ª ed. São Paulo: Difusão Europeia do Livro, 1970.
Butler, J.
Undoing gender. New York, Londres: Routledge, 2004.
Carloto, C. M.
O conceito de gênero e sua importância para a análise das relações sociais. *Serviço Social em Revista* 3, 2001, p. 201-213.
Coulanges, F.
A Cidade Antiga. São Paulo: Martins Fontes, 2002.
Eurípides
Hécuba. Rio de Janeiro: Zahar, 2008.
Faraone, C.A. & Naiden, F. S. (eds.).
Greek and Roman Animal Sacrifice. Ancient Victims, Modern Observers. Cambridge: Cambridge University Press, 2012.
Gradvohl, S. M. O., Osis, M. J. D. & Makuch, M. Y.
Maternidade e formas de maternagem desde a idade média à atualidade. *Pensando Famílias* 18 (1), 2014, p. 55-62.
Gregory, J.
Euripides and the instruction of the Athenians. Ann Harbor: University of Michigan Press, 1991.
Izquierdo, M. J.
Bases materiais del sistema sexo/gênero. São Paulo: SOF, 1992.
Jourdan, C. A.
Esconder os corpos e os crimes: o mar como um lugar de não-retorno. Hélade 3 (3), 2017.
Kibuuka, B. G. L.
A Guerra e o Teatro de Eurípides. Curitiba: Prismas, 2015.
A Violência contra o inocente: a sabedoria prática na tragédia Hécuba, de Eurípides. *Hypnos* 27, 2011, p.314-326.
Mulheres masculinas, homens femininos: representações,

gênero e identidade no teatro de Eurípides. Tese de Doutorado em História Social. Niterói: Universidade Federal Fluminense, 2021.

Leao, F. E. *et al.*

Reflexões teóricas sobre maternidade e adoção no contexto da monoparentalidade feminina. Pensando fam. 21 (2), 2017.

Lessa, F. S.

O agir feminino em Eurípides: Hécuba e a memória sensitiva das mães. *Tempo* 24 (3), 2018.

Nólibos, P.

Antes da lei, a norma no contexto de guerra, e o sacrifício de virgens na Grécia Antiga. *Revista da Faculdade de Direito* 8, 2013, p. 108-118.

Queiroz, J. T. F.

Hécuba: A honra de alguns cadáveres e a desonra de um anfitrião vivo. NEARCO 9 (2), 2017.

Romilly, J.

Compêndio de literatura grega. Lisboa: Edições 70, 2011.

Silva, B. M.

A construção da paisagem religiosa no Teatro Grego: o ritual do sacrifício humano em Eurípides. *Revista Plethos* 4 (1), 2014.

Vernant, J. P.

O homem grego. Lisboa: Editorial Presença, 1993.

Mito e Religião na Grécia Antiga. São Paulo: Martins Fontes, 2006.

Vieira, C. A. L. & Ávila, A. A.

Um olhar sobre o fenômeno da maternidade naturalista: refletindo sobre o processo de maternagem. *Revista Gênero* v. 18 (2), 2018.

Winnicott, D. W.

Da pediatria à psicanálise: obras escolhidas. Rio de Janeiro: Imago, 2000.

6
MASCULINIDADE TÓXICA E SAÚDE MENTAL NA TRAGÉDIA "HÉRACLES", DE EURÍPIDES

Gabriel Santana Silva

O presente trabalho busca analisar as masculinidades na tragédia *Héracles* de Eurípides. A masculinidade grega antiga se relacionava com a *andreía*, um termo valorativo que representava ao máximo o masculino. O conjunto de traços e comportamentos do portador da *andreía* informava mais sobre aquilo que a sociedade esperava do macho do que as práticas reais do gênero (Vigarello, 2013). *Héracles* é um caso peculiar nessa discussão, porque ele é em si mesmo um representante da masculinidade hegemônica, mas ao mesmo tempo surge com uma personalidade contraditória, evidenciando traços de feminilidade ou masculinidade subalterna (Holmes, 2008).

Este texto procura mapear as masculinidades representadas na peça *Héracles*, com o objetivo de identificar aspectos que comuniquem a respeito do imaginário relacionado ao gênero masculino da Atenas Clássica. Para tanto, conceituam-se masculinidades e virilidades, com especial destaque às práticas e estereótipos na Antiguidade. Em seguida, a peça *Heracles* é contextualizada, para serem destacadas nela a masculinidade tóxica e hegemônica que constitui parte fundamental da caracterização dos personagens masculinos do enredo.

Masculinidades e virilidades

O gênero masculino não é um fator biologicamente determinado: ou seja, o sexo não é fator determinante para as práticas de gênero na sociedade. O indivíduo é compreendido como masculino a partir de sua representação, da *performance* de gênero esperada por ele em seu ambiente social em geral, e homossocial em particular.

A apresentação de corpos masculinos, a forma como eles se comportam para corresponderem à expectativa social e a formação de núcleos homossociais evidenciam que a masculinidade não é determinada biologicamente. A presença da genitália masculina é sim um fator importante na genderzação dos corpos, mas tais, sob a influência da cultura e de sua trajetória histórica, assumem práticas sociais que se interrelacionam com uma teia complexa de sentidos que não são biologicamente determinados, mas se depreendem do contexto de interação social. Há, via de regra, uma expectativa de performance masculina, que exerce certa pressão sobre os corpos (Kibuuka, 2021), moldando-os em alguma medida para assumir características que coincidam com o estereótipo de gênero com que tal corpo é identificado.

Os estereótipos da masculinidade viabilizama identificação dos corpos masculinos. Ao mesmo tempo, eles são reforçados por meio da significação valorativa das *performances* de gênero. No caso da masculinidade, prioriza-se o enaltecimento dos atos considerados viris e a repressão, em maior ou menor grau, das *performances* de corpos identificados como masculinos que ousem atuar fora dos limites das práticas esperadas no contexto de genderização.

Ainda que haja um limite para a aplicação do termo *masculinidade*, uma vez que as práticas de gênero não podem ser resumidas a um modelo único e uniforme, as expectativas quanto às práticas sociais e homossociais delimitam fronteiras relativas, mas existentes, que concedem valores e significados às práticas e formas dentro ou fora do que se pode chamar de "identificação de gênero" em uma mesma cultura ou espaço social. A universalidade de tais fronteiras se evidenciam por meio das diferenças entre as culturas e sociedades daquilo que se pode chamar de "masculinidade". É por isso que o termo *masculinidades* no plural é mais apropriado quando se deseja encetar uma análise de gênero, pois há múltiplas masculinidades não apenas entre grupos sociais, mas dentro das possibilidades de agência no interior de um grupo.

Uma vez que aquilo a que é chamado aqui doravante de masculinidades se impõe, em maior ou menor grau, aos que são identificados como masculinos, há ainda três aspectos das masculinidades que auxiliam na tarefa de controlar os corpos, estabelecendo entre eles hierarquias:

- a masculinidade hegemônicao, que está ligada aos papéis esperados pelo gênero (Rosostolato, 2018);
- a masculinidade subalterna, pertencente aos indivíduos que não se encaixam ou não desejam entregar seus corpos para cumprir o modelo socialmente dominante;
- a masculinidade tóxica, definida por características negativas que expressam dominação, tais quais a violência e o status, e opostas a outras características entendidas como fraquezas e associadas ao feminino, a exemplo da vulnerabilidade emocional (Rosostolato, 2018).

Como já foi dito, existem elementos de pressão agindo sobre os corpos para encaixá-los nas expectativas de gênero, e estes estão relacionados com o conceito de masculinidade hegemônica. A hegemonia do masculino forja uma série de expectativas para a identidade do gênero, e também engendra práticas que padronizam e legitimam o poder e a dominação sobre o gênero considerado oposto, dentro de uma estrutura binária, ou sobre as masculinidades subalternas. A masculinidade hegemônica é comumente relacionada com ações que se firmam através da "hostilidade, tirania, cerceamento, distorções e funcionamento de ocultar e camuflar as singularidades num desrespeito ao lugar de fala do outro" (Rosostolato, 2018, p. 61). Logo, é importante e possível uma consideração que diferencie a masculinidade hegemônica da masculinidade tóxica, uma vez que o entendimento dos conceitos em separado é essencial para a leitura de um documento que traga em seu bojo a questão do gênero.

Pode-se afirmar que a masculinidade hegemônica é socialmente legitimada (Santos *et al.* 2020), e um dos seus principais atributos propagandeados é a relação entre o masculino e a violência, que por sua vez se irradia de várias formas nas relações humanas. Essa violência é geralmente relacionada às manifestações exercidas pelo corpo que correspondem ao atrito físico e resistência. Também é possível percebê-la nos espaços frequentados pelo gênero; nas disputas relacionadas à eloquência e aos atributos mentais; na posição hierárquica social que transita entre o ambiente público e privado; e nos deveres impostos no espaço público sobre os corpos identificados como masculino. Cada um desses aspectos pode ser identificado na Atenas Clássica, sendo também ali a violência um sinônimo de virilidade. Mas, apesar da masculinidade hegemônica ser normativa, nesse mesmo sentido de agir como elemento de pressão sobre os corpos para uniformizá-los, ela não é um elemento estatístico, "uma vez que apenas uma minoria dos homens talvez a adote" (Santos *et al.* 2020).

A masculinidade é historicamentc construída como um conjunto de regras e ações exercitas pelos corpos na estrutura das relações de gênero. A sociedade reproduz essas relações que, "em determinadas situações, permitem a manutenção da dominação coletiva dos homens sobre as mulheres, sendo definida como masculinidade hegemônica" (Santos *et al.* 2020). A masculinidade hegemônica se subdivide em hegemonia externa, quando a relação de dominação diz respeito ao conceito binário de masculino e feminino, e hegemonia interna, na relação de poder do masculino sobre outros do mesmo gênero. Sendo entendido que a masculinidade, em especial a masculinidade hegemônica, não é uma determinação ou essência do sexo e do corpo, essas configurações legitimadoras que a determinam podem ser realizadas por pessoas com os corpos identificados como femininos (Santos *et al.* 2020).

Quando um gênero corresponde à expectativa normativa do identificado oposto, está sendo realizada uma performance de gênero travestida, a não-conformidade de gênero – que carreia consigo o preconceito e a subalternização. Kibuuka identifica cinco modalidades diferentes de travestimento que provocam tal não-conformidade, e que são essenciais para a leitura da tragédia Héracles:

> [...] o travestimento erótico, em que a ruptura do binarismo envolve a prática do ato sexual com quem é identificado como pertence ao mesmo sexo biológico; o travestimento vestimentar ou cross-dressing, em que são utilizadas vestimentas características do gênero identificado oposto; o travestimento social, em que as atividades vedadas para o gênero identificado são praticadas em um contexto determinado do relacionamento cotidiano; o

> travestimento discursivo, em que a cenografia discursiva correspondente à esperada do gênero identificado oposto; e o travestimento ritual, em que o ultrapassamento das barreiras do gênero identificado se dá por ocasião de uma performance religiosa (Kibuuka, 2021, p. 42).

Outro ponto importante da masculinidade hegemônica é que ela não é estática, mas sofre constantes alterações na sua configuração, e isso acontece por dois motivos.

O primeiro motivo é que a masculinidade hegemônica não se impõe pela força, mas é um consenso cultural e institucionalizado. O segundo motivo é que a masculinidade hegemônica é constantemente contestada pela resistência dos gêneros subalternos, sejam binários ou não-binários. Faz parte dessa resistência e contestação as próprias masculinidades subalternas e alternativas, que impactam nas transformações dos modelos e estereótipos das relações de gênero (Santos *et al.* 2020).

A masculinidade tóxica precisa ser separada da masculinidade hegemônica, uma vez que representa uma masculinidade nociva para o convívio e sobrevivência social. É certo que a masculinidade hegemônica marginaliza outros modelos de masculinidades, as chamadas subalternas; mas como já foi dito, ela é um modelo aceito e legitimado socialmente, correspondendo à um ideal que representa alto grau hierárquico e imbuído de deveres e exigências que agem como estereótipos sobre os corpos identificados como masculinos. Apesar do corpo identificado como feminino não sofrer diretamente essas pressões, já que outros elementos de pressão são definidos e se tornam específicos para esse gênero, a mulher também pode se tornar representante da masculinidade hegemônica a partir do momento em que defende seus símbolos, valores e costumes. Logo, a masculinidade hegemônica é um ideal que não necessariamente corresponde a nenhum indivíduo ou corpo real, mas faz parte da fantasia e desejos de uma sociedade, difundida, reafirmada e reinterpretada pela cultura, sendo uma grande responsável pela assimetria de gênero (Santos *et al.* 2020).

A masculinidade tóxica não é um ideal, porque ameaça a harmonia da delicada estrutura social, uma vez que ela está diretamente ligada à violência excessiva, tanto física quanto psicológica. A masculinidade hegemônica, que tem a virilidade como elemento constituinte, talvez seja confundida com a tóxica pelo uso do corpo para o emprego da violência, da dominação e da valorização da força física (Santos *et al.* 2020). Em Héracles, de Eurípides, é possível notar uma a violência, a dominação e o uso demasiado da força, engendrando o erro e a dissolução. Logo, mesmo a violência pode ser socialmente aceita e esperada, ou repudiada e nociva. Dessa forma, para que seja possível fazer a análise do documento de forma detalhada, pode-se afirmar que a masculinidade tóxica não é a hegemônica, mas uma estrapolação dos atributos, estereótipos e anseios sociais sobre o gênero masculino; uma ação desmedida e excessiva. A masculinidade tóxica é assim, a ὕβρις.[1]

Masculinidades na antiguidade: práticas, estereótipos e sociedade

Considerando que cada fase de um homem grego da antiguidade – *paîs*, *néos* e *anḗr*: criança, jovem e adulto –

1 Conceito aristotélico, uma ação que rompe a norma social. "Ainda assim, a ὕβρις se referiria a insultos, estupros, assassinatos, ações desmedidas em guerras e demais ações que transgredissem leis e normas, sendo ruim, voluntária (ainda que não amplamente consciente), marcada pelo excesso e eventualmente fatal" (Kibuuka, 2021, p. 46).

corresponde a um ideal performático esperado pela sociedade, como informa Sartre,[2] vale destacar que o foco desse trabalho será no *anḗr* que é cidadão, ou seja, o homem adulto e portador da virilidade, da andreía,[3] ainda que as outras duas fases geracionais anteriores apareçam eventualmente para efeito comparativo. O *anḗr* cidadão é o indivíduo que passou com sucesso nos ritos de passagem e alcancou a fase adulta, e consequentemente, sofre a expectativa social moldada pelas pressões exercidas a partir do modelo idealizado de masculinidade hegemônica, que o obriga a ser hábil nos discursos, nos combates, no manejo das armas, no domínio do oîkos e na participação na administração pública. Esses demarcadores para a masculinidade hegemônica, o estereótipo do masculino ideal, servem também para delimitar os pontos a serem recortados na peça *Héracles*.

A transição do corpo identificado como masculino da infância para o mundo adulto, portador ou não da *andreía*, é uma relevante informação para compreender o exercício

2 Sartre diz que a masculinidade manifestada pelos gregos é mais um problema ideológico que antropológico, e que os vestígios, ou seja, os textos e imagens que informam sobre o exercício da masculinidade na Grécia Antiga, informam mais sobre o que a sociedade espera do gênero do que as práticas. Da mesma forma é o que se espera da virilidade, um ideal de princípios comportamentais e ações na sociedade que marcam o indivíduo como homem formado, completo. (Sartre, 2013).

3 Sartre informa que o termo andreía foi formada sobre o *anḗr*, mas não no sentido de homem/humano, mas de homem/macho. A andreía gira em torno da noção de coragem física do hoplita, que depende da ordem e da disciplina em campo de batalha, mas também da audácia e da obstinação. A andreía, por tal característica, acaba escapando dos limites do corpo macho para uma manifestação do comportamento, e por esse motivo: "Não é sem razão, portanto, que as mulheres também possam manifestar sua andreía: Electra convida insistentemente sua irmã Crisótemis a experimentar sua andreía, ajudando-a a vingar seu pai (Sófocles. *Electra*, v. 983)."

da masculinidade no mundo grego antigo. A masculinidade hegemônica se constrói muitas vezes por meio da distinção entre o bárbaro e civilizado, e entre o escravo/estrangeiro e o cidadão, entre a criança/velho e o adulto. Os estereótipos pertencentes a cada fase geracional, étnica e de classe fazem parte de uma cosmovisão que possuía uma dinâmica social coletiva,[4] que em certa medida dramatizava esses aspectos culturais que se reproduziam através de ritos. Eventualmente, havia ritos para uma transição: o *neói*, a ser provado, tem duas alternativas: ser bem-sucedido em seu *afã* de se tornar homem, *anḗr*, ou falhar, e ser excluído desse universo de expectativas em torno de seu gênero (Vidal-Naquet, 2002). Há outros processos de transição, mas a sua excepcionalidade dispensa, por hora, sua abordagem.

O jovem grego, *néos* ou *neanías*, era, via de regra, um potencial adulto imbuído de deveres na relação familiar e coletiva em um sentido mais amplo de suas relações homossociais. Ele era um potencial adulto porque em seu útero cultural ele precisava ser bem sucedido nos ritos de passagem que marcavam sua transição, e o entregavam à sociedade como um indivíduo formado e completo para assumir o seu lugar nas relações sociais e de gênero.[5]

4 Sartre escreve: "Do momento em que o pai reconhece seu filho, fazendo um giro pela casa com o recém-nascido nos braços [...] até sua inscrição nos registros cívicos, o jovem grego vive quase sem interrupção sob o olhar não somente de sua família, de seus próximos, de seus mestres, mas da cidade inteira" (p. 22).

5 É interessante pensar que Héracles, diferente de outros heróis e personagens que representam a cultura grega, e portanto, estão submetidos à esse modelo de transição, passa por uma experiência excepcional. Diferente dos demais, Héracles é uma criança que já nasceu pronta, completa. Sua primeira batalha aconteceu no berço, quando recém-nascido, Hera o tentou assassinar com serpentes. Héracles sufocou as duas serpentes com a força de seus braços, provocando espanto e terror em sua mãe, Alcmena (Pache, 2021).

Mesmo com o processo de genderização – de aquisição de masculinidade –, e com a transição para a condição de *anḗr*, a determinação de espaços próprios de cada gênero, em uma estrutura binária, era orientativa, pertencendo mais a um ideal esperado do que a um fato vivenciado. A orientação geral relegava a mulher ao espaço privado, o *oîkos* interno, onde ela exercia sua administração para enriquecimento e organização do patrimônio familiar. Ao *anḗr*, por sua vez, cabia o trânsito pelo espaço público, o *oîkos* externo, que era o espaço da agricultura, da política, das alianças entre amigos e da guerra. O masculino também deveria exercer o governo sobre a *pólis*. Tal modelo funcional de papeis de gênero não era tão estático, mas móvel e dinâmico – em síntese, era referencial (Andrade, 2002).

Sobre esse mundo grego antigo, que tem parte de sua identidade formada na relação com a guerra e a violência,[6] Molloy (2010) informa que desde a era do bronze é possível constatar a existência e permanência de práticas sociais organizadas a partir da identidade e da lealdade, e não por linhas e demarcações geográficas. Há, nesse cenário, a guerra como um elemento resolutivo de tensões, uma parte intrínseca da própria estrutura social. A violência é esperada e a tecnologia se desenvolveu na velocidade do afã para construir ferramentas para esse fim. A introdução da espada nas sociedades dependeu não apenas de uma mão de obra especializada para a produção de armas eficientes,

6 Kibuuka demonstra que a masculinidade adulta e cidadã estava interligada com a prática da guerra, principalmente pelo motivo da guerra ser uma atividade que desperta o agón,e eleva o corpo masculino ao estado de glorioso quando em consequência da morte. A morte em combate, bela morte, manifestava piedade e "naturalizava a guerra como atividade masculina, e como a ocasião em que a masculinidade era forjada e expressada de forma mais vívida" (2021, p. 88).

mas também de uma adaptação marcial para o uso dessa tecnologia. Assim, a arma passou a ser uma representante de um exercício masculino, assim como uma característica da elite que dispunha de condições para comprá-la e receber treinamento para manuseá-la.

Dos processos de transição, é importante destacar que as *póleis* gregas possuíam o que pode ser chamado de hierarquia geracional, que distinguia entre o corpo infantil (paîs), o corpo jovem (néos), e o corpo adulto (*anḗr*). Isso acontecia como uma ferramenta de formação, que Sartre chama de "adestramento coletivo", que tinha por objetivo "fazer nascer e consolidar o espírito de competição (*agṓn*) entre os membros de uma mesma faixa etátia, e no sentido da solidariedade (*philía*) do grupo em relação aos outros" (Sartre, 2013, p. 24). Apesar de ser comum que as póleis reproduzissem as hierarquias geracionais e as dramatizações dos processos de transição, não existia um modelo genérico que abarcasse todas as experiências políades.

Atenas, no período de Eurípides, costumava compartilhar uma perspectiva de masculinidade no teatro que tinha como referência Esparta. Segundo Kibuuka, "a ideia de que a masculinidade extrema era espartana, e podia ser positiva, foi uma ideia em voga em Atenas, mas que encontrou limites na crítica à masculinidade excessiva, desregrada, desmedida" (2021, p. 95). Essa percepção de que a masculinidade espartana era ideal, mas também excessiva, correspondia não apenas aos modos de vida distintos entre os dois grupos, mas à formação do corpo identificado masculino dentro de suas hierarquias geracionais, como também às dramatizações que tais corpos eram submetidos para integrar a próxima geração. Em Esparta, os jovens eram expostos à testes, com foco no desenvolvimento físico, ao mesmo tempo em que eram educados em uma andreía associada à coragem e obediência.

Os elementos essenciais para a formação de um guerreiro espartano eram a força, a coragem e a obediência, sendo este último, talvez, o mais importante, pois estava relacionado com o cumprimento de ordens. Aqueles que não conseguiam corresponder ao modelo eram tratados como cidadãos inferiores. As mulheres também eram submetidas à educação viril, o que as auxiliaria na maternidade (Sartre, 2013).

Em comum a Atenas e Esparta eram as fases dos ritos de transição, ainda que a forma de instrução fosse diferente entre essas duas póleis: marginalização, inversão e reintegração. A marginalização empurrava o jovem do centro da pólis, e assim de seu útero cultural, para as margens, coletivamente. Nas margens, cada jovem atravessava a segunda fase, a da inversão, que o coloca nas fronteiras do civilizado com o bárbaro, da lei e do crime, da ordem e do caos. Nesse momento o jovem não utiliza o combate idealizado do hoplita para conseguir seu alimento e sobrevivência, mas as armas do caçador, que são o arco, a rede e a fabricação de armadilhas; assim como a coragem tem menos valor que a astúcia. A terceira e última fase consiste na reintegração desse jovem, que retorna para a pólis após ter experimentado um mundo de inversões; no seu retorno eram organizadas cerimônias e eles recebiam o equipamento militar, entrando por fim no mundo adulto e cidadão.

Héracles de Eurípides: uma introdução

O documento Héracles se trata de um texto teatral, portanto, não era lido, mas encenado em um espaço físico e diante de uma plateia que afluia para assistir às tragédias, em uma atividade festeira e coletiva[7] . No teatro:

7 Grimal (1978) diz que a tragédia coloca sob forma de "drama", que

> [...] a vida cotidiana aparecia, e era encenada diante dos cidadãos sob a forma de performance. Os temas mais importantes relacionados à sociedade se tornavam alvo de reflexão dos cidadãos motivados pelos enredos e episódios das tragédias (Kibuuka, 2021, p. 18).

Sobre a *performance* da vida cotidiana, o gênero que impõe a identificação é o masculino idealizado; compreendendo a performance masculina como privilegiada nesses espaços políades. Na Atenas Clássica,

> essa masculinidade que se pulveriza em múltiplas narrativas visava produzir a transformação das identidades em direção à identificação do masculino referencial, paradigmático, presente na arte, nos discursos e até no teatro" (Kibuuka, 2021, p. 92).

O espectador da peça Héracles via o herói homônimo assumindo os ideais masculinos, mas também os negando por meio de suas ações. Essa negação dos ideais masculinos por parte do herói que simboliza a virilidade acontece porque:

> A performance teatral incluía a performance de gênero, mas não a normativa, em um sentido estrito: a diversidade de gênero compunha o trágico de forma que se encontravam imbricados nos dramas as normatividades e as rupturas das normatividades (Kibuuka, 2021, p. 45).

significa ação, acontecimentos de lendas heroicas, cantados pelos poetas e que faziam parte da memória histórica dos gregos. Essas lendas estavam sempre em relação com a cidade onde ocorria a tragédia, para interesse dos cidadãos, e geralmente apresentava um aspecto político.

A peça Héracles está dividida da seguinte maneira: o Prólogo (vv. 1-106) inicia um diálogo entre Anfitrião e Mégara, pai e esposa de Héracles, contextualizando o espectador nas dificuldades familiares decorrente da ausência do herói, e informando sobre a conquista de Tebas por Lico, que destronou Creonte, sogro do Herói.

No Párodo (vv. 107-137) o Coro, composto de anciãos políades, entra em cena cantando sobre a situação difícil da família de Héracles diante do novo governo de Tebas, e termina com o anúncio da chegada do vilão Lico.

O Primeiro Episódio (vv. 140-347) tem início com a chegada de Lico em cena, exigindo a destruição do núcleo familiar de Héracles. Anfitrião e Mégara argumentam com ele, o Coro interfere no debate como testemunha dos males que Lico está prestes a provocar.

O Primeiro Estásimo (vv. 348-441) tem o Coro cantando os labores de Hércules, e finaliza com os anciãos dizendo que se eles fossem jovens para pegar em lanças, eles mesmos dariam proteção à família do herói, mas que na situação de vulnerabilidade da velhice só resta a eles chorar pelos jovens filhos de Héracles vestidos com vestes fúnebres.

O Segundo Episódio (vv. 451-636) começa com Mégara apresentando os filhos vestidos em roupas fúnebres, para que a família encare o destino da morte. Anfitrião se junta a ela no discurso do sofrimento até que Héracles surge espirituoso, ao mesmo tempo que está confuso por encontrar os filhos em trajes fúnebres. O diálogo de Héracles com a família atualiza o herói nos últimos acontecimentos, e a forma como ele responde aos fatos promove uma possibilidade de segurança e salvação.

O Segundo Estásimo (vv. 637-700) apresenta o Coro cantando e festejando Héracles e a sua chegada, reverenciando os feitos laboriosos que deram renome ao herói.

O Terceiro Episódio (vv. 701-734) inicia com a chegada de Lico para cumprir o massacre familiar. Anfitrião interage com ele para enganá-lo, cumprindo o plano previamente acordado com Héracles para capturar o vilão em uma armadilha. No fim o velho pai comemora a morte de Lico.

O Terceiro Estásimo (vv. 735-814) surge com o Coro dando vivas para a ação de Héracles, exaltando o sofrimento de Lico, que de dentro da skéne grita "Ió moí moi!" (vv. 751).

O Quarto Episódio (vv. 815-1015) começa com o Coro anunciando com terror a chega de uma deusa sobre a casa, e tem início o diálogo entre Íris e a Fúria, prenunciando a ação de Hera sobre Héracles, para enlouquecimento do herói. O Coro canta com pavor e pranto, ao passo que Anfitrião também aparece desesperado diante dos acontecimentos. O espectador só fica ciente dos detalhes com a chegada do Mensageiro (vv. 922) que conta o massacre da família pelas mãos do próprio herói.

O Quarto Estásimo (vv. 1016-1038) é o lamento do Coro pelo ocorrido, tanto pela morte da família como pela destruição da casa. No fim, o Coro anuncia o sono de Héracles, amarrado nas colunas do palácio por Anfitrião após ser desacordado por intervenção da deusa Atenas.

Por fim, o Êxodo (vv. 1039-1428) começa com o Coro interagindo com Anfitrião até o momento em que Héracles acorda e fica ciente do que ocorreu. Enquanto Héracles lamenta, surge Teseu, que exerce a philía e carrega o herói sofredor nos braços, prometendo que ambos vão encontrar uma solução para os seus males na pólis ateniense.

A peça Héracles, foi encenada nas Grandes Dionisíacas, entre 421 e 417 a.C. em um período de cessar fogo, em que a paz de Nícias tinha sido instaurada entre Atenas e a Esparta de Pleistoanax. É também um momento de propaganda ateniense como pólis independente, que se arrisca para salvar os fracos, propaganda que pode ser lida na relação entre Teseu e Héracles na mesma peça. Existem algumas peculiaridades na obra de Eurípides que são essenciais para uma análise mais profunda do documento em busca das masculinidades previamente conceituadas:

> Héracles é uma peça de inversões: nela, a bela morte é buscada por uma mulher, Mégara. A esperança é cultivada por um ancião, Anfitrião. Héracles é um herói que não serve para a guerra, e o povo apoia, majoritariamente, Lico, o tirano. Os deuses prejudicam o herói decaído Héracles, e Teseu, prefigurando Atenas, o carrega (Kibuuka, 2021, p. 254).

O detalhe essencial da peça, que auxilia em sua análise, é que "os enredos euripidianos apresentam aquilo que é esperado de cada gênero e também o oposto" (Kibuuka, 2021, 254). Logo, o herói transita entre o masculino e feminino, o selvagem e civilizado, a mortalidade e imortalidade (Holmes, 2008). Nesse trânsito, a masculinidade hegemônica do personagem é substituída no enredo, em alguns momentos, por um modelo comportamental de feminilidade ou masculinidade subalterna, ainda que ele continue sendo o semideus Héracles, um símbolo da virilidade e do corpo masculino idealizado. Compreender essas características nos enredos euripidianos, e como se relacionam com a ambiguidade do herói, faz com que a obra possa ser lida tanto pelo que se afirma como representação ideal ou esperada, quanto pelo que se nega. A masculinidade hegemônica, esperada em Héracles, pode inclusive se manifestar em outros personagens, mesmo as femininas como Mégara, a esposa do herói, pois "[...] Eurípides rompe por meio de suas personagens femininas com vários elementos dos estereótipos sociais ligados ao gênero" (Kibuuka, 2021, p. 254).

Héracles, o personagem central do documento, é um herói pan-helênico famoso pela força sobre-humana com a qual ele se torna apto para fazer os trabalhos encomendados pelo rei Euristeu, a mando da deusa Hera, inimiga do herói. Ele também é famoso pela sua natureza dual: humana e divina,[8] bondoso e cruel, civilizado e selvagem. Sua própria vestimenta, a pele do leão que ele matou, transforma o herói em um símbolo de poder e ao mesmo tempo na imagem de uma besta (Papadopoulou, 2005).

Héracles e o corpo masculino hegemônico

Héracles é um exemplo da masculinidade hegemônica, com fortes características que correspondem aos comportamentos entendidos como qualitativos do masculino, comportamentos que estão relacionados com o uso de sua força para alcançar feitos heroicos através da violência. A peça, desde o seu início, evoca as características do masculino guerreiro, aquele que interfere na pólis e participa de conquistas e de colonizações.

Como pode ser visto na citação a seguir, o herói tem por objetivo a missão de recuperar a pátria de seus antepassados, que configura um movimento de conquista, e também de civilizar a terra, que por sua vez é um movimento de colonização:

8 O nascimento de Héracles contempla uma concepção padrão na relação divindade-humanidade. Um deus engravida uma mulher, que gera uma criança com habilidades extraordinárias. A diferença é que Héracles é o único hêmitheos, semi-deus, que revela sua potencialidade heroica desde sua infância. Os contos a respeito da infância de Héracles eram familiares à audiência dos poemas Homéricos e Hesiódicos (Pache, 2021).

> [...] desejoso de viver na pátria, paga a Euristeu vultoso preço do retorno, civilizar a terra ou dominado por ferrão de Hera ou por esse fado (Eurípedes, *Héracles*, 19-21).

Héracles, *anḗr*, é civilizador.

A habilidade nos discursos, competência considerada masculina, é própria da fala de Mégara, a esposa de Héracles. Ela sabe se dirigir a homens de forma apropriada e grandiloquente, indicando sua habilidade:

> Ó velho, eversor da urbe dos táfios, ínclito chefe de tropas dos cadmeus, nada do divino para homens é claro! (Eurípedes, *Héracles*, 60-62).

Mégara, personagem feminina, é quem exerce o estereótipo esperado do masculino hegemônico. Por outro lado, é seu sogro, o acinão Anfitrião, quem faz uma análise racionalizada da situação político-social em que se encontra com sua família. A resposta de Mégara demonstra consciência dos eventos:

> Eu e tu, ó ancião, nós vamos morrer, e os filhos de Héracles, que conservo sob as asas qual ave envolve os filhotes (Eurípedes, *Héracles*, 70-72).

Se Anfitrião é homem – *anḗr* – idoso, e portanto imbuído de virilidade apesar da fraqueza física, ele conta com a habilidade do discurso para aceitar o destino da bela morte. Mas é Mégara que em seu discurso, demonstra domínio político e racional da situação:

> Agora que esperança, que salvação, terias à mão, ó velho? Olho para ti. Ocultos não sairíamos destes lindes, há vi-

> gias superiores a nós nas saídas, e esperanças de salvação nos amigos não temos mais. Que sentença tens, diz-nos, que não seja pronta morte (Eurípedes, *Héracles*, 80-86).

O mundo de inversões se estende ao tirano Lico, que descarta e relativiza a habilidade de Héracles nos combates e no manejo das armas, com certa leviandade:

> Qual é o venerável feito de teu esposo, se ele feriu e matou a hidra no pântano ou a fera de Nemeia já presas na rede e diz que matou ao sufocar no braço? Assim travais combate? É necessário por isso que Heráclidas não morram? Ele fez fama, não sendo nada valente na luta com feras nem tendo resistência, nunca teve escudo no braço esquerdo, nem foi perto da lança, mas com arco, a mais vil arma, era propenso à fuga. O arco não é prova de valentia viril, mas esperar, ver e encarar de frente veloz sulco de lança, firme no posto (Eurípedes, *Héracles*, 151-164).

A virilidade de Héracles é questionada pelo vilão do enredo, pois ele acusa o herói de lutar utilizando a astúcia e os instrumentos relacionados à caça e à juventude, que são a rede e o arco. A associação de Héracles com tais armas pode indicar que Lico o acusa de não ter sido aprovado nos testes de transição do neós ao *anḗr*, e o próprio tirano em seguida menciona a virilidade idealizada no hoplita, que ele associa a ele mesmo, que é o guerreiro que espera o inimigo com escudo e lança, e combate de frente.

Em seguida Anfitrião, pai de Héracles, se manifesta para justificar o uso das armas que o filho utiliza. Essa defesa das armas, principalmente do arco, e da estratégia de combate do arqueiro, alvo de zombaria de Lico, Anfitrião demonstra uma relação do modelo de combate com o que seria a honra de um guerreiro viril:

> Invenção de sábio, arma de arqueiro, reprovas, ouve-me tu e torna-te sábio! O varão armado depende das armas, se a lança se parte, não pode por si repelir a morte, com uma só defesa; e se os companheiros não são bons, ele morre pela inépcia dos próximos. Quem tem arco na mão e boa mira, tem maior vantagem, após mil setas, com outras mil se defende da morte, e longe afastado repele os inimigos, ferindo quem vê com flechas cegas, não expõe o corpo aos confrontados, mas fica bem guardado. Isso na luta é o mais hábil, maltratar os inimigos e preservar-se não ancorado à sorte (Eurípedes, *Héracles*, 188-203).

Anfitrião não contradiz Lico, mas imprime um novo significado no que pode indicar também mudanças no cenário da guerra. É possível que os jovens estivessem sendo recrutados para suprir a carência de material humano na Guerra do Peloponeso. Por isso, a ênfase nas armas são significativas para sua fase de transição para *anḗr*. Também, é possível que o uso de jovens no conflito tenha interferido na forma tradicional de fazer guerra, um novo cenário em que os arqueiros começaram a ser empregados com mais frequência e as táticas militares passaram a evitar o tradicional confronto direto que aparece idealizado no discurso de Lico. De qualquer forma, parece existir uma denúncia na peça sobre um contingente jovem demais para a guerra, que aparece na fala de Teseu, o representante de Atenas:

> Crianças não ficam perto de lança (Eurípedes, *Héracles*, 1176).

A ênfase no arco também pode estar relacionada ao seu uso nas batalhas navais, em que o terreno é móvel, ora perto e ora distante.

A habilidade para dominar o oîkos no documento, revela também um contraste direto sobre o binarismo de gênero, no sentido de grau de importância e dever que é socialmente esperado na liderança da casa. Mégara afirma:

> Ó filhos, segui o mísero passo da mãe até a casa do pai, onde outros dispõem dos bens, mas o renome ainda é nosso! (Eurípedes, *Héracles*, 336-338).

Fica evidente que a mãe como "cabeça" do oîkos é anunciada como alguém que não tem capacidade de impedir o espólio dos bens familiares. Também que a casa e o renome familiar são estruturas de status que estão centralizadas na figura masculina, ainda que ausente.

O contraste fica mais evidente nas falas de Héracles:

> Mas, ó filhos, segui vosso pai ao palácio! Ora, mais belos para vós são os acessos que as saídas, mas mantende a coragem e não mais desateis as águas dos olhos! (Eurípedes, *Héracles*, 621-625).
> Eles não saltam, mas atam-se ao manto tanto mais! (Eurípedes, *Héracles*, 629-630).
> Conduzirei com as mãos estes barcos e rebocarei qual navio (Eurípedes, *Héracles*, 631-632).

No verso 625, Héracles ainda aparece como a figura paterna que educa os filhos dentro do estereótipo de masculino idealizado, ensinando seus filhos sobre o valor da coragem, exortando-os a não chorarem.

A peça demonstra as espectativas sociais em torno da masculinidade hegemônica na administração do *oîkos*. Ela precisa estar presente para garantir a sobrevivência da família e a proteção dos bens; a defesa dos interesses da propriedade perante o espaço público, ou seja, político-social; e a promoção da segurança dos herdeiros e da herança.

A habilidade para participar e interferir na administração pública, também aparece na fala de Héracles:

> Agora que a ação cabe a meu braço primeiro irei e devastarei o palácio do novo tirano, decapitarei o ímpio, e darei picado a cães, e os cadmeus, beneficiários meus, descobertos maus, domarei com esta arma de bela vitória (Eurípedes, *Héracles*, 565-770).

Fica evidente nesse recorte a manifestação da expectativa social no masculino como indivíduo que usa sua força e habilidade para interferir na política, exprimindo o masculino hegemônico.[9] No caso, Lico é um tirano que destronou a aristocracia local e governa sem direito legítimo sobre Tebas. Por isso, a violência prometida por Héracles tem aspecto positivo e é socialmente legítima. Acontece que Héracles não destrona o tirano como disse que faria, e como era esperado dele como masculino hegemônico.

Antes, seguindo os conselhos do pai, outro *anḗr*, ambos tramam uma armadilha para atrair Lico para dentro do pa-

9 Na personagem de Eurípides, não importa quão justificado seja o ato de vingança, a forma como ela é executada ou planejada é um ultraje comparável a um comportamento bárbaro. Como diz Papadopoulou: "When Heracles announces his intetion to cut off the head of his enemy, he is placing himself on the same level of savagery as some of the villains he eliminated during his purificartory/civilizing career" (2005, p. 38).

lácio, onde o herói o surpreenderia e o mataria. Na fala de Anfitrião se manifesta o ardil:

> O rei mesmo virá para arrastar e matar a tua esposa e teus filhos e me degolar. Se permaneceres aqui, terás tudo contigo e ganharás em segurança (Eurípedes, *Héracles*, 601-304).

Quando Lico cai na armadilha, Anfitrião se manifesta da seguinte maneira:

> Ó velhos, por bem ele vai e nos afiados laços das redes será preso, se crê matar os vizinhos o pior de todos! Irei para vê-lo cair morto. O varão inimigo ao morrer dá prazer e justiça pelas suas ações (Eurípedes, *Héracles*, 728-733).

Essa passagem deixa claro que um *anḗr*, experiente e experimentado, comemora um feito que indica não a masculinidade hegemônica, mas a masculinidade subalterna, dos jovens. Portanto, comemora a morte do tirano por meios não esperados da virilidade idealizada pode indicar essa mudança no cenário da guerra, que já foi discutida anteriormente.

A interferência das pressões do espaço público sobre os corpos socialmente indicados como masculinos também aparece no âmbito privado. Um dos exemplos já foi citado: Héracles que educa seus filhos para que eles assumam os estereótipos socialmente esperados. Porém, em contraste à instrução dada, o herói chora e se lamenta, algo esperado do estereótipo feminino dentro de uma estrutura binária de gênero. Então, Teseu afirma, repreendo-o:

> Se te vir ser feminino não aprovarei. Ao que Héracles pergunta: Estou abatido? Mas creio que antes não. E Teseu responde: Demais. Doente não és o ínclito Héracles (Eurípedes, *Héracles*, 1412-1414).

Mais uma vez, a regulação das performances de gênero se mostra – porém, agora, como uma exortação de um adulto diante de outro, que é por ele repreendido como se ele fosse um neós.

Héracles e a masculinidade tóxica

Pensando a masculinidade tóxica como o excesso (ὕβρις - hýbris) e a estrapolação da masculinidade hegemônica, que quando exercida se torna nociva para o tecido social, percebe-se algumas manifestações dela em Héracles.

Lico, após ter matado Creonte para assumir o trono, procura assassinar os Heráclidas para extirpar a linhagem do rei e ficar livre de quem procure vingança:

> Em mim não há inclemência, velho, mas precaução; pois sei que matei o pai dela Creonte e tenho o trono. Não quero que, por eles se criarem, reste quem me puna por meus feitos (Eurípedes, *Héracles*, 165-169).

Após Lico comparar a si mesmo com Héracles, apontando seu rival como toxote e ele como hoplita e exemplo de virilidade, ele menciona um álibi político para o assassinato de um núcleo familiar formado por um velho, uma viúva e crianças órfãs – a viuvez e a orfandade se resguarda no fato de Héracles desceu ao Hades, portanto o mundo dos mortos.

Anfitrião inicia uma tentativa de argumentação em defesa de Héracles e dos Heráclidas, e acusa o que Lico entende por manifestação da masculinidade hegemônica, que é a virilidade através do assassinato por álibi político. Para Anfitrião, tal é um ato de covardia que o empurra para o espectro da masculinidade tóxica:

> Por que queres matar estas crianças? Que te fizeram elas? Só te acho sábio, se tens medo dos filhos dos exímios por seres vil. Mas temos este agravo, se por covardia tua vamos morrer (Eurípedes, *Héracles*, 206-210).

Em seguida, Anfitrião faz uma distinção entre uma atitude política, que faz parte da masculinidade hegemônica, e uma atitude excessiva, que faz parte da masculinidade tóxica:

> Se tu queres ter o cetro desta terra, deixa-nos sair banidos desse solo! Não ajas violento ou sofres violência quando o vento divino te virar a sorte! (Eurípedes, *Héracles*, 213-216).

A súplica de Anfitrião, uma característica do masculino subjugado e portanto subalterna, ou do feminino, demonstra que a violência contra o núcleo familiar não faz mais parte da masculinidade hegemônica socialmente legitimada que permite a ação e intervenção. Faz parte da perspectiva privada e desmedida do tirano, da masculinidade tóxica. A resposta de Lico confirma essa interpretação:

> Fala-nos tu palavras em que és forte, por essas palavras eu te maltratarei. Ide uns ao Hélicon, outros aos vales do Parnaso, mandei lenheiros cortar troncos de carvalho! Trazei à urbe, empilhai ao redor de todo o altar, acendei a lenha e queimai a todos para que saibam que agora o morto não tem poder neste solo, mas eu! Ó velhos, sen-

> do avessos ao meu pensamento, não só lamentareis os Heraclidas, mas também a sorte da casa, ao sofrerdes, e lembrareis que sois servos da minha realeza (Eurípedes, *Héracles*, 238-251).

A denúncia de atitudes desmedidas, que pertencem aos limites da masculinidade tóxica, com o álibi da política ainda pode ser preenchida por outros recortes da peça. Um dos recortes já foi citado, que é o emprego de jovens na guerra, na fala de Teseu.[10] O que justifica essa denúncia são os jovens empregados na guerra como parte do espectro da masculinidade tóxica, assumindo o lugar dos adultos. Assim, tanto as mortes dos jovens quanto as mortes que os jovens causam apontam para a degeneração da masculinidade. A fala de Teseu deixa claro que a presença de jovens na guerra não é uma regra, muito menos uma situação legitimada pela sociedade, mas uma anomalia que permitiu que ambições políticas ganhassem maior importância que uma estrutura cultural legítima, que é: a guerra e a política fazem parte do mundo adulto, do *anḗr*.

Outra evidência da masculinidade que se tornou tóxica aparece na fala do Coro, em resposta ao filicídio causado por Héracles:

> Hostis matanças, hostis mãos paternas! (Eurípedes, *Héracles*, 914-915).

O ápice da obra ocorre quando Héracles enlouquece, proporcionando ao leitor ou espectador uma terrível cena de horror e violência excessiva. Esse é o exemplo mais marcante da masculinidade tóxica. A cena acontece após Héracles ven-

10 Eurípides, *Héracles* 1176. "Crianças não ficam perto de lança".

cer o tirano, e junto com sua família, perante o altar de Zeus, inicia o ritual para a purificação pelo sangue derramado:

> As oferendas ante o altar de Zeus eram lustrais da casa, porque Héracles matou e tirou de casa o rei da terra. Estavam o formoso coro dos filhos, o pai e Mégara. O cesto já circulara o altar e mantínhamos lícita a voz. Com a tocha na destra para imergir na água lustral, o filho de Alcmena ficou em silêncio e ao demorar o pai e os filhos olham, não era mais o mesmo, mas com olhos revirados, perdido, com as raízes dos olhos sanguíneas, gotejava espuma no queixo peludo e começou a falar com túrbido riso: "Pai, por que faço o fogo lustral antes de matar Euristeu e duplico a faina? De uma só vez posso fazer isto bem. Quando trouxer o crânio de Euristeu, purificarei as mãos por estes mortos. Derramai as águas! Deixai os cestos! Quem me traz setas? Quem, armas? Irei a Micenas. É necessário pegar alavancas e forquilhas para pilhar com o recurvado ferro outra vez as bases dos Ciclopes (Eurípedes, *Héracles*, 914-915).

Em seguida Héracles sai pela casa acreditando que estava montado em um carro, instrumento de guerra. A atitude tresloucada parece cômica, mas ao mesmo tempo provoca pavor nos servos da casa, deixando todos confusos. Na imaginação do herói ele faz uma viagem até Micenas, em busca de Euristeu. Anfitrião decide intervir:

> O pai lhe toca a mão robusta e diz: "Que tens, filho? Que modos esses? Não te torna Baco a recente morte dos que mataste?" Crendo que o pai de Euristeu lhe toca a mão tímido súplice, ele repele e prepara disponível a aljava e setas contra os seus filhos, crendo matar os de

> Euristeu. Trépidos de pavor cada um vai para um lado, um ao manto da mãe, outro sob a sombra da coluna, outro qual ave se recolheu sob o altar. A mãe grita: "Que fazes, filho? Matas os filhos?" O pai e os servos gritam. Ele, circundando ao redor da coluna o terrível giro do pé, ao defrontar, atinge o filho no fígado. De costas regou as pétreas colunas a expirar. Ele soltou alarido e assim alardeou: "Este filho de Euristeu aqui morto caiu pagando-me o ódio do pai (Eurípedes, *Héracles*, 964-983).

Héracles dá continuidade a matança. O filho que estava à base do altar, o lugar do suplicante, suplica para ele também que não o mate, mas Héracles responde ao pedido esmagando o crânio da vítima com sua clava. Mégara se tranca com os filhos restantes, mas o herói ataca a porta como se estivesse invadindo uma cidade, o que antes ele prometera fazer com Lico e não o fez, e com uma única flecha transpassa mãe e filho. Héracles continuaria matando o próprio pai, Anfitrião, se Atena não intervisse colocando-o para dormir com uma pedrada.

O que fica evidente é que Héracles não matou os filhos por causa de um impulso violento louco e excepcional.[11] O herói matou seus filhos e sua esposa porque acreditou que estava matando a família de seu inimigo, Euristeu. Logo, a destruição de sua família foi uma atitude consciente e motivada unicamente pelo desejo de vingança e de violência desmedida. No fim, Héracles agiu como Lico, desrespeitando o altar e a súplica dos suplicantes, e assassinando todo um

11 Papadopoulou (2005, p. 40) diz que a similaridade entre os feitos de Héracles contra Lico e Euristeu demonstra um padrão de comportamento, seja na sanidade ou na loucura. A vingança viola as fronteiras entre a normalidade e o excesso, a racionalidade e a loucura.

núcleo familiar a partir de interesses privados e motivados pelo excesso, parte do espectro da masculinidade tóxica.

Referências

Documento:

Héracles, de Eurípides. Tradução de Jaa Torrano. Codex 6 (1), 2018, p. 269-334.

Bibliografia:

ANDRADE, M. M.
A vida comum: espaço, cotidiano e cidade na Atenas Clássica. Rio de Janeiro: DP&A, 2002.

CAMARGO, L. H. T. & CARVALHO, S. A.
A representação da masculinidade frágil nas mídias sociais: Análise do perfil de Dan Bilzerian no Instagram. São Paulo: USP, 2020.

CORBIN, A., COURTINE, J.-J. & VIGARELLO, G.
História da virilidade. Petrópolis: Vozes, 2013

GRIMAL, P.
O Teatro Antigo. Lisboa: Edições 70, 1978.

HOLMES, B.
Euripides' Heracles in the Flesh. Antiquity 27 (2), 2008, p. 231-281.

KIBUUKA, B. G. L.
Mulheres masculinas, homens femininos: representações, gênero e identidade no teatro de Eurípides. Tese de Doutorado em História Social. Niterói: Universidade Federal Fluminense, 2021.

MOLLOY, B.
Swords and Swordsmanship in the Aegean Brone Age. American Journal of Archeology 114 (3), 2010.

OGDEN, D.
The Oxford Handbook of Heracles. Oxford: Oxford University Press, 2021.

PAPADOPOULOU, T.
Heracles and Euripidean Tragedy. Cambridge: Cambridge University Press, 2005.

ROSOSTOLATO, B.
O homem cansado: uma breve leitura das masculinidades hegemônicas e a decadência patriarcal. Revista Brasileira de Sexualidade Humana 29 (1), 2018, p. 57-70.

SANTOS, D. F. *et al.*
Masculinidade em tempos de pandemia; onde o poder encolhe, a violência se instala. *Saúde e Sociedade* [online] 30 (3), 2020.

STAFFORD, E.
Herakles. New York: Routledge, 2012.

VIDAL-NAQUET, P.
O mundo de Homero. Tradução Jonatas Batista Neto. São Paulo: Companhia das Letras, 2002.

7
A PROSTITUIÇÃO FEMININA NA BAHIA: O CAMINHO PARA A PESQUISA DE GÊNERO

Ayna Nascimento Atanazio de Souza

Este trabalho não tem a intenção de ser uma construção definitiva quanto aos estudos e debates sobre a prostituição feminina na Bahia, mas tem o interesse em provocar maiores discussões e incentivar pesquisadores de gênero sobre a análise desse tema ainda tabu na sociedade atual.

Diante as pesquisas encontradas podemos estabelecer relações importantes entre o exercício da prostituição e temas frequentemente encontrados nos trabalhos como ocorre com os conceitos de modernidade e higienização atrelados às questões medicas próprias que se constroem ao longo do século XIX e perpetua-se ao longo do século XX. A moral familiar e religiosa ou ainda com o controle de corpos e doenças, tornam-se cernes de outros tantos trabalhos que apontam para uma limitação da circulação das mulheres "de vida livre" nas cidades inclusive através de forças policiais.

Alguns trabalhos têm ainda como parte da construção das suas narrativas as questões de classe, escolaridade e raça dessas mulheres que por tantos e por tanto tempo foram invisibilizadas, portanto, é possível apontar a presença de interseccionalidades essenciais para a analise e compreensão das trajetórias de vidas das mulheres prostitutas do estado da Bahia, que tantas vezes viram na prostituição uma alternativa à uma realidade ainda mais violenta.

Desta forma, organizamos este texto de maneira a apresentar ao leitor a bibliografia sobre a atividade prostitucional, com uma breve exposição do conteúdo e análise dos autores sobre os temas aos quais se debruçaram, por fim tentaremos apontar possíveis caminhos para a construção de pesquisas sobre prostituição na Bahia, tema de grande potencial para refletirmos sobre os lugares das mulheres na sociedade e na geografia da cidade, os protagonismos e autonomias possíveis construídas pelas mulheres prostitutas do estado que contam também a história das suas localidades.

A história da prostituição na Bahia em construção: uma bibliografia

Autor	Título	Categoria	Ano	Instituição
Carvalho, L. S.	Um estudo sobre o cotidiano e a prostituição no Beco da Energia, em Feira de Santana (BA) 1950-1960	Artigo	2020	UEFS
Costa, L. A. F. & Silva, F. P. A.	A batalha: construção de saberes de mulheres que exercem a prostituição em Salvador-Bahia.	Artigo	2019	UNEB
Macedo, E. L. N.; Moreira, V. D.; Silva, M. L. & Vasconcelos, M. L. L.	Mulheres que não só dizem sim: violência sexual contra prostitutas de Feira de Santana-BA	Artigo	2009	NUAS

A história da prostituição na Bahia em construção: uma bibliografia

Autor	Título	Categoria	Ano	Instituição
Mendonça, C. S. C.	Maria sem glória: retratos da prostituição feminina na Salvador das primeiras décadas republicanas	Dissertação	2014	UFBA
Nascimento, D. N.	Ouro negro: gênero, trabalho e prostituição em Candeias/BA (1960-1985)	Dissertação	2014	UFBA
Pereira, D. A.	As meretrizes jacobinenses: cotidiano e trabalho nos cabarés de Jacobina nas décadas de 1970-1980.	Monografia	2014	UNEB
Porto, T. C.	Modernização, segregação e prostituição em Feira de Santana: 1930-1960.	Dissertação	2020	UFRB
Santos, A. C. A.	'Mulheres de vida livre': a prostituição feminina em Cachoeira Bahia 1940-1970	Artigo	2016	UNEB

A história da prostituição na Bahia em construção: uma bibliografia

Autor	Título	Categoria	Ano	Instituição
Sandes, R. S.	Representa-ções sociais no território de Elísio Medrado marcada pelas praticas de prostituição das mulheres 'rapa--bolso'.	Artigo	2012	UNEB
Santos, R.	Um projeto de combate à sífilis nos sertões da Bahia.	Artigo	2016	UFBA
Sà, T. R. B. T. & Magalhâes, L. D. R.	"Theses douto-rais da faculdade de medicina da Bahia." Memória e regeneração social do espaço soteropolitano	Artigo	2016	UESB
Santana, N.	Prostituição femi-nina em Salvador (1900-1940)	Dissertação	1996	UFBA
Siqueira, G. T.	Uma História de 'Cabeluda': mulher, mãe e cafetina.	Dissertação	2017	UFRB

A história da prostituição na Bahia em construção: uma bibliografia

Autor	Título	Categoria	Ano	Instituição
Souza, A. C. S.	A Rua do Maga--Sapo: cotidiano e representações da prostituição em Vitória da Conquista- BA (1950-1971)	Dissertação	2013	UESB
Vasconcelos, V. N. P.	Evas e Marias em Serrolândia: práticas e representações sobre as mulheres em uma cidade do interior (1960-1990).	Dissertação	2006	UFBA

Para a seleção dos trabalhos supracitados constarem nesta lista, consideramos como critério serem trabalhos historiográficos que tratam da atividade prostitucional feminina na Bahia considerando questões teórico-metodológicas, conceituais, de fontes, as dimensões abordadas e como foram. Desta forma torna-se possível analisar a diversidade temporal e de subtemas que foram privilegiados nos recortes dos pesquisadores, auxiliando dessa forma o leitor na compreensão do que já foi produzido até o presente momento.

A dissertação de Mendonça volta-se para o período da Primeira República, em *Maria sem glória: retratos da prostituição feminina na Salvador das primeiras décadas republicanas*, a autora atraves de documentos como as teses médicas da Faculdade de Medicina da Bahia, artigos acadêmicos de médicos e juristas, apreciações do Código Penal de 1890 e notícias de jornais do período para a a analise da situação das prostitutas entre 1889 e 1920.

Mendonça chama atenção para a regulamentação da prostituição e a incidência de sífilis e a escravidão de mulheres brancas prostitutas, desta forma a autora demonstra ao leitor a construção dos discursos médicos, jurídicos, policiais e midiáticos sobreo exercício da prostituição em Salvador.

Na tentativa de explorar o binômio sanitarismo e moralismo, Nélia Santana analisa as praticas e representações da prostituição em Salvador na dissertação *A prostituição feminina em Salvador (1900-1940).* A discussão que até então se restringia ao moralismo se expande para as questões médicas e sanitárias, logo, nesse período, o que se pensa e escreve sobre ser prostituta e se identificar como tal terá forte impacto de um higienismo que se constrói através do que se pensava sobre modernidade e sobre o desenvolvimento civilizado da cidade de Salvador e dessa forma é demarcada a influência parisiense no Brasil e mais especificamente em Salvador-Ba.

Aprofundando ainda mais o debate acerca da sanitarização da atividade prostitucional no artigo "Theses doutorais da faculdade de medicina da Bahia. Memória e regeneração social do espaço soteropolitano", Sá e Magalhães debruçam-se sobre as teorias higienistas produzidas na Faculdade de Medicina da Bahia na Cadeira/Disciplina de Hygiene, no século XIX. Através da análise de três trabalhos escritos por médicos da instituição, os autores identificam a relação estabelecida entre o cruzamento das raças no Brasil como um dos motivos de degeneração da sociedade soteropolitana, exemplificada com a prostituição.

Através de entrevistas com mulheres prostitutas do centro de Salvador, Silva e Costa buscam compreender no artigo "A batalha: construção de saberes de mulheres que exercem a prostituição em Salvador-Bahia." a elaboração de conhecimentos entre essas mulheres no exercício da sua "batalha", a pratica da sua atividade. Para isso as autoras debruçam-se sobre os estudos de educação, psicologia e antropologia, o que aponta para uma construção de saber pauta nas suas vivências e experiências.

Na esteira do ideal modernizador das cidades, está a dissertação de Thaia Porto intitulada "Modernização, segregação e prostituição em Feira de Santana: 1930-1960". Com a análise dos jornais Folha do Norte, Folha da Feira, Gazeta do Povo e O Coruja e de processos crimes e cíveis, censos do IBGE, decretos-lei e códigos, desta forma a autora busca perceber de que maneira as transformações na estrutura da cidade de Feira de Santana e no comportamento dos feirenses influenciou os papéis designados a homens e mulheres, assim como modifica-se os locais ocupados pelas prostitutas, cada vez mais mantidas as margens da cidade.

Ainda sobre Feira de Santana o artigo "Um estudo sobre o cotidiano e a prostituição no Beco da Energia, em Feira de Santana (BA) 1950-1960" sob autoria de Carvalho analisa a historiografia construída sobre o Beco da Energia, famosa zona prostitucional da cidade, e a memoria dos moradores dos frequentadores da região. Tendo como fontes entrevistas orais, os periódicos do Jornal Folha do Norte e os Códigos de Posturas Municipais, o artigo problematiza os significados do Beco para pesquisadores e para quem experienciou aquele lugar.

Em "As mulheres que não só dizem sim: violência sexual contra prostitutas de Feira de Santana-BA", os autores buscam analisar as narrativas de prostitutas de Feira de Santana sobre suas experiências, trazendo a tona os seus significados sobre violência sexual e os riscos de ISTs (Infecções Sexualmente Transmissíveis).

Em seu artigo intitulado "Um projeto de combate à sífilis nos sertões da Bahia", Santos busca analisar o projeto proposto por um grupo da Fundação Oswaldo Cruz para o problema da sífilis nos sertões. O pesquisador analisa então a documentação médica do Serviço de Profilaxia Rural e a legislação Estadual e Nacional do período, o que permite a nós e ao autor perceber o processo de higienização das prostitutas desta região do estado e as formas diversas em que as cidades lidaram com as mulheres que exerciam essa ocupação uma vez que eram consideradas as principais transmissoras de infecções sexualmente transmissíveis e chega à conclusão de que apesar do pequeno número de enfermeiras destinadas a visitação dos locais de trabalho dessas mulheres, o trabalho de combate a sífilis se manteve.

Sobre a prostituição em Vitória da Conquista, Souza escreve sua dissertação "A Rua do Maga-Sapo: cotidiano e representações da prostituição em Vitória da Conquista-BA (1950-1971)". A autora tem como foco buscar narrativas sobre mulheres cafetinas ou prostitutas que moraram na Rua Maga-Sapo, zona boêmia da cidade onde se situava bares, boates e as casas das "mulheres de vida livre", desta forma, Souza lançou mão de corpus documental como arquivos oficiais, textos publicados em periódicos, textos literários e periódicos locais em que selecionou as notícias como assassinatos envolvendo as moradoras e frequentadores dessa rua uma vez que teve como objetivo analisar o cotidiano, mas também as representações construídas sobre essas mulheres.

Tendo como locus da pesquisa o interior do estado da Bahia encontramos o texto "Evas e Marias em Serrolândia: práticas e representações sobre as mulheres em uma cidade do interior (1960-1990)", em sua dissertação Vasconcelos não analisa exatamente a atividade prostitucional, a autora tratará da construção sobre o que é ser mulher na sociedade serrolandence.

Embora não trate do tema que temos como foco, o trabalho da autora se mostra importante por compreender que a concepção de prostituição designada, às mulheres não precisavam necessariamente estarem vinculadas a esta atividade mas bastava que desviassem da norma imposta por uma realidade moralizadora e religiosa, que segundo a autora se respalda em uma mentalidade medieval sobre o que deveria ser mulher. Vasconcelos se utiliza de jornais, livros de registros de casamento, entrevistas orais, dados do censo do IBGE e materiais disponibilizados pelos seus entrevistados como cartas e diários e desta forma a autora consegue analisar e compreender a idealização construída em torno das mulheres daquela cidade, sendo consideradas "Evas" ou "Marias".

Ainda sobre o interior da Bahia, podemos encontrar o trabalho "Representações sociais no território de Elísio Medrado marcada pelas praticas de prostituição das mulheres 'rapa-bolso'". O artigo de Sandes tem como objetivo construir uma geografia de gênero através das prostitutas negras denominadas "rapa-bolso" por deixarem seus clientes sem dinheiro. O autor busca compreender o local de liderança e protagonismo dessas mulheres que colaboraram para a organização territorial das ruas da cidade de Elísio Medrado.

Sobre a prostituição em Jacobina, podemos ter acesso à monografia intitulada "As meretrizes jacobinenses: cotidiano e trabalho nos cabarés de Jacobina nas décadas de 1970-1980", construída através da analise das visitas de campo e das entrevistas com ex-prostitutas, ex-moradores da rua, comerciantes donos de boates, fontes judiciais e iconográficas além de processo criminal, fotos, mapas assim como estudos relacionados à temática. Desta forma Pereira busca compreender o cotidiano e praticas das prostitutas da Rua das Laranjeiras, reduto de prostituição na cidade de Jacobina-BA.

Com o objetivo de compreender as relações do mundo do trabalho petroleiro, a prostituição e a construção de representações femininas na cidade de Candeias-Ba, Nascimento constrói sua dissertação "Ouro negro: gênero, trabalho e prostituição em Candeias-BA (1960-1985)", em que a autora se debruça sobre as dinâmicas de poder e transformações socioeconômicas da cidade para analisar a atividade prostitucional no momento da implantação da primeira indústria de petróleo do Brasil, a Refinaria de Mataripe/Landulpho Alves na região próxima a Candeias, para tanto, Nascimento analisa, através de uma teoria feminista, fontes orais, iconográficas e oficiais.

No Recôncavo baiano, na cidade de Cachoeira encontramos a dissertação "Uma História de 'Cabeluda': mulher, mãe e cafetina." em que Siqueira narra e analisa a trajetória de vida de Renildes Alcântara dos Santos, e através desse sujeito histórico, aponta para as modificações físicas, legislativas e morais que ocorrem ao longo dos anos na cidade.

A autora se utiliza principalmente das entrevistas feitas com a D. Cabeluda, mas também com pessoas que já escreveram sobre ela anteriormente, vizinhos, amigos e, das mulheres que trabalhavam com ela como prostitutas. Siqueira faz uma análise dos espaços comuns da cidade de Cachoeira, como praças e ruas, para compreender a marginalização dos espaços ocupados pelas mulheres "da vida".

Ainda sobre Cachoeira podemos destacar o artigo "'Mulheres de vida livre': a prostituição feminina em Cachoeira Bahia 1940-1970", onde a autora se propõe a compreender o estabelecimento das relações socioculturais das prostitutas no período histórico selecionado. Para isso Santos analisa a influência da moralidade familiar para refletir sobre o lugar da mulher na sociedade cachoeirana. Como embasamento para a construção do seu trabalho, a autora inquiriu documentações referentes a lenocínio encontrados no Arquivo Público de Cachoeira e entrevistas com moradores e antigos clientes.

Conclusão

Para a construção de uma pesquisa sobre prostituição feminina é necessário que compreendamos as diversas dimensões construídas em torno do que é ser mulher, do que é ser uma "moça de família", do discurso religioso e jurídico acerca da virgindade feminina e da própria atividade prostitucional, podemos compreender isso a partir do trabalho "Evas e Marias em Serrolândia: práticas e representações sobre as mulheres em uma cidade do interior (1960-1990)" de Vasconcelos e "As 'descabaçadas' do Sertão: o crime de sedução e as sociabilidades da Cidade Princesa (1940-1960) de Hernandes Silva de Souza. Dessa forma, tornam-se pesquisas importantes para a compreensão das concepções do feminino e masculino nas cidades baianas.

Como podemos averiguar, existe uma grande diversidade de trabalhos e subtemas que encaminham as pesquisas sobre a prostituição na Bahia, a exemplo de um modelo modernizador e sanitário de cidade, analise das perspectivas morais do ser mulher e ser uma "mulher da vida", da criminologia construída no sentido de controlar e higienizar esses corpos considerados abjetos para as sociedades.

Por outro lado é possível notar que se restringem os trabalhos que tratam sobre a cafetinagem, e o papel das mulheres cafetinas na construção da sua autonomia e possível poder econômico e político principalmente nas pequenas cidades do interior baiano ou uma geografia da circulação monetária e desenvolvimento financeiro como um dos motivos para o crescimento da atividade prostitucional.

De todo modo pesquisas sobre as questões de gênero e prostituição seguem como sendo trabalhos que podem desbravar as mais diversas possibilidades de abordagens e subtemas que certamente colaborarão para o conhecimento e reconhecimento de narrativas que tendem a ser esquecidas e marginalizadas, desta forma é possível revelar a influência de mulheres importantes para a construção e desconstrução das relações de poder, higienização dos corpos e das moralidades impostas principalmente aos corpos femininos.

A construção de pesquisas através da narrativa das mulheres prostitutas deve levar em consideração o contexto histórico em que essas personalidades estão inseridas, uma vez que essas pessoas recorrem a alternativas possíveis para sua sobrevivência dentro dos seus próprios contextos, o que pode explicar a diversidade de temáticas abordadas através da prostituição e de suas fontes oportunizando abordagens teórico-metodológicas igualmente diversas

Referências

CARVALHO, L. S.
Um estudo sobre o cotidiano e a prostituição no Beco da Energia, em Feira de Santana (BA) 1950-1960. *Revista Espacialidades* [online]. 2021.1, v. 17, n. 1, ISSN 1984-817X

COSTA, L. A. F. & SILVA, F. P. A.
A batalha: construção de saberes de mulheres que exercem a prostituição em Salvador-Bahia. R. Inter. Interdisc. *Interthesis*, Florianópolis, v.16, n.3, p.114-133 Set.-Dez. 2019 ISSN 1807-1384

MOREIRA, V. D. *et al.*
Mulheres que não só dizem sim: violência sexual contra prostitutas de Feira de Santana Bahia. *Metáfora Educacional*, n. 6, p. 29-41, 2009.

MENDONÇA, C. SILVA C.
Marias sem glória: retratos da prostituição feminina na salvador das primeiras décadas republicanas. Universidade Federal da Bahia. Faculdade de Filosofia e Ciências Humanas. Salvador, BA, 2014.

NASCIMENTO, D. N.
"Ouro Negro": gênero, trabalho e prostituição em Candeias/BA (1960-1985). Universidade Federal da Bahia. Faculdade de Filosofia e Ciências Humanas. Salvador, BA, 2014.

PEREIRA, D. A.
As meretrizes jacobinenses: cotidiano e trabalho nos cabarés de Jacobina nas décadas de 1970 e 1980. Universidade do Estado da Bahia. Departamento de Ciências Humanas. Jacobina, BA, 2014.

PORTO, T. C.
Modernização, segregação e prostituição em Feira de Santana: 1930-1960. Universidade Federal do Recôncavo da Bahia. Centro de Artes, Humanidades e Letras. Cachoeira, BA, 2020.

SANTOS, A. C. A.
"*Mulheres de vida livre*": A prostituição feminina em Cchoeira-Bahia 1940-1970. 2014

SILVA SANDES, R.
Representações Sociais no Território de Elísio Medrado Marcada pelas Práticas de Prostituição das Mulheres' Rapa-Bolso. *Revista Latino-Americana de Geografia e Gênero*, v. 3, n. 1, p. 94-104, 2012.

SANTOS BATISTA, R.
Um projeto de combate à sífilis nos sertões da Bahia. *Intellèctus*, v. 15, n. 2, p. 224-241, 2016.

SÁ, T. R. B. T. & MAGALHÃES, L. D. R.
"Theses doutorais da faculdade de Medicina da Bahia." Memória e Regeneração Social do espaço soteropolitano. *Hygeia-Revista Brasileira de Geografia Médica e da Saúde*, v. 12, n. 23, p. 60-80, 2016.

SANTANA, N.
A prostituição feminina em Salvador–1900/1940. Universidade Federal da Bahia. Faculdade de Filosofia e Ciências Humanas. Salvador, BA, 1996.

SIQUEIRA, G. T.
Uma história de 'Cabeluda': mulher, mãe e cafetina. Universidade Federal do Recôncavo da Bahia. Centro de Artes, Humanidades e Letras. Cachoeira, BA, 2017.

SOUSA, A. C. S.
A Rua do Maga-Sapo: cotidiano e representações da prostituição em Vitória da Conquista-BA (1950-1971). Programa de Pós-Graduação em Letras: Cultura, Educação e Linguagens, Universidade Estadual do sudoeste da Bahia, 2013.

SOUZA, H. S.
As "descabaçadas" do Sertão: O crime de sedução e as sociabilidades da Cidade Princesa 1940-1960. Programa de

Pós-Graduação em História, Universidade Estadual de Feira de Santana, 2015.

VASCONCELOS, V. N. P.
Evas e Marias em Serrolândia: práticas e representações sobre as mulheres em uma cidade do interior (1960-1990). Universidade Federal da Bahia. Faculdade de Filosofia e Ciências Humanas. Salvador, BA, 2006.

8
APONTAMENTOS SOBRE O USO DA INTERSECCIONALIDADE PARA A HISTÓRIA DAS MULHERES NEGRAS

Jacson Lopes Caldas

Ao longo do tempo novas abordagens surgem como referências para a construção de narrativas históricas e, consequentemente, evidenciam possibilidades de análises das fontes sejam elas compostas por elementos da cultura material ou imaterial, das trajetórias e memórias dos sujeitos no processo de construção de inovações paradigmáticas e epistemológicas. Escrever sobre mulheres negras em contextos históricos variados é um desafio ao ofício de historiadoras e historiadores no Brasil, devido à ausência de fontes históricas escritas, por vezes privilegiadas no processo de construção de narrativas, como também pelo fato de uma ausência de ferramentas analíticas para compreensão das trajetórias dessas sujeitas históricas[1], que conforme Lélia Gonzalez enfrentam cotidianamente opressões racistas e sexistas e são, por consequência, silenciadas, estereotipadas e "apagadas" de narrativas históricas que se baseiam em teorias e metodologias eurocêntricas.

1 Neste texto utilizarei o gênero feminino para se referir as mulheres negras enquanto sujeitas históricas para romper com a universalização da ideia de sujeitos históricos como referências para homens e mulheres.

Se existe um silêncio sobre o protagonismo de mulheres negras em processos históricos brasileiros, isso se deve as escolhas teóricas e metodológicas realizadas por historiadoras e historiadores. Possivelmente um recorte étnico-racial, de classe e gênero articulados às análises históricas resolveria este problema epistemológico através do uso da interseccionalidade[2] como ferramenta analítica para a história enquanto produção empírica e saber científico.

O conceito de interseccionalidade articulado aos problemas históricos de pesquisa e as construções teórico-metodológicas de historiadoras e historiadores possibilita a compreensão da história de mulheres negras por opressões que se cruzam e se articulam quando analisadas as experiências dessas sujeitas históricas que constroem no cotidiano suas tramas, trajetórias e disputas pela sobrevivência ao protagonizarem suas histórias no tempo e espaço. Deste modo, este texto se propõe a um diálogo/debate entre a interssecionalidade e a história, tendo na primeira uma ferramenta de análise para a construção de narrativas históricas que destacam as mulheres negras como objeto de pesquisa e desconstroem a ideia de que as mulheres negras não possuem história ou são sujeitos coadjuvantes nas memórias, narrativas históricas e trajetórias protagonizadas por homens brancos e negros no Brasil.

O uso da interseccionalidade através das discussões elaboradas por mulheres negras norte-americanas e brasileiras,

2 O conceito de interseccionalidade utilizado nesse texto tem como referência as contribuições de Patrícia Hill Collins e Kimberlé Crenshaw para pensar os entrecruzamentos de opressões de raça, gênero, classe, nacionalidade, etnia, sexualidade entre outras categorias no cotidiano das mulheres negras. A interseccionalidade constitui-se dessa forma, como uma ferramenta analítica para as ciências sociais e humanas conforme será discutida ao longo do texto.

como também os debates estabelecidos pelo feminismo negro serão tomados neste texto como referências. Os mesmos serão relacionados como possibilidades de debate com a história, enquanto saber científico que se transforma e se constrói por novas problemáticas. Deste modo, a pergunta inicial é: Existe uma possibilidade de interação entre o conceito de interseccionalidade e a história? Esta pergunta direciona a escrita deste texto quando interligada a outras questões justapostas a esta: De que forma o feminismo negro norte-americano e brasileiro possibilita à história novas abordagens acerca de suas ferramentas de investigação? Como autoras negras, brasileiras e norte-americanas constroem argumentos sobre o conceito de interseccionalidade? A interseccionalidade pode ser uma nova perspectiva epistemológica para a construção do conhecimento histórico tendo as mulheres negras como objeto de pesquisa? Como a interseccionalidade contribui e inova as possibilidades de análises históricas?

Para responder a esses questionamentos, autoras e feministas negras como Patrícia Hill Collins, Kimberlé Crenshaw, Lélia Gonzalez, Angela Davis, Luiza Bairros, Edilza Sotero, Karla Akotirene e Flávia Rios serão convocadas ao debate epistemológico. Feministas brancas também serão consultadas para um debate sobre o campo da história das mulheres nos espaços acadêmicos e estudos científicos, a exemplo Joan Scott, Maria Odila Leite, Heleieteh Safiotti entre outras.

Ainda, constará nesse texto algumas premissas teóricas da história construídas por homens brancos, a exemplo de Thompson no que se referem as suas contribuições teórico metodológicas para a história, as quais serão desconstruídas e acrescidas do pensamento feminista e da discussão sobre a interseccionalidade como ferramenta de análise para a ampliação do olhar sobre as fontes e sujeitas históricas negras tendo em vista esse desafio epistemológico.

Por fim, este texto é um pontapé inicial, uma provocação epistemológica, um emaranhado de dúvidas, problemáticas e articulações possíveis entre a interseccionalidade e a história, sendo a primeira uma ferramenta analítica que se pretende articular a história no processo de elaboração de projetos de pesquisa, monografias, dissertações e teses.

Desenvolvimento

O debate de gênero e história das mulheres apresentado por Joan Scott aponta para a necessidade de estudos históricos tendo as mulheres como produtoras desse conhecimento e como objetos de pesquisa. A reivindicação para o estudo das mulheres na história demarca um ponto crucial nos estudos feministas: por acaso, as mulheres não possuem história, não fazem parte dos acontecimentos históricos, não são sujeitas da história, não produzem conhecimento histórico sobre suas antepassadas e contemporâneas?

O desafio posto por Joan Scott denota, para aquele contexto e também para o atual, uma limitação existente no campo acadêmico de produções historiográficas, no qual homens brancos são produtores e objetos de estudos privilegiados nas narrativas históricas. Desse modo, o gênero como categoria de análise histórica evidencia a tentativa de rompimento com produções centradas na dimensão do masculino, pois, para ela, "as pesquisadoras feministas assinalaram muito cedo que o estudo das mulheres acrescentaria não só novos temas como também iria impor uma reavaliação crítica das premissas e critérios do trabalho científico existente" (Scott, 1995, p.3), a partir de perspectivas amplas e dissidentes, que permitem questionamentos e problemáticas acerca das experiências femininas em diferentes contextos históricos.

As contribuições de Maria Odila Leite acerca dos estudos sobre as experiências femininas no Brasil demarcam aspectos relevantes para se pensar a transição de uma perspectiva histórica que silenciava as mulheres enquanto sujeitas, para uma metodologia de análise que as colocava enquanto protagonistas, tanto em relação à construção da narrativa como no que tange a seleção e análise das fontes históricas. Porém, a autora salienta que o desafio de escrever a História Social das Mulheres ao estudar as relações cotidianas de poder em São Paulo no século XIX, diz respeito a como estas mulheres apareciam ou não na documentação analisada, por isso, afirmou que as informações sobre as mulheres e suas vivências se encontram dispersas nas entrelinhas dos documentos e que através da análise microssocial do cotidiano, mesmo com a limitação das fontes escritas, que silenciam grupos marginalizados foi possível encontrar formas peculiares de lutas e resistências de mulheres negras e forras.

Ao destacar os estudos sobre as mulheres e suas trajetórias, teorias como a de Thompson são tomadas como caminhos metodológicos, a exemplo do conceito de experiência. Essa teoria eurocêntrica é utilizada atualmente na construção das pesquisas históricas da graduação a pós-graduação para problematizar a vivência de uma diversidade de sujeitos históricos, incluindo as mulheres sejam elas negras, brancas, latinas, caribenhas, norte-americanas, europeias, entre outras.

Por vezes, os estudos de trajetórias construídos por perspectivas de análises masculinas que não foram pensadas para a história das mulheres são utilizados sem nenhuma ressalva em estudos ditos feministas, o que demonstra a atuação hegemônica do homem branco como aquele que diz, tem o poder de falar e consequentemente de ser ouvido e ter o seu conceito oficializado nos espaços acadêmicos. O que significa dizer que são os homens brancos falando sobre eles mesmos, seus antepassados, suas memórias, histórias e trajetórias. Uma construção narrativa composta por um lugar de privilégio legitimado pelo patriarcado.

Se a história reflete as relações de poder presentes na sociedade, quando Thompson elaborou o conceito de experiência frente às demandas dos estudos antropológicos, ele não estava pensando nas vivências das mulheres especificamente, mas na experiência masculina como se a teoria elaborada por ele para essa categoria de sujeito histórico fosse universal, tanto que não destacou a relevância desse conceito histórico e antropológico para a história das mulheres, como aponta e critica Saffioti e Joan Scott. Deste modo, é necessário apresentar a forma como Thompson elaborou a ideia de experiência e os questionamentos e acréscimos levantados pelas referidas autoras feministas.

A categoria analítica de Thompson experiência (THOMPSON, 1981, p.189) está ligada ao "habitus" de viver, que é composto por valores que são aprendidos na família, no trabalho, na comunidade e que são passados por gerações. Conforme Thompson, a experiência e a cultura estão interligadas, pois as pessoas experimentam a sua própria experiência na cultura, através dos valores, normas, obrigações familiares, nas elaborações das artes e práticas religiosas, ao tempo que se transformam e modificam também o meio social em que vivem.

Joan Scott, ao discutir o conceito de experiência elaborado por Thompson, o direciona aos estudos de gênero. Afirma que a experiência é composta de uma linguagem cotidiana, portanto, devemos ter atenção a essa forma de comunicação relacionada ao meio em que a sujeita está inserida, para que as práticas desenvolvidas por mulheres não sejam invisíveis ao ofício de historiadoras e historiadores. Para a autora, as experiências falam sobre o que aconteceu, evidenciam diferenças e semelhanças entre homens e mulheres, tanto no passado como no presente, mediante as transformações que ocorrem nos círculos sociais, sendo elemento constituinte da identidade dos sujeitos históricos quando o gênero, a classe, o lugar social e a raça são levados em consideração.

Heleieth Safiotti propõe a articulação entre o gênero e a classe para os estudos feministas, uma análise sobre as vivências de homens e mulheres a partir das relações de poder presentes na sociedade, ao defender que tanto as relações de sexo quanto as de gênero estão imbricadas às formas como o poder é legitimado no campo político, econômico, cultural e social. No processo de escrita e proposição teórica acerca dos estudos de gênero, a autora destaca uma observação à forma como Thompson elaborou o conceito de experiência.

Para ela, faltou ao conceito de experiência proposto por Thompson a articulação ao gênero, sugerindo a experiência de gênero (SAFFIOTI, 1992, p.191) como uma possibilidade analítica, pois "se o olhar de Thompson tivesse sido sensibilizado pelas relações de gênero, pelo menos quando analisou concretamente a formação da classe operária inglesa em 1987" (SAFFIOTI, 1992, p.191), em suas análises ficariam evidenciadas como homens e mulheres de uma mesma classe social experimentam as relações de poder cotidianas de diferentes formas.

A discussão levantada por Saffioti se acrescenta ao conceito elaborado por Thompson. É notório que os estudos sobre as mulheres direcionados pelo conceito de experiência de Thompson, por vezes, se limitavam a perceber a experiência pelo viés da classe, como se apenas o modo de produção exercesse poder sobre a cultura, quando para a autora, modo de produção e cultura estão interconectados, interligados mutuamente pelo gênero e pela classe de modo relacional nos processos históricos.

O conceito de experiência de gênero de Saffioti e a utilização do conceito de experiência para os estudos sobre as mulheres proposto por Scott constroem, quando articulados, possibilidades interpretativas para a história das mulheres a partir de vertentes amplas, que apontam para a mulher como um ser diverso, multicultural e de experiências infinitas a depender do contexto social em que vivem e da forma como disputam suas existências no tempo e espaço.

O avanço nas análises sobre as experiências femininas propostas por essas autoras se ampliam ainda mais quando a raça e a etnia são articuladas aos estudos feministas. Nesse processo de construção, Bebel Nepomuceno reivindica um recorte étnico-racial para a história das mulheres como prática historiográfica. Propõe investigações sobre "a História das mulheres negras" (NEPOMUCENO, 2012, p.385), afirmando que esse protagonismo, até então ignorado no campo das pesquisas acadêmicas, deve irromper o lugar de obscurantismo, para que se compreendam, ao longo do tempo histórico, os significados das vivências de mulheres construídos por elas mesmas.

Para a autora, desde o período do pós-abolição sujeitos negros tem encontrado dificuldades de inserção social no Brasil, fator que se estende ao campo de participação e protagonismo na construção do conhecimento empírico, seja como pesquisadoras e/ou objetos de pesquisa, fator que se agrava quando se trata das mulheres negras, sendo necessária uma análise de suas experiências históricas.

Desse modo, é possível compreender, que a discussão de gênero se encaixa em uma disputa política e de relações de poder, sendo "as trajetórias das mulheres negras percebidas a partir das categorias de "raça", "classe", "gênero", "geração", ao incorporar as histórias das tensões sociais que implicam a reconstrução da organização da sobrevivência de grupos marginalizados do poder e do próprio processo histórico historiográfico" (Pedro; Freitas; Veras, 2019, p.106).

Se o processo de produção da história remete a discursos e interesses elaborados por grupos em disputa pelo poder, a introdução das questões étnico-raciais para a história das mulheres negras associadas às categorias de gênero, classe, geração, nacionalidade entre outras, permite o diálogo entre a prática historiográfica e o conceito de interseccionalidade elaborado por feministas negras norte-americanas e utilizados por feministas e ativistas acadêmicas brasileiras.

É importante destacar a elaboração do conceito de interseccionalidade como produzido por mulheres negras para análise de suas próprias experiências como demarcação do campo de produção intelectual e acadêmica de mulheres negras ativistas em movimentos sociais na luta contra opressões machistas, racistas e de classe. São mulheres negras disputando na academia e sociedade através de um conceito particular às mulheres negras feministas. Deste modo, a interseccionalidade evidência a disputa pelo poder e lugar de fala (Ribeiro, 2017), pois são mulheres negras elaborando um conceito que deve ser, obrigatoriamente, utilizado nos espaços acadêmicos. Nas produções de pesquisas e nas análises sobre as suas experiências históricas. Mas, afinal, o que é a interseccionalidade?

Para o debate sobre a interseccionalidade, o argumento de Patrícia Hill Collins, feminista negra norte-americana, evidencia o cruzamento de opressões por marcadores sociais de "raça, classe, gênero, orientação sexual, nacionalidade, capacidade, etnia, faixa etária"(Collins, 2021, p.16), entre outros que se inter-relacionam e moldam-se no cotidiano das experiências de mulheres negras, sendo a interseccionalidade uma ferramenta analítica para a compreensão da "complexidade do mundo, das pessoas e das experiências humanas"(Collins, 2021, p.16).

Partindo do pressuposto de que historicamente, as relações de poder desencadeiam opressões de raça, classe e gênero simultaneamente, Patricia Hill Collins demonstra a necessidade de uma análise histórica que não exclua a complexidade dessas relações, pois se uma mulher negra é explorada, ela é ao mesmo tempo oprimida por ser mulher, por ser negra e por ser pobre (se for o caso). Deste modo, a perspectiva interseccional como ferramenta analítica para os estudos históricos denotam a eminência de interpretações das experiências de sujeitas históricas pela leitura e discussão das múltiplas opressões sofridas por mulheres negras, como também das suas atuações enquanto protagonistas que disputam as memórias através de suas trajetórias e histórias de vida. Uma história sem a interseccionalidade é incompleta, monofocal e distante das amplas possibilidades de interpretação da história de mulheres negras no Brasil e no mundo se forem considerados os direcionamentos propostos por Hill Collins.

A interseccionalidade é um convite a historiadoras e historiadores para uma melhor análise de seus objetos de pesquisa, não cabendo no contexto atual, leituras históricas que evidenciem tão somente a classe, a raça, a etnia, a nacionalidade, a geração, o gênero, a sexualidade como categorias estanques, que não se influenciam e constituem conjuntamente a formação das sujeitas históricas negras, pois "a interseccionalidade fornece estrutura para explicar como categorias de raça, classe, gênero, idade, estatuto de cidadania e outras posicionam as pessoas de maneiras diferentes no mundo" (Collins, 2021, p.33).

O conceito de interseccionalidade elaborado por Hill Collins dialoga com a proposição de Kimberlé Crenshaw. Para Crenshaw, as diferenças entre homens e mulheres podem ser analisadas pela interseccionalidade como uma forma de combate as diversas opressões sofridas por mulheres negras. Opressões de raça, classe e gênero. Para ela, atualmente a diferença das mulheres em relação aos homens "indica a responsabilidade que qualquer instituição de direitos humanos tem de incorporar uma análise de gênero em suas práticas" (Crenshaw, 2002, p.172). Se o racismo, o machismo e o sexismo são formas de submissão das mulheres negras enquanto sujeitas inferiorizadas, o uso da interseccionalidade seria uma forma de perceber como essas opressões se entrecruzam e combatê-las a partir de uma distribuição equitativa do acesso aos direitos humanos.

A perspectiva adotada por Crenshaw acerca dos direitos humanos para mulheres oprimidas em diferentes lugares do globo terrestre proporciona através da lente interseccional à construção de políticas de acesso aos direitos, baseadas em interpretações históricas que permitem a visualização sobre como as diferenças entre homens e mulheres foram e são construídas por opressões que se cruzam, que se intercalam mutuamente, enviesadas por questões de "classe, casta, raça, cor, etnia, religião, origem nacional e orientação sexual" (Crenshaw, 2002, p.173) sendo marcadores sociais interligados que demonstram "como vários grupos de mulheres vivenciam, historicamente, a discriminação" (Crenshaw, 2002, p.173). Deste modo, é importante ressaltar que as análises históricas possibilitadas pelo uso da interseccionalidade permitem o combate ao racismo, ao sexismo, a xenofobia, a desigualdade social entre outras formas de opressão que se relacionam no cotidiano de mulheres negras.

Sobre essa relação entre a interseccionalidade e a história, o caso trazido por Angela Davis em sua obra "Mulheres, raça e classe" é um exemplo de como opressões se entrecruzam no cotidiano de mulheres negras, demonstrando a importância histórica dessas mulheres na luta contra as opressões tendo a ferramenta analítica da interseccionalidade como fator primordial de análise.

Nas disputas pelos direitos das mulheres nos Estados Unidos, a intersecção entre gênero, raça e classe foi essencial para a compreensão de como mulheres negras, naquele contexto histórico, enfrentavam no cotidiano o racismo, a desigualdade social e o sexismo, inclusive na disputa por direitos civis com mulheres brancas e feministas.

Quando em 1851, numa convenção de mulheres em Akron, Ohio, Sojourner Truth levantou a voz e interrogou a plateia da Convenção Nacional dos Direitos das Mulheres com a frase "Não sou eu uma mulher?" (DAVIS, 2016, p.70), ela estava lutando de forma interseccional pelo direito das mulheres negras estadunidenses. Aquelas que haviam sido perseguidas, estupradas, escravizadas, humilhadas, rejeitadas, diminuídas em uma sociedade que havia se fundamentado na lógica da escravização de pessoas negras e permanecia sob os reflexos dessa herança colonial escravagista.

Soujourner Truth sintetizou, com a sua pergunta o que era ser uma mulher negra nos Estados Unidos que ainda se organizava socialmente pelos reflexos e consequências deixadas pela escravidão. A sua luta para ser reconhecida enquanto mulher, negra e pobre detentora de direitos possibilitam através da interseccionalidade, o exame crítico sobre as histórias de diversas mulheres negras ao redor do mundo. Constrói-se enquanto parâmetro para análise histórica.

O discurso de Soujourner Truth é um marco histórico, referencial na luta pela emancipação feminina negra e a história enquanto produção científica não deve abandonar esse olhar interseccional para a compreensão das histórias dessas mulheres em contextos diversos, pois, o que a Soujourner Truth denunciou em 1851 ainda é presente em diversas culturas e sociedades, não podendo passar despercebido pelo olhar de historiadoras e historiadores que devem utilizar a ferramenta da interseccionalidade como forma de interpretação para construção narrativa das histórias de suas sujeitas que são selecionadas enquanto objetos de pesquisa. A ausência da interseccionalidade como uma possibilidade analítica de suporte a história traz como consequência a produção de uma análise histórica monofocal, incompleta, unidirecional e tendenciosa.

A interseccionalidade é uma peça chave no "quebra cabeça" da história, da interpretação e discussão de problemáticas históricas sobre as memórias e trajetórias de mulheres negras em diferentes contextos, temporalidades e espaços.

Uma nova história pode ser escrita pela lente da interseccionalidade. Pensar o deslocamento epistemológico para as trajetórias das mulheres negras significa trazê-las para o centro da discussão como forma de reinterpretação da história, onde as suas memórias outrora silenciadas ou narradas por homens brancos serão reconstruídas por uma nova perspectiva de análise quando opressões simultâneas sofridas por mulheres negras são ponderadas para que suas histórias sejam narradas.

O "objeto", as "coadjuvantes" tornam-se as protagonistas e isso muda tudo na história, rompendo com a tendência da "história única", como possibilidade de rasurar os escritos e escrever algo novo, da forma como ensina Chimamanda Addichie quando ressalta a existência de várias possibilidades interpretativas da história por olhares repletos de questões e novas interpretações, presentes nas vozes de sujeitas que nunca foram ouvidas ou interrogadas, inclusive pelo olhar de historiadoras e historiadores no processo de análise das fontes e contextos históricos diversos.

Assim, a categoria de interseccionalidade se impõe correspondendo a uma articulação entre gênero, raça e classe.

Karla Akotirene aponta que é necessário romper com os silêncios sobre as histórias das mulheres negras, pois estas disputam no cotidiano, lugares de fala com homens brancos heterossexuais. Para a autora, silenciar as mulheres da história é uma violência, um apagamento epistemológico, por isso defende a interseccionalidade como uma lente analítica para os estudos sobre as mulheres negras que são socialmente discriminadas.

No que se refere à discriminação das mulheres negras no Brasil, Lélia Gonzalez é assertiva sobre a negação do estatuto de humanidade para essas sujeitas históricas. Objetificadas no cotidiano e na produção do saber, as mulheres negras são as outras, as incapazes, as infantilizadas, as menosprezadas, as sexualizadas, as relegadas do direito à história. Sobre a forma de ler historicamente essas mulheres, a autora demonstra a resistência de determinadas análises que insistem na "prioridade da luta de classes e se negam a incorporar as categorias de raça e sexo" (GONZALEZ, 2020, p.84) nos estudos sobre essas sujeitas, dando continuidade às formas de apagamento das memórias e experiências de mulheres negras no Brasil.

O chamado de Lélia Gonzalez, como ativista do feminismo negro brasileiro, é para uma análise interseccional da história de mulheres negras, o que evidência a conexão entre as categorias de raça, classe, gênero, sexualidade, nacionalidade, etnia, etariedade entre outras enquanto elementos essenciais para compreensão das vivências, das culturas, dos saberes e fazeres de mulheres negras no cotidiano brasileiro, pois elas estão na história, mas subestimadas, negadas, submetidas às leituras racistas e sexistas, deste modo, é preciso se construir outra história tendo a interseccionalidade e as contribuições do feminismo negro como ferramentas estruturantes para as construções narrativas nos mais diversos campos científicos, incluindo a História.

No ínterim dessa discussão, Lélia Gonzalez traz um argumento sobre o conceito de consciência e memória, ela diz:

> A consciência a gente entende como o lugar do desconhecimento, do encobrimento, da alienação, do esquecimento e até do saber. É por aí que o discurso ideológico se faz presente. Já a memória, a gente considera como o não saber que conhece esse lugar de inscrições que restituem uma história que não foi escrita, o lugar da emergência da verdade, dessa verdade que se estrutura como ficção. Consciência exclui o que a memória inclui. A consciência se expressa como discurso dominante, (ou efeitos desse discurso) numa dada cultura, ocultando a memória, mediante a imposição do que ela, consciência afirma como a verdade. Mas a memória tem suas astúcias, seu jogo de cintura; por isso, ela fala através das mancadas do discurso da consciência. O que a gente vai tentar é sacar esse jogo aí das duas, também chamado de dialética. E, no que se refere à gente, à crioulada, a gente saca que a consciência faz de tudo para a nossa história ser esquecida, tirada de cena. (Gonzalez, 2020, p.79)

Se "a consciência exclui o que a memória inclui", sendo a primeira uma armadilha dos dominantes para legitimar as suas "verdades" como históricas, Lélia Gonzalez aponta a memória como uma forma de resistência da crioulada ao esquecimento. Ou seja, a memória que serve como elemento de análise na disputa por narrativas históricas produzidas pelo povo preto no Brasil, é aquela que a elite branca busca o tempo todo apagar dos registros escritos, mas a oralidade, o artesanato, as danças, os folguedos, os elementos da cultura popular, os batuques de candomblé, produzido pela população negra neste país sobrevive ao silêncio intencional do homem branco, construindo-se enquanto uma rasura no que foi escrito, sendo um meio de lembrança, desconstruindo a ideia da mulher negra como possibilidades de inferioridade: a escravizada, a submissa, a mulata, a objeto sexual, a mucama, a ama de leite.

As memórias de mulheres negras são, para Lélia Gonzalez, as suas resistências. A forma de reivindicar a cena e se autodeclararem protagonistas. O feminismo negro reivindica através da ferramenta da interseccionalidade o lugar de destaque ocupado por mulheres negras no processo de construção da história desse país. Mulheres que foram e são oprimidas pelo racismo e sexismo, mas que não deixaram de fazer história por causa dessas opressões. As mulheres negras também cabem o protagonismo na história.

O diálogo estabelecido entre as produções de Lélia Gonzalez e Luiza Bairros se evidencia quando a segunda, ao questionar o feminismo hegemônico, branco, heterossexual e de classe média, sugere uma revisitação ao feminismo evidenciando a necessidade da interseccionalidade na pauta feminista brasileira. Para Luiza Bairros, o conceito de gênero foi, em um determinado contexto histórico, importante para o debate feminista na luta contra a opressão sexista e na perspectiva de organização política. Porém, é um conceito inconsistente quando pensado como fator de unidade para todas as mulheres especificamente por desconsiderar questões como raça, classe social e orientação sexual. Ou seja, para esta autora, essas categorias devem estar conectadas nas análises e lutas feministas.

Conforme Luiza Bairros, o debate e a revisitação dos feminismos é também uma reconstrução da história e das lutas das mulheres que enfrentam, por vezes, duplas ou triplas opressões. Isso significa dizer que uma mulher branca é menos oprimida que uma mulher negra, pois esta última além da opressão de gênero, soma-se a sua experiência de vida, a opressão de raça, de classe (tratando-se de mulheres pobres), de sexualidade (tratando-se de mulheres negras lésbicas, bissexuais, transexuais) entre tantas outras categorias, que interrelacionadas nos contam sobre as histórias dessas mulheres e os seus papéis na luta contra as opressões.

Para Luiza Bairros, as mulheres vivem experiências políticas e pessoais dentro de um modelo de opressão sexista em que raça, gênero e classe social se interceptam em diferentes pontos de dominação masculina, machista, racista, sexista articuladas também as desigualdades sociais e sexuais. As contribuições de Luiza Bairros são peças chaves para se pensar a história das mulheres negras no Brasil, na desconstrução da ideia passividade e subserviência, quando as vozes de mulheres negras podem ser analisadas por historiadoras e historiadores no processo de construção de suas narrativas pela possibilidade epistemológica da interseccionalidade, sendo que esse conhecimento histórico não é produzido apenas por mulheres negras inseridas nas universidades, mas também por aquelas que são mães, artistas, líderes comunitárias, escritoras, militantes pela abolição da escravidão, ativistas dos direitos civis, empregadas domésticas, professoras e tantas outras que ainda encontram-se silenciadas pela história.

Baseando-se em Luiza Bairros, a construção de uma narrativa histórica pela ferramenta analítica da interseccionalidade é um instrumento para que nenhuma mulher negra seja silenciada, subalternizada, subjugada, subserviente, domesticada e lida como coadjuvante ou objeto sexual. Para que a partir das análises de experiências históricas de mulheres negras, seja possível a transformação do mundo e da pauta feminista, por isso é urgente à revisitação das teorias, das práticas e das ações políticas feministas e/ou feminismos, pois através da análise dessas lutas históricas, é possível transformar a realidade experimentada por mulheres negras em nosso tempo. O feminismo negro é uma luta engendrada pela lente multifocal interseccionalidade. A história carece dessa ferramenta analítica.

Conclusão

As discussões sobre o uso da intersseccionalidade como uma perspectiva teórica e empírica vêm ganhando força nos espaços acadêmicos. Conforme o argumento de Edilza Sotero e Flávia Rios é através dos estudos de gênero que a intersseccionalidade tem se "estabelecido como paradigma incontornável nas ciências sociais" (SOTERO; RIOS, 2018, p.1), sendo necessário problematizar os limites e alcances dessa ferramenta analítica, pois: "apesar da tensão e disputas no mundo acadêmico, no Brasil, a interseccionalidade tornou-se uma perspectiva potente nas pesquisas mais recentes no país. Em certa medida, isso se explica pela tradição dos estudos sobre gênero e relações raciais no país e pela presença do movimento social feminista negro" (Sotero; Rios, 2018, p.3).

O feminismo negro brasileiro tem sido um dos principais movimentos sociais e intelectuais que impulsionaram as problemáticas acerca dos silenciamento e objetificação das mulheres negras nas narrativas científicas. De forma que, a partir da lente analítica da interseccionalidade, não é mais cabível perspectivas históricas, metodologias e teorias, que ao problematizar as experiências das mulheres negras no Brasil, não as discutam e problematizem suas experiências a partir da tríplice opressão sofrida por elas, provenientes do racismo, do sexismo e da pobreza.

É necessária uma história das mulheres negras como demanda acadêmica, como produção científica de historiadoras e historiadores que busquem, em contextos históricos e temporalidades diversas, compreender as experiências de mulheres negras pela ferramenta analítica da interseccionalidade, para que no futuro possamos romper com o obscurantismo e leituras eurocêntricas acerca dessas sujeitas históricas.

Segundo a historiadora Jéssica Alves, existe um silenciamento da cor nos trabalhos historiográficos, pois, em seu ofício e laboratórios de pesquisa, historiadoras e historiadores coloca em segundo plano a temática racial na análise de seus objetos, incluindo as mulheres negras que são lidas, por vezes, apenas como trabalhadoras pobres, sem uma atenção direcionada a raça, ao gênero, a etnia, a sexualidade, a religiosidade, a cultura, entre outros elementos que categorizam as suas experiências cotidianas.

A reflexão sobre o uso da interseccionalidade como ferramenta analítica para as análises históricas é uma forma de dizer as mulheres negras, de demarcar os espaços e as demandas raciais, de gênero e classe nos estudos históricos que versam sobre as experiências de mulheres negras no Brasil. Ou seja, é preciso definir um campo temático da história de mulheres negras através do debate interseccional para que se evite e se desconstrua o silenciamento de suas experiências e contribuições para a historiografia contemporânea que deve ser reconstruída por uma perspectiva antirracista, antimachista, antisexista e que não seja centralizada nas memórias e histórias de homens e mulheres brancas.

Esse paradigma dos estudos históricos também se refere ao uso da produção acadêmica de feministas negras em suas análises. Por exemplo, é preciso permitir o diálogo entre a história e a contribuições teóricas, metodológicas, empíricas de estudiosas e ativistas como Angela Davis, Patrícia Hill

Collins, Kimberlé Crenshaw, Lélia Gonzalez, Luiza Bairros, Karla Akotirene, Djamila Ribeiro, entre tantas outras intelectuais negras que vem ressignificando ao longo do tempo as formas de leituras sobre as experiências de suas antepassadas.

É preciso discutir historicamente, através da lente analítica da interseccionalidade, as histórias de mulheres negras em contextos locais, regionais, nacionais e transnacionais tendo o feminismo negro como possibilidade de construção de novas epistemologias.

Deste modo, para que a história não se perpetue como a "ciência que estuda os homens no tempo" (Bloch, 2001, p.55) ou "uma ciência dos homens no tempo" (Bloch, 2001, p.67), é necessário perceber, analisar, discutir, problematizar o movimento das mulheres negras na história, pois, conforme Angela Davis "quando a mulher negra se movimenta, toda a estrutura da sociedade se movimenta com ela" (Davis, 2017). Então a história deve ser também a ciência das mulheres negras no tempo, pois no cotidiano elas que constroem suas tramas, memórias e trajetórias por subjetividades diversas, rompendo com as lógicas de opressões machistas, sexistas, racistas e de classe, ao fazerem as estruturas sociais se transformarem quando as suas experiências não são silenciadas, esquecidas ou apagadas dos acervos, das fontes históricas e das pesquisas acadêmicas.

O estudo da história pela ferramenta analítica da interseccionalidade constrói-se como um desafio epistemológico para que as mulheres negras sejam objetos de pesquisa e pesquisadoras. Para que mulheres negras sejam ouvidas, narradas e historicamente, destacadas enquanto sujeitas históricas.

Conclui-se, portanto, que a aliança entre a interseccionalidade e a história evidencia uma pretensa forma de combate à opressão sofrida por mulheres negras para que narrativas históricas sejam referências de luta e de emancipação feminina construída enquanto pauta do feminismo negro no processo de disputa por uma sociedade mais justa.

Referências

ADICHIE, C. N.
O perigo de uma história única. São Paulo: Companhia das Letras. 2019.

AKOTIRENE, K.
Interseccionalidade. São Paulo: Pólen, 2019.

ALVES, J. S. A.
A interseccionalidade como aparato teórico e metodológico para a história das mulheres. Revista Dia-Logos, v. 12, n. 2, p. 104-117, jul.dez. 2018.

BAIRROS, L.
Nossos feminismos revisitados. Revista Estudos Feministas. N. 02, 1995, p. 458-463.

BLOCH, M.
Apologia da história, ou o ofício do historiador. Rio de Janeiro: Jorge Zahar, 2001.

COLLINS, P. H. & BILGE, S.
Interseccionalidade. 1ª edição. São Paulo: Boitempo, 2021.

CRENSHAW, K.
Documento para o encontro de especialistas em aspectos da discriminação racial relativos ao gênero. Revista Estudos Feministas, Florianópolis, v. 10, n. 1, p. 171-188, jan. 2002.

DAVIS, A.
Mulheres, raça e classe. São Paulo: Boitempo, 2016.

DIAS, M. O. S.
Quotidiano e poder em São Paulo no século XIX. São Paulo, Brasiliense, 1984.

GONZALEZ, L.
Por um feminismo afro-latino-americano; ensaios, intervenções e diálogos. Rio de Janeiro: Zahar, 2020.

NEPOMUCENO, B.
Protagonismo ignorado. In: PINSKY, CARLA BASSANEZI; PEDRO, JOANA MARIA (Org.). Nova História das Mulheres no Brasil. São Paulo: Contexto, 2012.

PEDRO, J. M., FREITAS, I. M. A. & VERAS, E.
Diálogos (Im)pertinentes: As categorias gênero, sexualidade, raça e classe na historiografia brasileira contemporânea. In: REIS, Tiago. Coleção história do tempo presente. v. 1. Boa Vista: Editora da UFRR, 2019. p.95-111.

RIBEIRO, D.
O que é lugar de fala? Belo Horizonte: Letramento, 2017.

RIOS, F. & SOTERO, E.
Gênero em perspectiva interseccional. Plural, Revista do Programa de Pós-Graduação em Sociologia da USP, São Paulo, V.26.1, 1-10, 2019.

SAFFIOTI, HELEIETH.
"Rearticulando Gênero e Classe". In COSTA. ALBERTINA E BRUSCHINI, CRISTINA (org.). Uma questão de Gênero. São Paulo: Rosa dos Tempos e Fundação Carlos Chagas. 1992. p.183-215.

SCOTT, J. W.
"Gênero: uma categoria útil de análise histórica". Educação & Realidade. Porto Alegre, vol. 20, nº 2, jul./dez. 1995.
Experiência. In: DA SILVA, ALCIONE LEITE; LAGO, MARA COELHO DE SOUZA; RAMOS, TÂNIA REGINA OLIVEIRA. Falas de gênero. Santa Catarina, 1999.

THOMPSON, E. P. A
Miséria da Teoria. Rio: Zahar, 1981.

9

CRIME, HONRA E MORAL: AS MULHERES NAS LEIS CRIMINAIS REPUBLICANAS DO BRASIL (1890-1940)

Miléia Santos Almeida

A história das mulheres e das relações de gênero se beneficiou, em sua origem, das articulações teóricas dos movimentos feministas e dos debates em torno de uma "história vista de baixo", que contemplou sujeitos outrora silenciados/as pelas narrativas hegemônicas. No Brasil, não foram poucos os estudos históricos que empregaram a análise de fontes criminais como um horizonte de possibilidades para descortinar discursos, práticas, representações e experiências acerca desses sujeitos. Sobretudo, a partir de meados da década de 1980, as historiadoras feministas brasileiras trilharam tal caminho, ao buscar nessa documentação extremamente permeada por uma perspectiva patriarcal de sociedade, respostas para romper com uma História que privilegiou o masculino como sujeito universal.

Segundo Rachel Soihet, "criatividade, sensibilidade e imaginação tornam-se fundamentais na busca de pistas que permitam transpor o silêncio e a invisibilidade que perdurou por tão longo tempo quanto ao passado feminino" (1998, p. 83). Desse modo, a análise das leis criminais/penais promulgadas no contexto do Brasil Republicano nos enseja a compreensão dos discursos e instrumentos de controle sobre as práticas e experiências das mulheres que viveram sob a égide dessa legislação. Para tanto, é necessário um olhar sobre essas fontes que identifique as assimetrias nas relações de gênero[1] entre homens e mulheres, bem como os recortes de classe e raça inscritos em seus artigos, incisos e capítulos.

Escapa ao propósito deste estudo uma compreensão total das leis penais que vigoraram na primeira metade do século XX no Brasil. Entretanto, tentamos evocar temáticas que sobressaíram em meio a letra fria da lei e se convertiam em discursos e práticas de controle sobre as mulheres. Para tanto, as análises de alguns juristas e comentadores dos códigos, que expressavam os anseios de uma elite intelectual que empreendia um projeto republicano de modernização e moralização da sociedade, complementam a análise dessas legislações.

Sob a pena da lei: os códigos penais da República

Em estudo pioneiro sobre a criminalidade na cidade de São Paulo entre 1880 e 1894, Boris Fausto pontua que "o movimento geral da delinquência e da criminalidade não pode ser explicado, sequer compreendido, "descolado" da formulação e implementação, em conjunturas determinadas, de políticas públicas penais." (Fausto, 2001, p. 11). Nesse sentido, as legislações criminais republicanas, auxiliadas por outros instrumentos normativos, precisam ser compreendidas em seu percurso histórico, assim como através da crítica de seus discursos e interesses socioeconômicos e políticos.

A implantação do regime republicano no Brasil, ao apagar

1 Empregamos aqui a conceituação de gênero de Joan Scott como "uma maneira de indicar as "construções sociais" – a criação inteiramente social das idéias sobre os papéis próprios aos homens e às mulheres." Assim, "gênero", como substituto de "mulheres", é igualmente utilizado para sugerir que a informação a respeito das mulheres é necessariamente informação sobre os homens, que um implica no estudo do outro. (1990, p.7).

das luzes do século XIX, demandou a formulação de uma legislação que amparasse os anseios dessa nova ordem que, na prática, conservava a mesma estrutura socioeconômica advinda da monarquia, porém buscava se legitimar por meio de novos marcos legais. Os debates acerca desses conjuntos de leis perpassariam ainda por grande parte do século XX, mas seria o Código Penal de 1890 o "primeiro compêndio de direito republicano, precedendo em quase um ano a Constituição de 1891" (Caufield, 2000, p.69), somente substituído por um novo código em 1940.

Por sua vez, a abolição oficial da escravidão no Brasil, em 1888, representou um novo momento em relação aos debates raciais no país, que afloravam e demonstravam grande influência das ideias evolucionistas europeias, abrindo espaço para a consolidação da criminologia como área de saber médico e jurídico, e que almejava um status científico próprio. Em Vigiar e Punir, ao dissertar sobre o nascimento da prisão, Michel Foucault analisa o desenvolvimento de instrumentos disciplinares de controle não somente sobre os desvios da lei, mas sobre os comportamentos inscritos nos corpos submetidos à lei.

Sob o nome de crimes e delitos, são sempre julgados corretamente os objetos jurídicos definidos pelo Código. Porém julgam-se também as paixões, os instintos, as anomalias, as enfermidades, as inadaptações, os efeitos de meio ambiente ou de hereditariedade. Punem-se as agressões, mas, por meio delas, as agressividades, as violações e, ao mesmo tempo, as perversões, os assassinatos que são, também, impulsos e desejos. (Foucault, 1987, p.22).

Sob esse viés de análise, o medo das "classes perigosas" oriundas da população brasileira livre e de cor, a preocupação com uma suposta "degeneração da raça" originária do processo de miscigenação no Brasil e a necessidade de controle desses indivíduos demandava novos métodos de vigilância e punição. Além disso, a consolidação da ordem capitalista também exigia corpos disciplinados, pois "o corpo só se torna força útil se é ao mesmo tempo corpo produtivo e corpo submisso". (Foucault, 1987, p.30).

Observamos que o Código Penal de 1890 definia, em seu livro de abertura, "Dos crimes e das penas", entre outras questões, o que se constituiria crime, criminoso e as formas de aplicação das punições. Sob esse viés, evidenciamos dois artigos que compõem o Título I – "Da applicação e dos effeitos da lei penal", e auxiliam na compreensão do papel atribuído as leis penais, bem como a diferença de nomenclatura para a violação delas. O artigo 1 informava "ninguém poderá ser punido por facto que não tenha sido anteriormente qualificado crime, e nem com penas que não estejam previamente estabelecidas". Segundo o artigo 2, "a violação da lei penal consiste em acção ou omissão; constitua crime ou contravenção".

O crime assim como a contravenção está então presumido na vigência da legislação que o proíbe, coíbe e prevê punição. Só existe crime devido a existência da lei. Ao definir o princípio fundamental do sistema teórico da lei penal, Foucault afirma:

> O crime ou a infração penal é a ruptura com a lei, lei civil explicitamente estabelecida no interior de uma sociedade pelo lado legislativo do poder político. Para que haja infração é preciso haver um poder político, uma lei e que essa lei tenha sido efetivamente formulada. Antes da lei existir, não pode existir infração. (Foucault, 2002, p. 80)

Os delitos denominados "contravenções", estavam situados no livro III do Código Penal de 1890 e são definidos como "facto voluntário punível que consiste unicamente na violação, ou na falta de observância das disposições preventivas das leis e dos regulamentos". Tais infrações não seriam mais previstas no código de 1940, em função da dificuldade de defini-las enquanto crime e pela baixa periculosidade oferecida, sendo tratadas apenas por meio do decreto 3.688 de 1941, que excluía contravenções como a mendicância, mas ainda previa outras como a vadiagem. As contravenções representavam assim infrações menores ou tendo consequências consideradas menos graves, por não serem tentativas deliberadas de ferir a legislação, mas a "não observância" dela. Podemos ressaltar, principalmente, que esses delitos diziam respeito às ações de âmbito público, mas que até então não eram criminalizados pelas leis. Outros delitos, de ordem privada, território que só recentemente, com a implantação da república, a legislação[2] passara a atuar, iriam compor o rol de novos delitos.

Nesse sentido, apesar das críticas recebidas pelo código de 1890, por seu viés teoricamente liberal, e um discurso de "igualdade jurídica"[3], seus artigos compreendiam diversos

2 A interferência do Estado na esfera privada também esteve presente no processo da vacinação obrigatória, no Rio de Janeiro do início do século XX. Em nome da saúde pública, utilizando justificativas científicas e com o auxílio da polícia, o poder público invadia os lares e os corpos das pessoas, considerados invioláveis, inclusive pelo Estado, durante o Império. Ao desnudar e tocar os corpos das esposas e filhas, o Estado despertou a fúria da população, não acostumada à intervenção do poder público na esfera privada, em levantes na capital federal, conhecida como Revolta da Vacina. (Hentz, 2013).

3 As críticas destinadas a nova legislação penal estavam diretamente associadas a disputa política e intelectual forjada entre as duas faculdades de direito do Brasil: a faculdade de São Paulo e a do Recife, cujas divergências teóricas incidiam na forma como o ato criminoso era concebido. O Código de 1890 possuía o viés jurídico da Escola Clássica, marcada por concepções mais liberais em relação ao sistema penal e as variantes punitivas, característica da faculdade paulista, onde havia se formado o jurista autor do Código, Baptista Pereira.

dispositivos de controle social. As contravenções penais possuíam um caráter pedagógico para a sociedade da época. Um dos seus principais aspectos se refere a construção de uma ideologia burguesa que objetivava disciplinar as classes populares, direcionando sua atenção para "mendigos, ébrios, vadios e capoeiras". Era uma tentativa das autoridades republicanas de coibir práticas costumeiras da população que estivessem associadas ao período escravista como a capoeira, comumente praticada por ex-escravizados, assim como as que ameaçassem a nova ordem que valorizava o trabalho e punia a vadiagem e a mendicância. "A 'desordem', muitas vezes, ocultava manifestações de resistência dessa gente pobre ante a atitude crescentemente hostil das autoridades policiais" (Fraga Filho, 1986, p.88).

As transformações políticas e socioeconômicas que marcaram as primeiras décadas do século XX, impulsionaram a promulgação de um novo Código Penal na década de 1940, ainda que os embates sobre ele tenham se arrastado pelas décadas anteriores. Diversas foram assim, as propostas de reforma desse conjunto de leis, que só seria substituído por uma nova legislação em 1940. O novo Código foi apresentado originalmente pelo jurista Alcântara Machado, e após ser submetido a uma comissão revisora formada pelos juristas Nelson Hungria, Vieira Braga, Marcélio de Queiroz e Roberto Lyra, sofreu relevantes transformações. Vale ressaltar que fora instituído em pleno contexto do Estado Novo de Vargas no Brasil e do nazi-fascismo na Europa.

Por sua vez, a Faculdade do Recife, mais permeável a influência das doutrinas europeias da criminologia, aderiu as concepções da Escola Penal Italiana e das teorias evolucionistas e do darwinismo social, abrindo caminho para a consolidação de teorias raciais que priorizavam o criminoso e não o crime.

Apesar de apresentar características próprias, o Estado Novo brasileiro teve inegável inspiração europeia. Um traço comum foi a crítica à liberal democracia e a proposta de organização de um Estado forte e autoritário, encarregado de gerar as mudanças consideradas necessárias para promover o progresso dentro da ordem. (CAPELATO, 2001, p.109-110)

Dessa forma, numa conjuntura política autoritária e centralizadora, as legislações formuladas no período carregavam em si a influência de códigos e normas promulgados e outorgados em países europeus sob regimes totalitários, ainda que tais preceitos não fossem exclusivamente de origem nazi-fascista. O autor do Código Penal de 1940, Alcântara Machado, diante das acusações de cópia do Código italiano de 1930 (em vigor na Itália fascista) chegou a admitir a influência dessa legislação para a escrita do projeto de código brasileiro, justificando que considerava Itália "a pátria do direito criminal" (Machado, 1939).

Ainda que o código italiano em questão (Rocco) possuísse viés tecnicista, o Código Penal brasileiro promulgado em 1940, em sua versão original, apresentava algumas influências da criminologia italiana que permeara até então os debates jurídicos e médicos do país, entretanto, tais ideias começaram a entrar em declínio nesse meio intelectual, tendo internacionalmente perdido o prestígio de outrora. Dessa forma, essa nova versão sofrera muitas críticas dos juristas revisores, sobretudo, em função da consolidação de novas perspectivas associadas a um tecnicismo jurídico-penal[4],

4 A insatisfação com as conclusões a que chegaram os teóricos das Escolas Clássica e Positiva fez com que surgisse, na Itália, a chamada Escola Técnico-Jurídica. Em relação à Escola Clássica, repudiava-se a pretensão de estudar um direito penal fora do direito positivo, ou seja, um direito penal diverso daquele consagrado na legislação do Estado. A ideia de que haveria um direito penal absoluto, imutável,

que questionava as premissas da criminologia. Alcântara Machado fora inclusive, membro da Sociedade de Antropologia Criminal, Psiquiatria e Medicina Legal, fundada em 1895, em São Paulo, catedrático da faculdade de direito e, portanto, partidário dessas tendências criminológicas.

> O Código Penal de 1940 que, salvo reformas e alterações através das décadas, permanece em vigor até os dias atuais, apresentou assim, significativas mudanças e, muitas permanências. Entre os novos discursos jurídicos que trazia, um novo olhar sobre a questão da moral se destaca em relação, sobretudo, ao comportamento feminino e o controle de sua sexualidade.

O Código Penal de 1940 foi elaborado em conjunturas sociais e políticas específicas – Estado Novo no Brasil e nazismo no plano internacional. O conceito de moral que se forjou nesse cenários postulava ser o indivíduo regulado sexualmente tanto pelos aspectos pedagógicos como pelos biológicos, e que as regras comportamentais deviam visar a um aperfeiçoamento da raça através do controle da sexualidade. Segundo essa compreensão jurídica da moral, o Estado assumia um papel de destaque no processo de moralização da sexualidade dos indivíduos. (Barbosa, 2019, p.124)

O papel do Estado e sua intervenção para a moralização

universal, cuja origem encontrava-se na divindade, na revelação da consciência humana ou nas leis da natureza, não convencia. Já em relação à Escola Positiva, era considerada inaceitável a intromissão de setores absolutamente estranhos ao direito no desenvolvimento da ciência jurídico-penal. Ciências que eram consideradas auxiliares do Direito Penal não podiam fazer parte do ordenamento jurídico; a sociologia criminal, a antropologia, a política e a história, por exemplo, dispersariam a pesquisa e a sistematização jurídica na heterogênea sociologia. (Gomes, 2014).

da sociedade e consequentemente das mulheres já se redefinia por ocasião do código de 1890 e apresentaria novas nuances em 1940. As ações de controle e punição das práticas desviantes dos padrões que marcavam esses dois períodos estariam estabelecidas nos debates médico-legais e teriam na figura da mulher, enquanto portadora da honra familiar, um de seus principais alvos. As mulheres pobres, que reelaboravam papéis prescritos e normatizados para manutenção de sua sobrevivência não se encaixariam assim, na polarização "honrada/honesta ou pública" estipulada pelas legislações penais.

"Em defesa da honra e da moral": A vigilância sobre o comportamento e controle dos corpos femininos

No que se refere as mulheres, a interferência maior do estado em questões de âmbito privado, empregando conceitos como "honra e moralidade", revelava diversas facetas, desde a imposição de modelos ideais de feminilidade ao controle sobre seu comportamento e sexualidade. O alvo dessa "moralização" era primordialmente, a família de uma forma geral, enquanto instituição que garantiria a concretização do projeto de civilidade republicano. Todavia, aqueles sujeitos e grupos sociais que escapassem desses "papéis normativos" – como a historiadora Maria Odila Dias (1998) bem definiu esses parâmetros –, e caíssem nas malhas da lei, tornavam-se alvo do controle jurídico. Não raro, mulheres pobres e negras, seja por explícita resistência ou por necessária sobrevivência, subvertiam essas legislações e, muitas vezes, utilizavam-se delas em suas táticas cotidianas[5].

5 Em estudo mais completo, do qual este artigo é integrante, analisamos as práticas cotidianas de mulheres sertanejas e sua criminalização nos processos criminais.

Em uma sociedade alicerçada historicamente sobre valores patriarcais e marcada pelas hierarquias de gênero, classe e raça, a vigilância e controle sobre as ações femininas correspondiam a uma necessidade imperiosa para a manutenção desse sistema. O conceito de honra se destacava assim nos discursos e legislações do período como instrumento para a consolidação de uma nação "civilizada", sendo a mulher, enquanto guardiã da família e do espaço privado do lar, a responsável pela preservação desta honra. Os tratados médicos e jurídicos da República, expressando a concepção de uma elite intelectual forjada por esses valores, traziam em seu bojo a normatização dos corpos femininos e consequente criminalização das mulheres que, em suas táticas de resistência cotidiana, se desviavam dos padrões estabelecidos.

Sem a força moralizadora da honestidade sexual das mulheres, a modernização – termo que assumia diferentes significados para diferentes pessoas – causaria a dissolução da família, um aumento brutal da criminalidade e caos social. O que essas elites não percebiam, ou pelo menos não admitiam, era que a honra sexual representava um conjunto de normas que, estabelecidas, aparentemente com base na natureza, sustentavam a lógica da manutenção de relações desiguais de poder nas esferas privada e pública. (Caufield, 2000, p.26).

Nas malhas de uma lei que se pressupunha universal, mas que só se convertia, de fato, em controle e punição quando se referia as classes mais pobres, e diante das tentativas empregadas pelas elites do Brasil de expurgar os males que afligiam uma nação mestiça, foram as mulheres pobres e negras que sofreram na pele os reflexos da imposição de novas legislações. Assim, a análise do papel atribuído a mulher nos Códigos Penais perpassa as concepções da época acerca das normas padronizadas de comportamento e honra moral, concepções que forjavam o projeto das elites para a moralização da sociedade brasileira e civilização dos costumes enquanto formas de controle social.

É válido considerar que os códigos penais de 1890 e 1940, implantados em momentos emblemáticos da história política brasileira, assim como os debates jurídicos que acompanharam a vigência dessas legislações, perpassaram períodos de mudanças consideráveis, embora não estruturais, da condição da mulher na sociedade brasileira, ainda fortemente alicerçada em valores machistas e hierarquias patriarcais de gênero. Portanto, analisar os seus artigos que contemplavam mais diretamente a questão das mulheres diante do crime, bem como as alterações e permanências nos discursos que, ora as culpabilizavam e ora as vitimizavam, pressupõe considerar a historicidade dessas ideias.

A noção de moral permeia discursos ontológicos do campo da ética filosófica, tendo recebido atenção de filósofos/as da Antiguidade à Contemporaneidade, que lhe dedicou volumosos compêndios. Sintetizemos esse complexo conceito na definição formulada por Foucault em História da Sexualidade: o uso dos prazeres:

> Por "moral" entende-se um conjunto de valores e regras de ação propostas aos indivíduos e aos grupos por intermédio de aparelhos prescritivos diversos, como podem ser a família, as instituições educativas, as Igrejas etc. Acontece de essas regras e valores serem bem explicitamente formulados numa doutrina coerente e num ensinamento explícito. Mas acontece também de elas serem transmitidas de maneira difusa e, longe de formarem um conjunto sistemático, constituírem um jogo complexo de elementos que se compensam, se corrigem, se anulam em certos

> pontos, permitindo, assim, compromissos ou escapatórias. (Foucault, 1984, p. 26).

O Código Penal de 1890 cumpre um papel de "moralização e defesa da honra" para a consolidação do novo regime republicano, ao estabelecer um título específico para crimes relacionados a família e sexualidade. Entretanto, o fato de os aspectos da honra sexual individual e relacionados a honra familiar estarem reunidos em um mesmo capítulo não definia muito bem os limites entre eles. No título VIII "Dos crimes contra a segurança da honra e honestidade das famílias e do ultraje público ao pudor", é concedido tratamento individualizado aos crimes de defloramento (art. 267), estupro (arts. 268 e 269), rapto (arts. 270 e 271), adultério ou "infidelidade conjugal" (arts. 279, 280 e 281) e lenocínio (arts. 277 e 278), bem como aos atentados ao pudor (art. 266) e ultrajes públicos ao pudor (art. 282). Alguns delitos estavam intrinsecamente relacionados ao controle da sexualidade feminina, que deveria ser contida e sua castidade preservada enquanto símbolo de uma sociedade civilizada. Todavia, outros estavam mais direcionados ao controle e manutenção da família enquanto instituição zeladora dessa nova moral burguesa.

O conceito de honra, que ganharia novas tonalidades no código penal de 1940, não era uma invenção do código de 1890, pois o termo perpassara todas as legislações do período colonial e imperial brasileiro, desde as Ordenações Filipinas. Com o advento da República, o conceito fora ressignificado para atender aos novos padrões de "civilidade" que previam romper com um passado marcado pela "degeneração do povo", tendo a Europa como modelo. O crime de defloramento fora uma inovação do Código Criminal de 1830 e, previsto no artigo 267 do Código Penal de 1890, como "deflorar mulher de menor idade, empregando seducção, engano ou fraude". Seria substituído posteriormente pelos crimes contra os costumes, que abordaria a dimensão moral com mais ênfase que a questão física da virgindade.

Neste contexto, mesmo que não fosse essa a pretensão dos juristas, o código penal que objetivava normatizar as práticas e relações da população brasileira, vigiando e punindo ações que não se enquadrassem nos padrões e regras preestabelecidas, reforçava o ideal da virgindade feminina como um valor que poderia gerar negociações e conflitos. Deflorar assim seria "tirar a flor", a virgindade de uma mulher, e sua dimensão material associada a relação sexual com penetração e, por consequência a ruptura do hímen, gerou algo conhecido e debatido nos meio s médicos e jurídicos como himenolatria[6].

Duas dimensões da honra perpassavam os debates jurídicos. Uma, de caráter moral associado ao comportamento feminino, presente nos discursos de promotores e advogados, tanto na letra fria da lei quanto no momento excepcional do interrogatório. A outra, de viés material, relacionada a virgindade e controle da sexualidade, destacava-se nas análises de peritos médico-legais. Ambas permeavam também o cotidiano das classes populares e eram assimiladas de formas diferentes por esses homens e mulheres que forjavam sua sobrevivência sob a vigência de outros códigos morais. No código penal, a polarização entre "mulher honesta" e "mulher pública (prostituta)" se fazia presente, sobretudo,

6 Segundo Sueann Caufield "O conhecimento sobre o hímem complacente, no entanto, era restrito aos especialistas, e o ensino da medicina legal era rudimentar até o final do século XIX e começo do XX. Antes da década de 1920, o exame obrigatório de defloramento geralmente avaliava a virgindade a partir de um critério que incluía não somente o estado do hímem [...] como também outras evidências que a medicina legal havia rejeitado, como a flacidez dos seios e dos grandes pequenos lábios". (Caulfield, 2000, p. 76).

no artigo relacionado ao crime de estupro e suas penas. O estupro, diferente do defloramento, não consistia na perda da virgindade, mas a relação sexual com emprego de violência.

Neste caso, a mulher não necessariamente precisaria ser virgem, mas segundo o código, deveria ser "honesta". Em que consistiria ser uma mulher honesta? Os próprios incisos que estipulam as penas respondem ao estabelecer uma pena mais branda se a vítima for "mulher pública ou prostituta". Dessa forma, a violência sexual contra uma prostituta não ameaçava a honra das famílias e talvez não fosse passível de nenhuma penalidade. Para os poderes jurídicos e médico-sanitaristas, a prostituição atribuía o caráter de "mulher pública", cuja proteção pela lei diferia da mulher considerada honesta, reservada ao espaço privado do lar. Sobre isso, o jurista Viveiros de Castro[7] afirma que o crime nem deveria constar nesse capítulo do código, mas enquanto simples contravenção, pois

> Realmente é um absurdo, um contrasenso juridico classificar a violação de uma prostituta entre os delictos que affectam a segurança da honra e a honestidade das familias. A prostituta, a mulher que faz commercio de seu corpo, recebendo homens

7 Jurista ligado à Nova Escola Penal, defensor intransigente das concepções lombrosianas sobre a natureza do homem criminoso, apontado como o maior especialista da época nos chamados crimes de sexo, Viveiros de Castro procurou, de um lado, difundir e explicar as bases teóricas em que se assentava o Direito positivista. De outro lado, ao reforçar o nexo entre crime e comportamento individual e apontar os delitos sexuais como produto da dissolução dos costumes, que colocava, sobretudo, a família sob ameaça de desagregação, introduziu no país um saber médico-jurídico que deveria penetrar todas as instâncias do cotidiano, reconhecendo e opondo condutas "sadias" e "patológicas". (Martins Junior, 2011, p.2688)

> que a pagam, não tem sentimento de honra e de dignidade. Quem della abusa contra sua vontade não lhe prejudica o futuro, não mancha o seu nome, sua reputação. (1987, p.123).

O crime de estupro representava uma ameaça não à integridade física ou ao corpo da mulher, mas a sua honra. E a prostituta, enquanto supostamente desprovida desse valor, não teria uma reputação familiar a zelar, não seria um mal irreparável a ela. Somente com as alterações impostas pelo novo código penal de 1940, excluiu-se esse inciso atenuante da pena em caso de estupro de prostituta, pois os crimes sexuais estariam classificados enquanto "crimes contra os costumes", sendo definido pelo artigo 213 como "constranger mulher a conjunção carnal, mediante violência ou grave ameaça".

Entre as mudanças apresentadas pelo Código de 1940, figurava a separação dos "Crimes contra os costumes" e "Crimes contra a família", proposta pela comissão revisora. Os primeiros eram relacionados ao controle da sexualidade da população, incidiriam sobre a sociedade e a vida pública. Correspondiam aos mesmos capítulos referentes aos crimes contra a liberdade sexual, sedução e corrupção de menores, rapto, lenocínio e tráfico de mulheres, e ultraje público ao pudor. Já os demais corresponderiam a delitos circunscritos ao espaço privado, envolvendo casamento, estado de filiação, assistência familiar, pátrio poder e tutela.

Na legislação de 1940, o crime de defloramento deixou de existir com esse nome, embora dois artigos do título VI "Dos Crimes contra os costumes" assemelham-se a ele, com algumas diferenças: A "posse sexual mediante fraude" e o crime de "sedução". É possível observar que os conceitos de "honestidade" e "virgindade" ainda coexistiam no novo código. Nos comentários de Victor Gonçalves ao código penal prevalece a noção da virgindade enquanto ausência de cópula com penetração, embora a presença do hímen não seja obrigatória. Sobre a honestidade, a noção de honra sexual ainda se fazia presente, ao afirmar "a jurisprudência exige também que a vítima seja honesta e de bons costumes" (Gonçalves, 2011, p.16).

Em seu livro acerca das experiências, discursos e práticas referentes a sexualidade infanto-juvenil em Salvador, de 1940 a 1970, Andrea da Rocha R. P. Barbosa identifica uma profunda semelhança entre os dois crimes acima. Segundo ela,

Esta semelhança pode ser percebida quando observamos a ideia, concebida no crime de sedução, de que a mulher pode ser convencida a praticar ato sexual devido a sua suposta inocência. Tal concepção presume implicitamente a existência de uma fraude. Além disso, a lei estabelece que a mulher supostamente seduzida deve provar, não somente que antes do sexo sexual era virgem, como também que mantinha um comportamento condizente com sua propagada inocência, ou seja, deve ser considerada, pela comunidade com quem convive, uma "mulher honesta". Entretanto, a exigência da virgindade da vítima para o crime de sedução distancia este crime do anterior, que não estabelece este critério. (Barbosa, 2019, p.133)

Ainda que os elementos de "fraude e sedução" que eram, juntamente com o "engano", requisitos do crime de defloramento previsto no código penal anterior, pudessem aproximar os delitos dos artigos 215 e 217 do novo código, as dimensões moral e material estavam devidamente distinguidas. Entretanto, mesmo com a ênfase na honra moral, a virgindade física perpassava constantemente os comentários e debates jurídicos, assim como a própria prática médico-legal nos exames de corpo delito. Além disso, a questão da idade estava devidamente assinalada em ambos os artigos para se distinguir do crime de estupro que também abrangia as relações sexuais com menores de quatorze anos.

Crimes de sangue: Passionalidade e maternidade nos códigos penais

Os crimes de homicídio e infanticídio correspondiam, respectivamente aos capítulos I e II, artigos 294 e 298 do título X dedicado aos "Crimes contra a segurança de pessoa e vida", no código penal de 1890. Por sua vez, no código de 1940, são os artigos 121 e 123 que estão presentes no título I da parte especial[8], compreendendo os "Crimes contra a pessoa", especificamente o capítulo 1 "dos crimes contra a vida". Seriam assim os crimes em que um indivíduo suprime a vida de outro, o conduzindo a morte, podendo haver atenuantes ou agravantes.

No volume V dos comentários ao Código Penal de 1940, em que Nelson Hungria[9] analisa esses crimes, o jurista se refere ao homicídio como "crime por excelência", pois seria

8 A parte especial divide-se em onze títulos: I Dos crimes contra a pessoa; Dos crimes contra o patrimônio; Dos crimes contra a propriedade imaterial; Dos crimes contra a organização do trabalho; Dos crimes contra o sentimento religioso e contra o respeito aos mortos; Dos crimes contra os costumes; Dos crimes contra a família; Dos crimes contra a incolumidade pública; Dos crimes contra a paz pública; Dos crimes contra a fé pública; Dos crimes contra a administração pública.

9 Um dos mais reconhecidos penalistas brasileiros, Nelson Hungria nasceu em 1891, em Minas Gerais, tendo se formado pela Faculdade Livre de Direito do antigo Distrito Federal, em 1909. Desempenhou as funções de promotor público na cidade de Pomba, em Minas Gerais, e dedicou-se a advocacia criminal em Belo Horizonte. Em 1922 fora delegado de polícia no Rio de Janeiro e em 1924 tornou-se pretor mediante concurso. Foi juiz de direito (1936), desembargador (1944), e em 1951 ocupou o cargo de ministro do Supremo Tribunal Federal.

por si mesmo uma violação ao senso moral da civilização. Todavia, o estabelecimento de atenuantes como "paixão e emoção" na legislação para justificar possíveis perturbações dos sentidos, permitiu que se forjasse o conceito de "homicídio passional". Na legislação, não existia a previsão para esse crime, mas as brechas deixadas pela atenuação da pena, convergiam para a naturalização de sua existência na aplicação da lei penal. Hungria, entretanto, discorda que seja possível um crime como o homicídio envolver sentimentos amorosos. Segundo ele,

> Comumente, quando se fala em homicídio passional, entende-se significar o homicídio por amor. Mas, será que o amor, esse nobre sentimento humano, que se entretece de fantasia e sonho, de ternura e êxtase, de suaves emoções e íntimos enlevos, e que nos purifica do nosso próprio egoísmo e maldade, para incutir-nos o espírito da renúncia e do perdão, será, então, que o amor possa deturpar-se num assomo de cólera vingadora e tomar de empréstimo o punhal do assassino? Não. O verdadeiro amor é timidez e mansuetude, é resignação, é conformidade com o insucesso, é santidade, é auto-sacrificio: não se alia jamais ao crime. (Hungria, 1979, p.52)

Prossegue, em discurso inflamado, chegando a parafrasear "Otelo", de Shakespeare, para afirmar que o "passionalismo" seria uma deturpação do amor, e é para ele, "o despeito do macho preterido" e "a vaidade da fêmea abandonada". Nessa descrição, o jurista coloca como possíveis autores de um crime passional homens e mulheres. Todavia, ao final de sua exposição, deixa explícito que havia a exceção dos "maridos traídos" que, na defesa de sua honra, poderia dar cabo da vida da esposa e/ou do amante. Nada menciona, no entanto, acerca da mulher vítima de adultério, afinal este só se constituiria como justificativa válida quando a esposa era a acusada do crime. Como pontua Alessandra Rinaldi:

> Os profissionais dos campos jurídico e médico-legal construíam a ideia de que a noção de honra ultrajada, elaborada por alguém que foi vítima de adultério, e o ciúme poderiam gerar "crimes passionais". A noção que tinham era a de que, diante de "traições" ou do ciúme de um parceiro amoroso, os indivíduos seriam invadidos por um sentimento que lhes causava, temporariamente, sensações semelhantes às dos portadores de lesões cerebrais. Partia-se da visão de que esses indivíduos tornavam-se criminosos em um momento de "paroxismo emocional". (2015, p. 60)

Ainda assim, já havia esse outro pensamento jurídico e médico, que questionava o argumento da passionalidade. Susan Besse, em estudo sobre a campanha contra assassinatos de mulheres no país entre as décadas de 1910 e 1940, destacou a emergência de uma preocupação social com os chamados "crimes da paixão" estimulada, sobretudo, pelo olhar dos médicos higienistas e juristas reformadores. Porém, segundo a autora,

> Por trás do problema manifesto – os assassinatos de mulheres – encontra-se uma preocupação social maior – a consolidação de uma ordem burguesa, estável, moderna. Isto, por sua vez, requeria a imposição de padrões modernos e higiênicos de vida sexual e familiar que pudessem garantir a estabilidade da família nuclear hirerárquica. Uma vez que a

> legitimidade e a estabilidade da família deixaram de ser uma questão pública, os alertas sobre os crimes da paixão desapareceu. (Besse, 1989, p.195)

Havia assim um interesse muito maior de garantir a manutenção de uma moral burguesa civilizadora para as famílias no processo de consolidação da jovem ordem republicana, do que de oferecer proteção às mulheres vulneráveis as violências.

Ainda no rol dos crimes "contra a vida", os artigos referentes ao infanticídio em ambos os códigos penais, ao lado dos de crimes sexuais, podem ser considerados como os dispositivos legais que mais imprimiram papéis normativos de gênero relacionado a honra feminina e, mais especificamente, a questão da maternidade. Segundo o código de 1890, era definido como "matar recemnascido, isto é, infante, nos sete primeiros dias de seu nascimento, quer empregando meios directos e activos, quer recusando a victima os cuidados necessários à manutenção da vida e a impedir sua morte". Ressalta que se o crime for perpetrado pela mãe "para ocultar a desonra própria" a pena poderia ser reduzida em quase um terço da duração.

É interessante observar como a questão da honra está presente no texto, pois existe um abrandamento da pena no caso de a mãe cometer o crime em função de preservar sua moral, ou "ocultar a desonra". Os juristas que defendiam a manutenção do atenuante da honoris causa asseguravam que a ocultação de sua desonra aos olhos da sociedade poderia ser justificativa para tal ato. Contudo, para as mulheres pobres, sozinhas ou sem recursos financeiros para serem mães, e ainda submetidas a uma moral mais branda, vislumbravam o infanticídio como alternativa de sobrevivência. Sobre isso, Michelle Perrot informa

> O infanticídio, praticado sobretudo, em situação de sedução que cria o perigo do nascimento ilegítimo, é o recurso das camponesas, jovens, sozinhas, na maioria das vezes criadas no campo ou na cidade, que, tendo procurado dissimular a gravidez sob as pesadas dobras da saia ou do avental, ou tentando "livrar-se" da criança com a prática de exercícios violentos, veem-se literalmente coagidas a mata-las para preservar a honra. (Perrot, 2003, p.18)

Por sua vez, o Código Penal de 1940 excluiu de seu artigo 123 a menção a honra da mãe e passa a incluir como fator atenuante o "estado puerperal", definindo infanticídio enquanto o ato de "matar, sob a influência do estado puerperal, o próprio filho, durante o parto ou logo após". O alcance dos estudos médicos acerca do puerpério chegava assim, às formulações jurídicas, entretanto, não foram de imediato aplicados pelos executores da lei.

A tendência das leis no decorrer da História, em relação aos crimes de aborto e infanticídio foi apresentar maior especificidade no que se refere a criminalização da mulher, ainda que trouxesse punições penais menores. Ao definir o infanticídio enquanto delito decorrido do estado puerperal, a legislação considera a mulher como única possível autora do crime, ainda que no código anterior a questão da honra familiar estivesse diretamente relacionada a honra feminina. Em seus comentários, Hungria questionava a influência do estado puerperal no psiquismo da mulher após o parto e explicitava que o juiz deveria requerer um laudo de perito médico-legal confirmando o estado da parturiente. Demonstrando insatisfação com a nova legislação, o jurista enfatizava que a cláusula de honoris causa do crime de infanticídio deveria ter permanecido aliada a causa bio-psiquíca.

Conclusão

Analisar os códigos penais brasileiros, compreendendo-os como documentos da cultura que são também documentos da barbárie, transmitidos de um vencedor a outro, como nos ensinou Walter Benjamin (1996), requer a tarefa de "escovar a história a contrapelo", para identificar as tentativas de controle sobre os corpos e comportamentos femininos presentes no projeto de "moralização" da sociedade brasileira. Os códigos não foram feitos para dar visibilidade ou romper silêncios sobre as mulheres, mas para controlar e vigiar suas ações, seus comportamentos, suas experiências. No entanto, a presença das mulheres se faz concreta e intensa como alvos reais do projeto moralizador do governo republicano.

A jovem república brasileira (em suas fases militar, oligárquica e varguista), apesar de seus anseios de modernização forjados pela elite política e intelectual, permanecia arraigada às estruturas sociais e econômicas monárquicas e, temia as classes populares e a ameaça que representavam para a consolidação da "ordem e progresso". O crime era assim, um desvio bastante perigoso para a estrutura frágil daquela sociedade. Como pontua Sidney Chalhoub, ao investigar o cotidiano dos trabalhadores cariocas nas primeiras décadas republicanas,

> No discurso dominante, o mundo da ociosidade e do crime está à margem da sociedade civil – isto é, trata-se de um mundo marginal, que é concebido como imagem invertida do mundo virtuoso da moral, do trabalho e da ordem. Este mundo às avessas – amoral, vadio e caótico é percebido como uma aberração, devendo ser reprimido e controlado para não comprometer a ordem. (Chalhoub, 1986, p.78)

Por sua vez, o código de 1940 traria em seus debates as tensões raciais que marcaram aquelas décadas posteriores ao fim da escravidão e contemporânea a consolidação de um pensamento intelectual médico e jurídico de cunho eugênico e racista. Sobre as mulheres, se consolidava os preceitos medicalizantes em disputa com as abordagens morais, ambas normatizadoras do comportamento feminino. Se como anunciou Heleieth Saffioti (2013) "o direito patricarcal impregna o Estado", categorias como honra e moral, bem como seus correlatos foram fundamentais para manutenção dessa estrutura. Faziam parte do vocabulário jurídico que expressava a imperiosa aspiração de controle sobre os corpos, as vidas e os destinos das mulheres. Porém, a interpretação e execução da lei e as muitas táticas femininas de escapatória e apropriação desses códigos já são uma outra história.

Referências

ANDRADE, B. S. A. B.

Entre as leis da Ciência, do Estado e de Deus: o surgimento dos presídios femininos no Brasil (1930-1950). Dissertação (Mestrado em Antropologia Social) – Faculdade de Filosofia e Ciências Humanas, Universidade de São Paulo, São Paulo, 2011.

BARBOSA. ANDREA DA ROCHA RODRIGUES P.

A História (quase) secreta: Honra e sexualidade infanto-juvenil na cidade do Salvador, 1940-1970. Salvador. Sagga, 2019.

Benjamin, Walter. Magia e Técnica, Arte e Política: ensaios sobre literatura e história da cultura. São Paulo: Editora Brasiliense, 1996.

BESSE, SUSAN K.

"Crimes passionais: a campanha contra os assassinatos de

mulheres no Brasil: 1910-1940", Revista Brasileira de História, vol. 9, n. 18, São Paulo, ago./set.1989.

CAPELATO, MARIA HELENA.

O Estado Novo: o que trouxe de novo? In. FERREIRA, JORGE; DELGADO, LUCILIA DE ALMEIDA NEVES (Orgs.). O Brasil Republicano: o tempo do nacional-estatismo. Rio de Janeiro: Civilização Brasileira, 2001.

CASTRO, V.

Os delictos contra a honra da mulher: Adulterio. Defloramento. Estupro. A sedução no Direito Civil. Rio de Janeiro: Montenegro, 1897.

CAULFIELD, SUEANN.

Em defesa da honra: Moralidade, modernidade e nação no Rio de Janeiro (1918-1940). Campinas, SP: Editora da Unicamp, Centro de Pesquisa em História Social da Cultura, 2000.

CHALHOUB, S.

Trabalho, Lar e Botequim: o Cotidiano dos Trabalhadores no Rio de Janeiro da Belle Époque. São Paulo, Brasiliense, 1986.

DIAS, M. O. L. S.

Hermenêutica do quotidiano na historiografia contemporânea. Projeto História, São Paulo, n. 17, p. 223-258, 1998.

FAUSTO, B.

Crime e cotidiano: a criminalidade em Sao Paulo (1880-1924). 2.ed Sao Paulo: Edusp, 2001

FOUCAULT, M.

A verdade e as formas jurídicas. Rio de Janeiro: NAU, 2002.

Vigiar e punir: história da violência nas prisões. Petrópolis (RJ): Vozes, 1987.

História da Sexualidade: o uso dos prazeres. Rio de Janeiro: Edições Graal, 1984.

FRAGA FILHO, W.
Mendigos, moleques e vadios na Bahia do século XIX. São Paulo/Salvador: Hucitec, 1996.

GOMES, M. G. M.
O tecnicismo jurídico e sua contribuição ao Direito Penal. Revista Liberdades. Publicação do Instituto Brasileiro de Ciências Criminais, nº 15 - janeiro/abril de 2014.

GONÇALVES, VICTOR EDUARDO RIOS.
Dos Crimes Contra os Costumes aos Crimes Contra a Administração. São Paulo: Editora Saraiva, 2011.

HENTZ, ISABEL. C.
A honra e a vida: Debates jurídicos sobre aborto e infanticídio nas primeiras décadas do Brasil republicano (1890-1940) - Dissertação de mestrado, Universidade Federal de Santa Catarina, Florianópolis, SC, 2013.

HUNGRIA, NELSON.
Comentários ao Código Penal. vol V. Rio de Janeiro: Forense, 1979.

MACHADO, ALCÂNTARA.
O projeto do código criminal perante a crítica. São Paulo: Revista dos Tribunais, 1939.

MARTINS JUNIOR, C.
Saber Jurídico, Criminalidade e Controle da Sexualidade na "República dos Bacharéis". Congresso Internacional de História, set./2011, p.2688-2698.

RINALDI, A. A.
A sexualização do crime no Brasil: Um estudo sobre criminalidade feminina no contexto de relações amorosas (1890-1940). Rio de Janeiro: MAUAD X: FAPERJ, 2015.

SAFFIOTI, H.
A mulher na sociedade de classes. São Paulo: Expressão Popular, 2013

Schwarcz, L. M.
O espetáculo das raças: cientistas, instituições e questão racial no Brasil 1870-1930. São Paulo: Companhia das Letras, 1993.
Scott, J.
Gênero: Uma categoria útil para análise histórica. Educação e Realidade, Porto Alegre, v. 16, n. 2, p. 5-22, jul./dez. 1990.
Soihet, R.
História das mulheres e história de gênero: um depoimento. Cadernos Pagu. Campinas, São Paulo, nº 11, p. 77-83. 1998.

10
UMA GAROTA PELA QUAL VALE A PENA LUTAR: UMA ANÁLISE COMPARATIVA DAS CANÇÕES DE MULAN (1998) NA VERSÃO ESTADUNIDENSE E BRASILEIRA

Lunielle de Brito Santos Bueno

Princesa, fada e heroína ou bruxa, madrasta má e vilã? As representações de mulheres nos contos de fadas, nos romances e no cinema, em geral, por muito tempo, permearam tais configurações sem que fossem questionadas por grande parte do público e dos próprios produtores dessas obras de arte. O estúdio norte-americano Walt Disney Animation Studios foi um dos grandes propulsores das representações desses estereótipos, justamente por contar com a roteirização de contos de fadas já consagrados na literatura e em outras produções audiovisuais. No processo de roteirização, o contexto histórico e as questões internas da própria produtora, bem como os agentes envolvidos nessa produção, adaptaram e ressignificaram todas as personagens para a construção de sentido e identificação junto ao público infanto-juvenil. Todavia, nos anos de 1990, as mulheres dentro das animações da produtora em questão, passam a ser representadas sob um novo prisma: donas de novos lugares, novas camadas sociais, novas culturas e novos modi operandi dentro da narrativa das animações

Assim, pode-se dizer que se a Disney pensou uma temática geral comum a todas as canções de Mulan, ou melhor, na maior parte das canções que conversam com toda a narrativa visual, sonora e dublada da animação, essa temática se centra nos papéis sociais de gênero.

Sejam canções associadas aos papéis femininos ou aos papéis masculinos; ou canções que envolvem a necessidade de se conhecer, nas esferas interpessoal e intrapessoal, em vistas a não se enquadrar no papel que, em tese, a protagonista deveria cumprir dentro de uma sociedade patriarcal e tradicional; todas elas tratam das questões de gênero que envolvem direta ou indiretamente a personagem principal.

Mulan foi dirigida por Tony Bancroft e Barry Cook e produzida, pela primeira vez, unicamente por uma mulher, Pam Coats. A trilha ficou sob responsabilidade de Jerry Goldsmith, Matthew Wilder e David Zippel, sendo esses dois últimos os letristas. A tradução para língua portuguesa no Brasil ficou sob responsabilidade do dublador e tradutor Manoel Garcia Júnior.

A inimiga exótica: a categoria gênero e representação como aspectos basilares de análise

A categoria "gênero" está presente em grande parte da atual produção dos estudos atuais de diversas áreas. Gênero pode ser definidos como "toda e qualquer construção social, simbólica, culturalmente relativa, da masculinidade e da feminilidade. Ele define-se em oposição ao sexo, que se refere à identidade biológica dos indivíduos" (BELLIN, 2011, p. 5).

Entretanto, apesar das formulações universais e amplas do conceito, não seria inocente de minha parte ignorar as questões raciais, de classe, étnicas, sexuais e afins que poderiam implicar diretamente nas discussões acerca do gênero? Acredito que sim, e, por conseguinte, penso gênero não com o intuito de naturalização do conceito, sem refletir sobre as questões identitárias, mas sim como um agente de intersecção com diversas modalidades de identidades constituídas discursivamente, e, a partir disso, há a impossibilidade de separar gênero das questões políticas e culturais nas quais é produzido e sustentado.

Segundo Raewyn Connell e Rebecca Pearse, pensar gênero enquanto uma estrutura em si é parte fundamental a todas as pesquisadoras e pesquisadores dos estudos de gênero. Gênero abrange corporificação social, sexualidade, relações políticas, culturais, econômicas que precisam ser compreendidas enquanto categoria que opera em um contexto, interagindo com outras dinâmicas da vida social (Connell & Pearse, 2015, p. 177).

Ademais, de acordo com Teresa de Lauretis, "as concepções culturais de masculino e feminino como duas categorias complementares formam, dentro de cada cultura, um sistema de gênero, um sistema simbólico ou um sistema de significações que relaciona o sexo a conteúdos culturais de acordo com valores e hierarquias sociais" (DE LAURETIS, 1994, p. 211). Pode-se compreender que os sujeitos se configuram e constroem a partir das múltiplas representações culturais e sociais que formulam seus seres como a sociedade os percebe, entende e qualifica. Tais representações formam o sistema de gênero de forma que ser representado, ou se representar, como "homem" ou "mulher" já presume a "totalidade dos atributos sociais associados a homens e mulheres" (De Lauretis, 1994, p. 214).

Assim, opto pela Teoria das Representações Sociais, postulada por Moscovici (1978) como uma categoria de análise teórica para embasar a investigação dos estereótipos de gênero nas canções de Mulan. As representações sociais "[...] intervêm em processos variados, tais como a difusão e a assimilação dos conhecimentos, o desenvolvimento individual e coletivo, a definição das identidades pessoais e sociais, a expressão dos grupos e as transformações sociais" (Jodolet, 2002, p, 22). Constato, então, que a noção de representação é um campo estruturado de significações, saberes e informações. Entretanto, é importante destacar que a representação social, além de ser estudada como campo estruturado, também pode ser compreendida como núcleo estruturante, no qual o campo é abordado como campo semântico, "conjunto de significados isolados por meio de diferentes métodos de associações de palavras" (Arruda, 2002, p. 132). Trata-se, então, de compreender não só os elementos centrais, mas também os periféricos e suas estruturas elementares que formam o cerne do sistema da representação em torno dos quais ele se organiza como um sistema constituído.

As condições da produção das representações sociais são parte fundamental das possibilidades de interpretação e produção de sentido que os grupos atribuem aos objetos representados, na qual "toda representação é representação de alguém" (Jodolet, 2002, p. 31), ou seja, a representação de todo e qualquer objeto nasce no sujeito.

Portanto, tendo como base tanto as discussões de gênero, quanto a ferramenta da Representação Social, cabe uma integração dos campos do saber, a saber a Psicologia Social (promotora do conceito e de discussões elementares da ferramenta colocada) e da Historiografia e Estudos Sociológicos (com os debates de gênero) para um maior desenvolvimento da pesquisa e da problemática em questão.

Algumas questões que vinculam gênero a representação social são extremamente importantes, a saber, (i) as teorias não surgem desligadas das realidades concretas, mas em estreita sintonia com elas, a exemplo do categoria gênero, estruturado nas entranhas do movimento feminista; (ii) as teorias não se consolidam harmonicamente nas áreas em que se inserem, mas em conflito com elas, estabelecendo um certo dissenso nessas áreas; (iii) as mesmas vivem um período de latência entre o surgimento das ideias embrionárias, o desenvolvimento de sua aplicação e o advento da consequente visibilidade - no caso do gênero, o conceito, remodelado pelo pensamento feminista nos anos 1980 (Arruda, 2002, p. 123).

Diante de tais formulações, as teorias de gênero e a TRS[1] criticam o binarismo que antepõe "natureza e cultura, razão e emoção, objetivo e subjetivo, pensamento e ação, ciência e senso comum" (Arruda, 2002, p. 137). Ambas, juntas, podem afirmar a importância das "dimensões subjetiva, afetiva, cultural na construção do saber e nas ações humanas, e a importância de considerá-las na construção do conhecimento e no fazer científico" (Arruda, 2002, p.137). Isso se dá a partir da proposta de teorias relacionais, em que, para conhecer, há a necessidade de estabelecer relação entre o tema/objeto e o seu contexto. Como bem escreveu Arruda (2002, p. 137), "gênero é uma categoria relacional, na qual, ao se levar em conta o gênero em presença, também se consideram as relações de poder, a importância da experiência, da subjetividade, do saber concreto".

Assim sendo, estudar gênero é estudar as implicações políticas e sociais no campo cultural. Os conceitos de práticas e representações são frequentemente utilizados pelas pesquisadoras e pesquisadores da área para compreender como os gêneros, tanto mulher, quanto homem, ou ainda os fluídos, são colocados dentro dos diversos campos: nos discursos políticos, nos discursos fílmicos, nos discursos oficiais da saúde, nos discursos psicológicos, midiáticos e afins. As práticas que cercam o 'ser mulher' e 'ser homem' socialmente construídos, frutos de uma cultura tradicional e patriarcal, hoje são vistas como alvos de desconstrução e

1 TRS, i.e., Teoria da Representação Social.

análise, graças às pesquisas antropológicas, sociológicas e históricas acerca de ações e reações naturalizadas.

Hua Mulan: Adaptação e Ressignificação dos roteiros

A coleção de contos à qual pertencia Hua Mulan originalmente se perdeu. No entanto, preserva-se hoje uma versão posterior, incluída em uma antologia de poemas líricos e baladas compilada por Guo Maoqian, no século XI ou XII. A Balada de Mulan mais antiga conhecida consiste em 31 versos e é composta principalmente de frases de cinco caracteres chineses. A lenda de Mulan foi escrita com muitas variações, mas a trama é sempre a mesma: Mulan estava tecendo roupas quando soube que o exército estava recrutando novos soldados. Para salvar seu velho e enfermo pai, Huan Hu, ela decidiu ser recrutada como seu "filho". Ela sabia que seu pai era velho demais e doente demais para sobreviver à guerra, então decidiu se disfarçar de homem para ir no lugar dele.

Apesar das variações na canção que foram feitas ao longo dos séculos (Wang & Liu, 2012), o que se repete delas é que Mulan era filha de Huan Hu. Este foi recrutado para o exército imperial. Contudo por estar velho, Mulan se veste com sua armadura de soldado e se alista nas tropas como filho dele. Mulan vai às batalhas, carregando a espada de seus ancestrais, lutando e cavalgando durante 12 anos. Ela ganha prestígio e recusou todas as recompensas que lhe foram dadas, preferindo voltar para a sua casa e rever sua família. No período da guerra, Mulan teria conhecido o oficial Jin Yong por quem se apaixonara. Este, em uma das versões, descobriu que seu companheiro era, na realidade, uma mulher e sonhava em se casar. Com o tempo, outros soldados também descobriram a verdade da identidade de Mulan, ainda em batalha.

Em uma dessas versões, Mulan se expõe com roupas femininas durante a batalha e acaba sendo bem recebida por todos os seus colegas com muito respeito e admiração. Com a vitória, o imperador pede para conhecer o herói do qual tanto falavam e, surpreso com o fato de ser uma mulher, lhe concede um cargo imperial. Como em todas as outras narrativas, Mulan recusa a recompensa e volta para a sua casa. Ainda há outra versão na qual ao retornar, Mulan descobre que seu pai tinha falecido e sem seu pai e sem seu par romântico Jin Yong, Mulan comete suicídio (Wang & Liu, 2012, p. 186-187).

A moral de boa parte das histórias em que se conta sobre a vida de Mulan é de que mais honrado é o guerreiro que não se importa com méritos, mas sim luta por amor. No caso, o amor que leva a mulher a ir para a guerra é o amor ao seu pai. Na cultura chinesa a palavra Mulan é sinônimo de bondade e perseverança e até os dias atuais é uma personagem bastante utilizada em textos, ilustrações narrativas fílmicas e de quadrinhos.

A narrativa histórica se passa na dinastia Wei do norte chinês, mas algumas alterações de sua lenda foram acrescidas no reinado da dinastia Tang, de 620 da Era Comum. O fundador da dinastia Tang venceu o general do sul Wang Shichong. Também venceu o líder rebelde Dou Jiande e, em algumas narrativas, conta-se que o líder Tang também venceu batalhas contra uma guerreira sem nome. Assim, a lenda de Hua Mulan passa a ser reconstruída e adaptada em uma nova localidade e sob novas formas: Mulan é uma personagem plural que varia de narrativa para narrativa mesmo antes da Disney dar sua versão.

Entre os séculos IV e V, a China foi alvo de ataques de grupos étnicos nômades que ameaçaram durante 200 anos o governo imperial central. Apesar do conflito, do despreparo e do número inferior do exército, não há registros de que mulheres tenham se alistado para ajudar em batalhas. A guerra contra esses grupos nômades durou cerca de aproximadamente três séculos e afetou partes do Império chinês. Então, a ideia de uma mulher que se tornara guerreira e lutava em nome da China, de acordo com alguns estudiosos, servia como uma base de apoio e inspiração para os demais soldados. Assim, as primeiras narrativas de Mulan podem ter surgido por conta dessa necessidade histórica.

Desde a dinastia Shang, de 1500 Antes da Era Comum, a sociedade chinesa procurava praticar certos costumes passados de geração em geração. A maioria da população, entre as dinastias Tang e Ming, viviam em pequenos ou grandes vilarejos. A filosofia confucionista, que data do século VII Antes da Era Comum, ditava que as mulheres, por terem uma natureza inferior a dos homens, com características como ciúmes, mesquinhez e destempero, precisavam domar os seus instintos e se tornarem educadas. O processo de educação se dava por suas famílias e por alguns círculos sociais para que elas conseguissem desempenhar, com perfeição, tanto as tarefas domésticas quanto os afazeres de uma boa esposa, papéis esperados para essas mulheres.

Além disso, a pureza sexual deveria ser mantida e, por isso, casavam-se dos 16 até os 20 anos de idade. Ora casada, a esposa passava por uma fase de teste de aproximadamente quatro meses e, se não agradasse o marido, nem a família deste, era repudiada e trazia desonra para a sua casa, pois seria sinônimo de que não a educaram com firmeza. Seu status se elevava após se tornarem mães, sobretudo de filhos homens. A liberdade feminina variava conforme as dinastias. Quando o budismo indiano e a filosofia do taoísmo começaram a ser inseridos na sociedade chinesa, a liberdade das mulheres passou a se transformar significativamente.

A próxima aparição do conto de Mulan aconteceu no final da Dinastia Ming. Em 1593, o dramaturgo Xu Wei dramatizou a lenda sob o título de *A Mulan Feminina* ou *A Heroína Mulan Vai à Guerra no lugar de Seu Pai*. Era uma peça de teatro em dois atos. A última das versões mais importantes da Balada foi incorporada ao Romance Sui-Tang, um romance histórico escrito por Chu Renhuo, no século XVII. Assim, o conto popular sobre a mulher guerreira Hua Mulan permaneceu vivo na memória dos chineses.

Dito isto, historicamente, no século IV ou V, uma mulher se alistar ao exército era inconcebível. Contudo o disfarce de homem daria a condição de possibilidade de conseguir passar despercebida. Se existiu uma guerreira chamada Hua Mulan, que vivera nos anos de 386-557 Antes da Era Comum, não posso afirmar. Mulan se trata de um retrato de muitas décadas, a meu ver, com o intuito de incentivar homens em batalha e acender a chama da esperança e dos ideais tradicionais à população chinesa.

Uma noiva mais que exemplar traz mais honra a todas nós? O debate de gênero pelas canções

Apesar de algumas semelhanças com o poema histórico, o estúdio Disney adaptou a história com a finalidade de que se conectasse ao público espectador, principalmente ocidental, e com as demais narrativas dienayanas: Mulan é filha única, sua parentela se resume aos pais e uma avó, figura bastante importante dentro da tradição cultural chinesa. Mulan é a desonra da família, pois não consegue ser uma boa noiva: reprovada pela casamenteira, pelas mulheres de sua família e, sobretudo por seu pai, Mulan tem uma crise de identidade que a leva, instintivamente a ir no lugar de seu pai à guerra, combinado ao fato dele estar velho e debilitado. Porém, a crise de identidade é o estopim para tomar tal decisão devido ao fato de que, se Mulan fosse uma boa candidata a noiva, teria outro homem o qual se preocupar que não seu próprio pai.

Durante o primeiro arco do filme, há um investimento da família Fa para que Mulan seja bem-sucedida em seu teste de "boa noiva" com a casamenteira. Seu pai diz "contamos com você para honrar nossa família". Contudo, é a figura da mãe e, principalmente da avó, que pressionam Mulan para se tornar a noiva perfeita e agradar a casamenteira. O real interesse em se casar não é, de fato, o interesse pura e simplesmente para as mulheres da família Fa. A honra que Mulan traria para a sua família, recairia principalmente na figura de seu pai como aquele que ensinou a o caminho reto a se seguir. Isto é, a pressão familiar para que Mulan se case é tão grande que a mesma, atuando no papel de "boa filha" – e essa característica a acompanhará até o fim da narrativa fílmica – convence-se, submersa no que a Disney apresenta como lógica tradicional da sociedade chinesa, de que só conseguirá dar honra a família sendo aprovada pela casamenteira.

A primeira canção a qual se passa quando Mulan se prepara para o encontro com a casamenteira, que é entoada pela mãe da heroína, pela avó e pela dona do estabelecimento ao qual preparam essas noivas, mostra aos espectadores e espectadoras elementos importantes de papéis sociais que são impostos às mulheres. Obediência, trabalho ágil, ser gentil, são características procuradas em mulheres para que elas possam ser consideradas boas noivas, segundo a canção.

Porém, nota-se que a canção em letra inglesa parece mais indelicada e cheia de escárnio com "estereótipos" não só de gênero, mas étnicos que a versão brasileira. Por exemplo, no começo da canção na versão inglesa traduzida diz: "Nós vamos virar a orelha desta porca em uma bolsa de seda. Nós vamos te lavar e secar, preparar e polir até você brilhar com orgulho. Confie na minha receita para noiva instantânea"[2], já na versão brasileira o mesmo trecho diz: "Um banho perfumado e vai ficar bem! E então vai estar pronta para encontrar seu par, uma noiva mais que exemplar". Isto é, enquanto na versão original Mulan é chamada de porca em seu estado natural e comparada a um objeto como a bolsa de seda após a preparação como noiva, que até será polida para brilhar, na versão portuguesa, apesar do processo ser opressor e obrigatório para as mulheres jovens, dentro da narrativa animada, as mulheres mais velhas parecem ser mais brandas em sua fala com a protagonista.

A canção continua e a versão original diz que "Meninos ficarão felizes em ir para a guerra por você"[3], enquanto na versão brasileira, a tradução foi "Virá um bom rapaz que não tem vício algum". Nesses dois trechos, percebe-se que a primeira canção tenta se conectar ao contexto chinês projetado pela Disney para esta animação, enquanto na versão brasileira, tanto por uma questão de rima, quanto por uma questão de contexto social, optou-se por acrescentar um "padrão" ideal de bom noivo: um homem sem vícios.

Outra distinção importante das duas versões é o apelo estético que as noivas devem ter. Apesar dos atributos morais e virtudes requeridas serem enunciadas em ambas as canções, quando a versão original diz que uma boa noiva tem que ter "Que trabalha em ritmo acelerado, com boa criação e uma cintura fina"[4], a versão brasileira muda para "Ter vigor, com bons modos e com muito amor". A meu ver essa mudança

2 No original: We're gonna turn this sow's ear/ Into a silk purse/ We'll have you washed and dried/ Primped and polished 'til you glow with pride/ Trust my recipe for instant bride.

3 Em inglês: Boys will gladly go to war for you.

4 No original: who work fast paced/ With good breeding/ And a tiny waist.

tem como base o público-alvo das animações da Disney, que no Brasil da década de 1990 era infanto-juvenil e nos Estados Unidos era do infantil até jovens adultos. Além disso, há um apelo romântico na versão brasileira para o casamento arranjado e a preparação da noiva, enquanto na versão inglesa o desgosto e a falta de liberdade que Mulan está tendo nesse momento é visível. Essa falta de liberdade e perda de identidade da protagonista a fim de se casar na versão inglesa ajuda o público a simpatizar com a heroína, em vistas a esses dois valores serem muito importantes culturalmente para os norte-americanos, bem como ajudam a construir um estereótipo conservador e sufocante da cultura chinesa.

Não há uma reflexão de que, talvez, boas noivas possam não ter essas características. Apesar da canção ser entoada positivamente pelas mulheres mais velhas e ser recebida com estranheza por Mulan que, a protagonista, mesmo não concordando com aquelas características e não tendo as características de uma boa noiva, quer ser uma boa noiva para honrar a sua família e não passar vergonha. Além disso, mesmo se tratando de uma canção do final do século XX e com os debates feministas chegando às mídias, ainda é uma música que pode mobilizar o imaginário social das mulheres, e dos homens, que assistem a naturalizarem essas características e esses valores como comuns e necessários.

A canção tenta tornar natural que uma mulher só pode trazer honra para a sua família se ela se casar com um bom partido, assim como um homem pode trazer honra a sua família se for um bom guerreiro, também o imperador traz honra à China por ser sábio e a figura suprema do Império.

Nesta mesma canção vê-se também que o incentivo da família de Mulan, principalmente em se tratando das mulheres, é de que ela deva exibir seus objetos e suas características femininas com orgulho, como por exemplo, a conta de jades, que em português foi substituído por pérolas por uma questão cultural, sua cintura afinada, seu rosto maquiado, sua juventude e afins.

Apesar das outras noivas que passarão pela casamenteira no mesmo dia que Mulan parecerem calmas e tranquilas, até mais enquadradas socialmente no papel de boa noiva, chamo a atenção para a canção entoada quando elas vão se apresentar a casamenteira. Apesar das ações ficarem restritas a última seção deste subtópico, trago ela para analisar gênero, pois há uma frase emblemática entoada por todas as noivas que dizem: "mais assustadora que o agente funerário; estamos conhecendo nossa casamenteira"[5]. Ou seja, não só Mulan, mas todas as outras pretendentes estão assustadas com esse novo passo social dado por elas.

Em português, esse trecho diz "assustadas e em fileira vamos à casamenteira". A motivação desse susto pode ser diversa, isto é, Mulan está assustada porque percebe que não é uma boa noiva e justamente por isso anota as características de uma boa noiva em seu braço ou porque tem medo da nova relação a ser construída. Ou seja, a heroína não tem naturalizado em sua mente e em seus valores as características de uma boa noiva. Contudo, outras noivas, inclusive a própria Mulan, podem estar assustadas, pois serão retiradas do seio familiar, da parentela, e se reunirão a família de seu noivo. Há uma mudança social e familiar drástica para essas jovens mulheres.

Contudo, na versão inglesa a comparação não é apenas com um estado de espírito assustado, mas de ir ao encontro com a morte, pois quem conhece o coveiro ou é porque está enterran-

5 Em inglês: Scarier than the undertaker/ We are meeting our matchmaker.

do alguém ou por que está morto e, se é tão assustador quanto conhecer o coveiro seria equivalente ao encontro de morte.

Assim, percebe-se que, pelo menos, para Mulan, na versão original, o encontro com a casamenteira representa a morte para ela. Mas morte de quê? Morte de sua liberdade, morte de sua identidade, morte de seus valores e de seu jeito de perceber a vida e levá-la. Até mesmo morte em relação ao seu relacionamento familiar pois, em um momento da narrativa ela diz que espera que os ancestrais mantenham seu pai firme para que a linhagem da família genealógica também se mantenha firme. Isto pois, ao se casar, Mulan sairia da casa de seus pais para viver na casa de seu marido e, então, deixaria de ser parte da família Fa.

É interessante notar que, neste trecho da canção, percebe-se que é o homem que consegue continuar a linhagem familiar. O homem sustenta a tradição geracional e sustenta a cultura familiar, pelo menos na representação da China pela Disney.

Assim como nas representações e nas canções clássicas da Disney, as princesas tinham alguma relação com as flores ou os animais, mostrando-se virtuosas, belas e juvenis. Nesta primeira canção, apenas na versão inglesa, Mulan é associada a flor de lótus: pois em sua maquiagem ela deveria parecer pálida e suave. Esse elemento de fazer uma maquiagem que pinte o seu rosto de branco é uma prática cultural da China, como já mencionado. Todavia, a associação com a flor vai para além desse background cultural: quando se usa o termo suave, relacionado a mulheres, incitando que essas devem ser delicadas como flores, revela uma das características de ser uma boa noiva e, por conseguinte, uma característica do papel de mulher idealizado e esperado pela sociedade. Essa, representada pela China, mas que diz muito mais dos Estados Unidos que do local representado na tela.

Além de serem boas noivas, as mulheres deveriam ser ensinadas a serem boas mães, pois quando se trata de função histórico-social dos gêneros dentro da sociedade, as mulheres que cantam são claras: o imperador nos protege dos hunos; os homens vão para o campo de batalha e as mulheres dão filhos. Essa é a função social primordial e final de uma mulher dentro da sociedade representada pela Disney. Ela só deve ser uma boa filha se ela se tornar uma boa noiva e, como consequência, se tornar uma boa esposa é ser uma boa mãe.

Os passos dados pelas mulheres nessas representações são sempre em prol de uma outra pessoa, geralmente sendo essa pessoa um homem. Honradas seriam as mulheres que tivessem filhos homens, por, no mínimo, três motivos: (i) o exército precisaria deles e (ii) eles continuam nas casas dos pais e (iii) eles continuam a linhagem da família. Ou seja, mulheres deveriam se submeter aos homens para serem consideradas honradas e a sua honra também depende de um homem que ou a educa, ou a sustenta, ou nasce dela.

Assim, mesmo que em tom de pintar o oriente como arcaico e obsoleto com tais ideias – e aqui sou eu defendendo a hipótese de que a Disney constrói um oriente sem os valores liberais e democráticos dos Estados Unidos – indiretamente fala de sua especialidade e temporalidade nessas representações, bem como, numa camada superficial, exalta personagens etnicamente diferentes, mas ao mesmo tempo ou elas educam o homem ocidental ou carregam em si valores que a própria Disney construiu como estadunidense – como mulheres inteligentes e espertas, que não necessariamente têm o sonho de se casar.

É importante notar que historicamente, o ritual de entrevista com a casamenteira que Mulan, e todas as mulheres da China, têm de passar não existia na China feudal. Ao incluir esse ritual da casamenteira, o filme coloca Mulan contra as rígidas tradições da cultura Chinesa, mesmo que essa cerimônia não está inclusa no texto original, ou mesmo em toda a China (Giunta, 2018, p. 159)

Isto é, a visão que a Disney coloca do oriente, em Mulan, tem como base um estereótipo pautado na ignorância da pluralidade das culturas orientais. A prática de se procurar uma casamenteira é típica de países como a Índia, por exemplo. Colocar tal prática como algo comum às mulheres chinesas ajuda na construção de preconceitos e, até mesmo, de horror entre as 'mulheres libertárias ocidentais' da vida que as 'mulheres engessadas orientais' são obrigadas a viver. Claro que, ao se estudar essas fontes, depara-se com um mundo representado a partir da ótica dos criadores estadunidenses que, com interesses bem delimitados, inseriram elementos narrativos com um propósito. Porém, o público espectador ao assistir tal elemento e assimilar como 'naturalizado' na China, não reflete e nem pesquisa se o que foi projetado na tela tem bases históricas ou não. Constato, assim como outros pesquisadores e pesquisadoras, que a Disney se tornou uma das maiores produtoras de informação que foi assimilada como histórica no mundo.

Ademais, Mulan é colocada como filha única justamente para dar mais ênfase a dramática decisão e situação em que a protagonista se encontra: nela se encontra a única condição de possibilidade de honra para a família. Sem irmã mais nova para ser uma boa noiva e sem irmão mais novo para ser um bom soldado, cabe a ela sê-lo e, no caso, a narrativa a leva a ser um bom soldado, contrariando o que culturalmente estaria destinado a ela.

Porém, Mulan, que também quer ser uma boa noiva, não se motiva para sê-la por acreditar que seja o melhor para si, mas por acreditar que seja o melhor para a sua família, em especial para seu pai. A protagonista é a única filha e, além de ser a única, é uma mulher. Assim, a única forma dela honrar seu pai e, por extensão sua família, é se casando. Portanto, pode-se perceber a diferença de pensamento e de motivação volitiva das ações de Mulan e das mulheres de sua família, pois, se por um lado, as mulheres da família creem que esse seja o melhor caminho que uma mulher, dentro daquele contexto temporal e espacial, pode seguir, Mulan, por sua vez, crê que esse seja o melhor caminho, não para ela, mas para trazer honra a sua família.

Sobre o casamento, a intencionalidade do pai de Mulan em relação a este é um tanto dúbia. Na narrativa, ele demostra querer a honra familiar a partir do casamento, porém também busca compreender a vontade de Mulan e querê-la feliz. Porventura, é ele quem consola Mulan quando o teste de ser uma boa noiva é fracassado, comparando-a com as flores da cerejeira que desabrocham no tempo certo, simbolicamente relacionadas à feminilidade na China.

A segunda canção, tanto na versão inglesa quanto na versão brasileira, refere-se ao descontentamento de Mulan consigo mesma ao notar que não se enquadra no papel social que fora destinado a ela. Mulan não é uma boa noiva segundo esses padrões sociais; não é uma boa filha segundo o que se espera das filhas mulheres das famílias e, não se enquadra e não quer se enquadrar naquilo que foi projetado para sua vida. Ela tentou ser uma boa filha e tentou ser uma boa noiva. Porém, nessas condições que foram delimitadas, daquilo que seria considerado boa filha e boa noiva, a protagonista não consegue performar.

A canção tem um tom de reflexão interna sobre aquela que ela quer ser e aquela que ela é de verdade. Na canção Mulan diz que, se ela se mostrasse como verdadeiramente é para a sua família, quebraria o coração deles. Em outras palavras, a protagonista não corresponde aos padrões tradicionais do que se espera de uma boa filha e, aparentemente, até então, a heroína viveu a partir de uma construção de uma persona, uma máscara para se representar para a família e para os demais, como se carregasse os valores e atitudes que não a satisfaziam, que não eram tomadas por sua expressão interna do eu e sim por aquilo que ela percebia que agradaria a expressão do externo.

Nota-se que nesta canção há um jogo interessante de palavras e visualidades de reflexos de Mulan na água e em objetos de culto ancestral no qual ela não se reconhece no reflexo pois, ela própria é uma pessoa que sabe até certo ponto quem ela é, mas, concomitantemente, não se conhece suficientemente bem. Assim, a heroína parecer viver uma lógica social onde não há espaço para autoconhecimento e autoafirmação dentro do seio familiar. Ela vive uma vida constante de mentiras e vestida de noiva, Mulan sabe que não se enquadra naquele papel, projetada como boa filha dentro dos padrões tradicionais e projetada como uma boa mãe caso venha se casar, ela sabe que não almeja dar tal passo em sua vida.

Após o malsucedido encontro com a casamenteira, Mulan diz que "a perfeita esposa jamais vou ser, ou perfeita filha"[6], desistindo de suas características por não se encaixar no padrão de boa noiva e encerrando o primeiro arco do filme descontente com sua falta de habilidades de uma boa esposa e/ou boa filha. É importante destacar que muito desse estigma do que uma boa esposa ou uma boa filha deve ter diante das figuras masculinas de sua vida ainda é patente, não só na sociedade chinesa, mas nos Estados Unidos na década de 1990, no Brasil e, com algumas ressalvas, no mundo contemporâneo em diferentes localidades. Muitos homens preparam e são preparados a esperar certas condutas de suas esposas

6 Em inglês: Look at me/ I will never pass for a perfect bride/ Or a perfect daughter.

ou filhas, atribuindo determinados papeis que deveriam ser cumpridos exclusivamente por elas, como se o "ser mulher", naturalmente, englobasse esses papeis.

Na terceira canção entoada, principalmente, por Shang, nota-se a insistência deste em ensinar aos integrantes de seu exército como serem verdadeiros homens. Homens, a partir da visão de Shang, são ágeis, fortes, misteriosos, violentos e, acima de tudo, são bons guerreiros. Porém, o exército é composto por aquilo que ele chama de 'garotas', pois os homens que se alistaram ao exército são desajeitados, fora de forma, não muito inteligentes, fracos e medrosos. Shang chega a dizer que os soldados não estariam prontos para ir a uma batalha e, conforme canta, ele desiste de tornar aqueles componentes do exército em "homens", pois eles parecem não levar jeito para o sê-los.

Enquanto a canção original diz: "Vamos ao que interessa para derrotar os hunos! Eles me mandaram filhas, quando eu perguntei por filhos? Vocês são o grupo mais triste que eu já conheci, mas vocês podem apostar antes de terminarmos, senhores, vou fazer de vocês homens!"[7], a versão brasileira diz: "Vamos à batalha, guerrear, vencer! Derrotar os hunos é o que vai valer. Vocês não são o que eu pedi, são frouxos e sem jeito algum. Vou mudar, melhorar um por um".

Ao comparar os dois trechos, nota-se que a versão inglesa é construída com base num estereótipo do "ideal" masculino e machismo explícito. Para diminuir os homens de seu exército, os compara com filhas, dizem que formam um grupo "triste", no sentido de dar desgosto e termina a estrofe dizendo que irá transformá-los em homens. Já a versão

7 No original: Let's get down to business/ To defeat the huns!/ Did they send me daughters/ When I asked for sons?/ You're the saddest bunch I ever met/ But you can bet before we're through/ Mister, I'll make a man out of you!

brasileira, que não deixa de ser machista, foi traduzida de forma a abrandar o peso das palavras inglesas e tornar velado uma visão tradicional de homens vinculados ao exército. Em vez de compará-los com filhas, diz que eles não são o que ele (Shang) pediu e a única palavra de mais peso na estrofe, em relação a estereótipos de gênero, é o adjetivo "frouxos", que se relaciona a covardia ou passividade que não seriam características consideradas boas para homens.

É claro que nessa canção de Shang, em nenhum momento, realmente se crê que aqueles personagens não sejam homens. Todavia, não são homens viris, de acordo com a visão de Shang, suficientes para serem bons soldados. Isto é, eles não correspondem ao ideal de masculinidade que o comandante espera de homens que se alistam no exército.

Esse ideal de masculinidade da canção, possui algumas características positivas, para o exército vermelho que, de certa forma, deveria ser para todo/a e qualquer membro/a do exército, independentemente do seu sexo biológico ou de sua escolha de gênero. Com exceção da violência que, em certa medida, é desnecessária, a força, a destreza, a inteligência e preparo físico são características importantes para qualquer ser humano que se alista ao exército e vai para uma guerra.

Entretanto Shang está num contexto o qual apenas homens poderiam se alistar ao exército e, sendo por machismo e/ou divisão de papéis sociais tradicionalmente, expõem e reforçam o patriarcado. Ademais, a canção é entoada por um homem que corresponde ao ideal de masculinidade para os homens que deveriam corresponder a esse mesmo ideal.

Nesse sentindo, é importante ressaltar que Mulan, ao final da canção, corresponde a todos os elementos que são colocados como os de um homem ideal: ela ganha força, domina as artes marciais, pesca, escala montanhas, corre, tem boa mira e afins. Ou seja, Mulan travestida de Ping se torna um homem dentro do modelo ideal restrito ao ambiente do exército.

Porém, ao espectador e a espectadora que acompanham os acontecimentos, sob um ponto de vista externo, e tem uma visão geral do que se passa, sob o ponto de vista de diversos personagens, há uma reflexão possível de que tais características de ser um homem não necessariamente são as de um homem, mas de seres humanos que estão em um determinado grupo social ou carreira.

A última canção após Ping se tornar um homem, é a do percurso rumo à guerra. Nesta, a principal diferença entre uma canção e outra se centra no desejo dos soldados. Enquanto na original os soldados querem uma garota pela qual vale a pena lutar, e nesse fato, inclui até perder sua própria vida para protegê-la e proteger seu país, na versão brasileira, menos drástica, os soldados querem alguém para quem voltar, como um incentivo, os homens anunciam que terá alguém esperando a sua volta. Essa, se conecta com uma frase da primeira canção, em inglês, entoada pelas mulheres mais velhas da família de Mulan, na qual elas dizem que por ela ser bonita, um homem se sentirá honrado de ir para a guerra por ela e, em contrapartida, a esta última canção é a correspondência, a partir das representações masculinas, do ato de ir à guerra por uma mulher.

As descrições das mulheres que valem a pena ir à guerra são múltiplas e variam de acordo com o personagem: enquanto o conselheiro do imperador descreve o que alguns soldados acreditam ser sua mãe, como uma mulher única e singular se comparada às demais, Yao descreve uma mulher que admira suas cicatrizes de guerra, suas histórias, sua força e sua habilidade física. Em suma, uma mulher que exaltará sua vivência e seu corpo. Por outro lado, Ling espera uma mulher que seja bonita e que goste de sua carreira no exército, que se encante com sua lábia e o ache bonito e, por fim, Chien Po deseja encontrar uma mulher que saiba cozinhar muito bem sem se importar com a aparência de seu par.

Ao ser intimado para cantar, Ping expõem que seria interessante ter uma mulher inteligente que fale o que pensa como um par. Entretanto os demais soldados rejeitam essa ideia e completam dizendo que não faz sentido ter uma mulher assim ao lado.

Nessa canção, o que pode ser visto é um certo padrão de mulher a se casar que corresponde com o padrão desejado pela família de Mulan na primeira canção: uma mulher bela, com uma aparência agradável, que saiba cuidar de seu marido, como por exemplo cozinhar para ele, que aumente a autoestima desse homem e que viva em prol desse soldado.

A mulher desejada por esses soldados é aquela que espera ao portão pela vinda de seus heróis feridos de guerra e que o admire por ter ido à guerra, por sua coragem e bravura. Tal mulher deve satisfazê-los em todos os sentidos e ela deve ocupar, em certa medida, o espaço materno na vida desses: cuidando, alimentando, incentivando, elevando a autoestima e afins. Tais características foram naturalizadas na figura da mulher ideal a espera do herói de guerra. Em outras palavras, a mulher pela qual vale a pena ir à guerra é a mulher que cuida de homens, tendo filhos ou não.

Conclusão

Em suma, as canções do filme Mulan trazem elementos dignos de análise. Em primeiro lugar, o papel de "boa filha" desempenhado pela personagem principal, tanto ao tentar ser uma boa noiva, quanto ao se vestir de homem e ir à guerra no lugar de seu pai. Em segundo lugar, na maior parte da narrativa, não há romance; as canções são quase todas voltadas para estereótipos e papeis sociais de homens e mulheres. Em terceiro lugar, a discussão pertinente durante a narrativa fílmica não é mais o romance, como foi nas animações clássicas, mas sim identidade e gênero, fio condutor esse que influencia a construção e tradução das canções (Davis, 2015, p. 198-199).

Mulan, ao longo da narrativa fílmica, procura estabelecer uma identidade própria diante das imposições sociais e seu querer, bem como procura honrar seu pai, ser uma boa filha sem deixar de cultivar suas qualidades, diferenciadas do "padrão" e alcança-a quando, sendo mulher, consegue lutar e mostrar suas melhores habilidades: coragem, inteligência e estratégia.

O discurso das canções de Mulan, não apenas apresenta determinadas representações de feminilidade ou masculinidade, mas produzem e constroem tais representações (Rael, 2018, p. 169-170). Consequentemente, afirmar os efeitos que tal construção e apresentação têm em seus espectadores é um terreno arenoso. Todavia, tais representações, de viver um tipo específico de masculinidade e feminilidade, tocam os imaginários de quem cresceu assistindo tais animações.

Referências

Arruda, A.

Teoria das representações sociais e teorias de Gênero. Cadernos de pesquisa, s.v., n. 117, 2002, p.127-147.

Bellin, G. P.

A crítica literária feminista e os Estudos de Gênero: um passeio pelo território selvagem. Fronteira Z. Revista do Programa de Estudos Pós- Graduados em Literatura e Crítica Literária da PUC-SP. n. 7. São Paulo: PUC-SP, dez, 2011.

Connell, R. & Pearse, R.
Gênero: uma perspectiva global, tradução e revisão técnica de Marília Moschkovich. São Paulo: nVersos, 2015.

Davis, A.
Good Girls & Wicked Witches: Women in Disney's Feature Animation. 3ª ed. EUA: John Libbety Publishing, 2015.

Giunta, J. V.
"A Girl Worth Fighting For": Transculturation, Remediation, and Cultural Authenticity in Adaptations of the "Ballad of Mulan". SARE: Southeast Asian Review of English, Vol. 55, n. 2, 2018, p.154-172.

Jodelet, D.
As representações sociais: um domínio em expansão. In. Jodelet, D. *et al.* (org..) As representações sociais. Rio de janeiro: Eduerj, 2002.

Lauretis, Teresa de.
A tecnologia do Gênero. In. Hollanda, H. B. (org.). Tendências e Impasses. O feminismo como crítica da cultura. Rio de Janeiro: Rocco, 1994.

Mulan.
Direção: Tony Bancroft e Barry Cook. Produção: Pam Coats. Walt Disney Pictures,1998, VHS, [DVD 2010], 87 min, cor.

Rael, C. C.
Gênero e sexualidade nos desenhos da Disney. *In*: Louro, G. L. *et al.* (org.). Corpo, gênero e sexualidade: um debate contemporâneo na educação. 9ª ed. Petrópolis: Vozes, 2018.

Wang, F. & Liu, X.
A Corpus-Based Comparative Study of Translators' Styles: Focuing on Five Versions of the Ballad of Mulan. Journal of Guangxi University for Nationalities (Philosophy and Social Science Edition), v. 34, n. 2, 2012, p. 182-188.

11
A SEXUALIDADADE, EM MICHEL FOUCAULT, E A HONRA E HONESTIDADE FEMININA NAS LEIS PENAIS BRASILEIRAS

Camila de Moraes Mota

Para Michel Foucault, filósofo francês, a sexualidade nada mais é que um dispositivo histórico que tem por função intervir na organização das sociedades ocidentais. E ao lidar com a sexualidade como este dispositivo histórico, Foucault buscou situar historicamente as formações discursivas que aparatam e dispositivam a sexualidade, ou seja, passam a tecer:

> [...] a grande rede da superfície em que a estimulação dos corpos, a intensificação dos prazeres, a incitação ao discurso, a formação dos conhecimentos, o reforço dos controles e das resistências encadeiam-se uns aos outros segundo estratégias de saber e poder. (Foucault, 1997, p. 116-117)

Sendo assim, há uma percepção, por parte dele, de que a sexualidade está ligada a várias questões outras que não somente ao corpo e ao ato sexual em si e isto, seguramente, amplia a nossa compreensão da mesma. Ainda que através de *A História da Sexualidade - A Vontade de Saber*, de Michel Foucault, tenhamos uma abordagem que, de certa forma, se situa nos séculos XVIII e XIX, enquanto historiadoras e historiadores precisamos assumir todo o panorama histórico como um processo lento e gradual. E, reconhecidamente este é um processo que aparenta ter se espraiado também no Brasil.

A hipótese repressiva

Reconhecidamente importante para os estudos sobre sexualidade, o livro I da História da Sexualidade, A Vontade de Saber (1976), tem como ponto de partida as inquietações de Michel Foucault para com a famigerada "pudicícia vitoriana", ou seja, discursos que davam conta de uma noção do sexo e da sexualidade encerrados em quartos e no casamento e, portanto, reservado e em "crescente repressão" na Era Vitoriana (1837-1901). Este conjunto de visões, noções e ideias é aquilo que ele se refere como a "hipótese repressiva" (Foucault, 1997, 9;11;16).

Michel Foucault apontou que, no século XX, persistia a ideia e a interpretação de que a norma durante o século XVIII era a da repressão e do pudor quanto ao sexo e que as barreiras relativas a ele naquele momento ao qual ele era contemporâneo eram heranças diretas de temporalidades anteriores, de outros momentos. A hipótese repressiva nada mais é, deste modo, que uma visão do século XIX por parte do século XX como sendo aquele em que não se admitia a natureza do sexo e cada vez mais falava-se menos e repreendia-se mais.

O autor, entretanto, contesta a hipótese repressiva.

Este momento ao qual Foucault se refere é o desenvolvimento das sociedades industriais, quando a Europa fervilhava com suas cidades cada vez maiores e mais populosas, um dos picos do poder econômico das burguesias europeias. A forma como tais processos e discursos se interligaram de certa forma, originaram o saber e a perspectiva sobre o sexo no século XX.

Peter Sterns, o historiador norte-americano, apresenta um panorama europeu entre os séculos XVI e XVIII salpicado por nascimentos ilegítimos (bastardia); aumento da atividade sexual fora do casamento por jovens, que inclusive iniciavam sua vida sexual mais cedo, em consequência, inclusive, da puberdade que também passou a acontecer mais cedo (causado, por sua vez, pelas alterações drásticas no estilo de vida seguindo o trilho das mudanças econômicas da Revolução Industrial); e também pela disseminação e distribuição crescente de material pornográfico, como artigos de literatura explícita (Sterns, 2010).

Sterns sugeriu que tais fatos formaram a base dos três eixos (economia, cultura e nutrição) essenciais para o que ele considera como uma primeira revolução sexual, que passou, no entanto, a ser intensamente "combatida" pelo que ele trata por vitorianismo: um conjunto de práticas e valores que defendiam uma "tradição e uma respeitabilidade" (Sterns, 2010, p. 137;157) quanto à prática sexual, à reprodução e à saúde.

Sobre a forma como se dava tais práticas havia um:

> [...] reconhecimento, ora implícito, ora explícito, de que a mera repetição de fórmulas tradicionais provavelmente não funcionariam em um ambiente cada vez mais urbano, em que não apenas a autoridade da comunidade, mas em muitos casos também a liderança religiosa estavam sendo rejeitadas ou ignoradas (Sterns, 2010, p. 157-158).

Retornar a um estágio anterior ao que a sociedade vitoriana se encontrava, e por anterior devemos entender como menos moderno, seria no mínimo ineficaz para lidar com os problemas que se manifestavam e o que deveria ser feito era unir a tradição, moral e religiosa, e o conhecimento, principalmente médico, a fim de adquirir ferramentas úteis para alcançar uma ordem sexual. E conclui que com representantes da classe médica "martelando na tecla de que muitas práticas sexuais tinham efeito na saúde e na moralidade" se obteve como resultado gradual e duradouro uma colocação do sexo nos holofotes e uma medicalização deste, o que "duraria muito mais que o próprio vitorianismo" (Sterns, 2010, p. 158).

O processo a que Michel Foucault se dedicou e sobre o qual nos debruçaremos a seguir, para Peter Sterns, aconteceu na forma como grupos conservadores buscaram moralizar as famílias. O que ele chama de "vitorianismo": um conjunto de medidas (isoladas ou não) voltadas a conter avanços e práticas sexuais. Sterns aponta inclusive que não havia um só vitorianismo e, de forma alguma, suas pregações foram seguidas por todos, principalmente nas classes trabalhadoras, onde os homens permaneciam como sendo os mais suscetíveis ás relações sexuais pré-maritais, mas que, de qualquer forma, alcançou alguns dos seus objetivos. Para além das resistências, de maneira geral, este vitorianismo foi o grande responsável por gerar novos aspectos socioculturais no Ocidente.

Para Sterns:

> O debate da sexualidade, ainda que velado, em nome do decoro, foi uma característica básica da vida ocidental do século XIX. Ajudou a dividir classes sociais. Inspirou aspectos fundamentais da educação dos filhos nas classes médias. Desempenhou papel crucial nas definições do gênero estabelecendo diversas restrições para as mulheres respeitáveis, bem como padrões difíceis também para os homens, que muitas vezes eram obrigados a, simultaneamente, mostrar refreamento no âmbito no âmbito de sua

> própria classe e, de outras maneiras, dar mostras de capacidade e façanhas sexuais (Sterns, 2010, p. 171).

Os pontos defendidos por Peter Sterns, diretamente ligados à ideia que Michel Foucault dedicou-se a argumentar como sendo exatamente o contrário do que se afirmava aos quatro cantos, nas mais diversas áreas de estudo, até então, sobre a sexualidade na Era Vitoriana: o que ocorria era, na verdade, a profusão e capilarização de discursos, por meio dos mais diversos vetores: medicina, justiça, igreja.

E, indo além, ele dedicou-se também, ou principalmente, a entender qual não seria a ironia se, enquanto falava-se tanto e com tanta frequência sobre a repressão do sexo, fala-se também sobre o sexo, ou seja, como o próprio afirma, em sua análise: "A questão que gostaria de colocar não é por que somos reprimidos mas, por que dizemos, com tanta paixão, tanto rancor contra nosso passado mais próximo, contra nosso presente e contra nós mesmos, que somos reprimidos?" (Foucault, 1997, p. 15).

Sendo assim, o autor não pretendia dedicar-se a origem em si dos discursos sobre o sexo no século XX, mas às condições de produção, de manufatura, dos discursos sobre o sexo. Porém, ele destaca, que "tem por objetivo muito menos mostrar que essa hipótese é falsa, do que colocá-la numa economia geral dos discursos sobre o sexo no seio das sociedades modernas a partir do século XVII" (Foucault, 1997, p. 17).

O ato metodológico é, deste modo, o de inverter a ordem e não necessariamente avaliar os discursos, mas situá-los e contextualizá-los historicamente. Entender o que se afirmava categoricamente sobre o sexo já no século XX também é parte do discurso e que "tem sua função local e tática numa colocação discursiva, numa técnica de poder, numa vontade de saber [...]" (Foucault, 1997, p. 19). Isto é, o que se falava no século XX acerca do sexo e da sexualidade do século XVIII ou XIX e sua repressão, é em si um discurso e, deste modo, possui seus elementos geradores. Entretanto, o que enuncia este discurso? Para Foucault, em síntese, é mais importante entender a existência de um discurso sobre sexualidade do que avaliar se este é verdadeiro ou não.

Os elementos fundamentais para o estabelecimento da chamada hipótese repressiva se desenham no estudo foucaultiano, principalmente, através da ideia da "explosão discursiva" (Foucault, 1997, p. 23): a presença abundante de discursos e enunciações remetendo ao sexo e às praticas sexuais em contrapartida à censura, controle de onde, quando e como devia-se falar sobre o sexo. Porém, ele aponta:

> [...] o essencial é a multiplicação dos discursos sobre o sexo no próprio campo do exercício de poder: incitação institucional a falar do sexo e a falar dele cada vez mais; obstinação das instâncias de poder a ouvir falar e fazê-lo falar ele próprio sob a forma de articulação explícita [...] (Foucault, 1997, p. 23)

Logo, tornar a sexualidade como elemento de construção da subjetividade. Articula-se, de tal maneira, o falar sobre o sexo diretamente com a confissão: ato de apresentar regularmente às autoridades episcopais os desejos e os pecados da carne. Prática que remete diretamente a doutrina e à fé cristã e parece ter se mostrado essencial para as transformações que se vivia naquele momento.

Falar sobre o sexo e a lei penal brasileira

Inquéritos e/ou consultórios transformavam-se em confessionário, ou não necessariamente transformavam-se, mas se ramificavam, ao mesmo tempo, que se percebe como "confidência sutil ou interrogatório autoritário, o sexo, refinado ou rústico, deve ser dito". Responsabilizando a centralização da confissão nas sociedades ocidentais ao Concílio de Latrão, em 1215, Foucault considera que tal ritualização fomentou a busca pela produção da verdade nos séculos que se seguiram e a "confissão da verdade se inscreveu no cerne dos procedimentos de individualização pelo poder". Deparamo-nos aqui com outro conceito reconhecidamente essencial para a filosofia foucaultina: o poder (Foucault, 1997, p. 39; 67)

A confissão se manifesta, portanto, como aquela que ao produzir uma verdade, evidencia as relações de poder entre o confessor e aquele sobre quem ou para qual se confessa e, deste modo, "a instância que requer a confissão, impõe-na, avalia-a e intervem para julgar, punir, perdoar, consolar, reconciliar". O confessar se torna elemento primordial dentro das relações de poder recortadas pelo sexo, pela sexualidade. O padre, o delegado, a mãe, o juiz. A verdade do sexo é costurada combinada às tramas das relações recortadas pelo poder (Foucault, 1997, p. 39; 70).

O espírito do século XIX amálgama o positivismo e as heranças discursivas católicas e, como supracitado, o confessionário se amplia e manifesta-se em outros sítios, do consultório médico à sala da delegacia. Assim, em cinco passos, Foucault indicou como, aos poucos, a confissão desenvolveu-se de modo à cientificizar-se, ou seja, tornar-se aquilo que denomina como scientia sexualis ou a ciência sexual (Foucault, 1997).

Primeiro passo, o fazer falar; segundo passo, o sexo enquanto causa das mais diversas condições físicas e psicológicas; em terceiro, a latência entre aquilo que se manifesta e o que se esconde, mas que deve ser dito não importando como; quarto, a interpretação como produtora de verdade e, finalmente, o quinto passo, pela medicalização das consequências (Foucault, 1997, p. 46). Através destes estágios, segundo o francês, aperfeiçoou-se a construção dos sujeitos cuja sexualidade manifestada é considerada periférica, ou seja, aqueles que não se apresentam como as sexualidades consideradas, naquele momento, normais (homossexuais, frígidas, ninfomaníacas, entre outros). Tratam-se daqueles cuja sexualidade não tinha o direito ao segredo e à reserva. Para Foulcault:

> [...] o que se interroga é a sexualidade das crianças, dos loucos, dos criminosos; é o prazer dos que não amam o outro sexo; os devaneios, as obsessões, as pequenas manias ou as grandes raivas. Todas estas figuras, outrora apenas entrevistas, tem agora de avançar para tomar a palavra e fazer a difícil confissão daquilo que são. Sem dúvida não são menos condenadas. (Foucault, 1997, p. 47)

Os processos supracitados são visíveis, por exemplo, na condição feminina diante da medicalização de sua sexualidade, sendo associadas à loucura por comportamentos sexuais não esperados, como o da mulher histérica. Aos homens foram reservadas algumas doenças do sexo, com os comportamentos sociais diferentes do provedor ou do trabalhador . No caso dos crimes de defloramento, por exemplo, é comum nos depararmos com definições sobre os homens considerando-os "conquistadores". Como vimos no tópico sobre a legislação penal de 1890 e as práticas jurídicas, isso se manifestou inclusive na obra de Lima Barreto, ao tratar das personagens masculinas envolvidas em crimes de violência carnal, como boêmios ou avessos ao trabalho.

Ou seja, para ambos os gêneros se observaram normalizações e padrões:

> [...] enquanto as situações que conduzem a mulher a ser diagnosticada como doente mental concentram-se na esfera da sua natureza e, sobretudo, da sua sexualidade, o doente mental do sexo masculino é visto essencialmente – como portador de desvios relativos ao papeis sociais atribuídos ao homem, tais como o de trabalhador, provedor etc. (Engel, 2017, p. 333)

Tais pontos trazidos por Magali Engel obedecem às normas de uma época. Do século XIX ao século XX no Brasil, foi identificada uma influência constante dos discursos médicos. Toda uma gama de conhecimentos científicos acumulados voltaram-se para a concepção e à educação sexual, apontado desta maneira alternativas ou desvios. Anthony Giddens reforça que:

No século XIX, o estudo e a criação de discursos sobre o sexo levaram ao desenvolvimento de vários contextos de poder e de conhecimento. Um deles dizia respeito às mulheres. A sexualidade feminina foi reconhecida e imediatamente reprimida – tratada como a origem patológica da histeria. Outro tinha a ver com as crianças; a 'descoberta' de que as crianças são sexualmente ativas estava ligada à declaração de que a sexualidade das crianças estava ligada à natureza. Um outro contexto referia-se ao casamento e à família. O sexo no casamento deveria ser responsável e auto-controlado; não apenas limitado ao casamento, mas ordenado de modos distintos e específicos. A contracepção era desencorajada. Supunha-se que o controle da dimensão da família devesse emergir espontaneamente da busca disciplinada pelo prazer. Finalmente, foi preparado um catálogo das perversões e descritos os modos de tratamento. (Giddens, 1993, p. 30-31)

Foucault indicou que os chamados "mecanismos de sexualização" penetraram aos poucos nas camadas populares europeias, ocorrendo em três etapas. Primeiro, através de um controle de natalidade no fim do século XVIII; segundo, quando a partir de 1830 buscou-se reforçar os padrões do casamento e da família burguesa a fim de alcançar uma moralização; e a terceira etapa se deu quando a justiça passou a ser, juntamente com a medicina, responsável por detectar e conter as perversões, desvios e delitos sexuais (Foucault, 1997, p. 29-34). E todas estas questões, inevitavelmente, nos inquietam exatamente por nos fazer refletir sobre o terreno fértil onde se formularam tais discursos e sobre as heranças por eles deixadas.

E ao refletirmos acerca dos crimes previstos no Código Penal de 1890, explorados anteriormente, no Título VIII (Dos crimes contra a segurança da honra e honestidade das famílias e do ultraje público ao pudor), onde estão alocados os artigos que são objeto deste estudo (Art. 267, do defloramento; Art. 268, do estupro e Art. 270, do rapto), estamos lidando com crimes previstos em lei que foram sendo reciclados ao longo de mudanças da lei no correr dos anos, a exemplo das mudanças do Código Imperial de 1830, o Código Republicano de 1890 e o Código Penal de 1940, vigente atualmente. Quando nos voltamos à legislação penal brasileira, desde as Ordenações Filipinas[1], ob-

1 O Brasil, enquanto colônia portuguesa, era regido, obviamente, pelas mesmas leis de sua metrópole. Nesse caso, tratava-se das Ordenações Filipinas, uma herança por sua vez da ligação entre Espanha e Portugal e que se conservou no lado luso da Península mesmo após a separação entre as nações Ibéricas. Em vigor desde 1603, por ação de Felipe II da Espanha, as Ordenações eram dispostas em cinco livros, uma continuidade às Ordenações Miguelinas e Afonsinas. As ordenações Filipinas foram consideradas ultrapassadas de certa forma devido a casos omissos e às lacunas que, segundo o próprio texto dos Livros, poderiam ser preenchidas segundo o direito romano e em caso de pecado, seguindo o direito canônico. Ainda assim, determinações de que todas as decisões legais (leis, decretos, Ordenações,

servamos um requintado processo de desenvolvimento de uma noção de virgindade e honra, bem como de um ideal de mulher e modelos de casamento e de relações amorosas centradas na heterossexualidade e na monogamia. Ou seja, os constructos em torno da sexualidade (e da violência sexual) com os quais lidamos em nossa pesquisa foram sendo tecidos ao longo de séculos por diversas instituições.

Lana Lage Lima (20017) indica que as Ordenações Filipinas podem ter contribuído para o estabelecimento e a manutenção de uma cultura de estupro no século XXI, a partir do momento em que no Livro V de tais Ordenações observa-se uma incorporação da honestidade feminina, ou seja, pregava-se a ideia de que apenas a mulher honesta era o alvo de proteção jurídica e não aquelas que não cabiam no guarda-chuva da honestidade. Ao longo dos séculos o termo "honestidade" manteve-se na legislação penal como condicionador para a qualidade de vítima ou ré, incluindo não somente envolvidas em casos de defloramento ou estupro, como também acusadas ou vítimas de assassinato e feminicídio, outrora tratados como crimes passionais.

A própria Lana Lage Lima juntamente a Maria Beatriz Nader afirmam, desta forma, que incentivar uma honestidade feminina aponta para:

> Uma moral sexual dupla – permissiva para com os homens e repressiva para as mulheres – atrelava a honestidade a sua conduta sexual. O comporta-

etc.) promulgadas pela Coroa Portuguesa até abril de 1821 continuariam em vigor até o estabelecimento de nova uma legislação e dessa vez trataria de uma legislação originalmente brasileira, com a função de fundar as bases organizacionais da nova nação e respeitando as necessidades jurídicas de então, sendo responsável, inclusive, por fundar uma escola e uma cultura jurídica brasileira.

> mento feminino considerado fora do padrão estabelecido para as 'mulheres honestas', justificava a violência como forma de disciplina, culpando no fim das contas a mulher pelas agressões sofridas. 'Desonesta' era um dos termos usados pra identificar a mulher que perdera a virgindade fora do matrimônio e que, portanto, não merecia o respeito social. As 'honestas' eram as que tinham uma conduta marcada pelo pudor, pelo recato e por uma sexualidade controlada e restrita ao leito conjugal (Lima & Nader, 2013, p. 298).

A manutenção do termo "mulher honesta" no Código Penal é verificada até 2003, quando foi retirada da letra da lei, porém é evidente que, desde suas primeiras formulações até hoje, século XXI, observamos uma permanência, se não mais oficialmente e juridicamente sustentada, mas de maneira implícita na prática viciada de advogados, promotores e juízes e na própria mentalidade brasileira. O que podemos afirmar é que, diante da subjetividade do que vem a ser a chamada honestidade e da elasticidade do que vem a ser considerado uma mulher prostituta, ao longo dos séculos foram sendo criadas imagens femininas úteis à permanência de preconceitos de gênero e à ordem patriarcal. Sempre pondo em oposição condutas aceitáveis e condutas reprováveis. O arquétipo da mulher honesta, a moça donzela, que defende sua honra e não cede a avanços sexuais.

Conclusão

A questão aqui abordada não é outra, se não a seguinte: os aparatos jurídicos próprios de um tempo, de uma época, foram responsáveis por, através da criação da noção da mulher honesta, do deflorador, do colecionador de cabaços, dentre outros personagens presentes nos processos e inquéritos de defloramento, estupro e rapto, construir verdadeiros exemplos morais, para bem ou para mal, para as mulheres e homens brasileiros durante séculos e que perdura até hoje quando nos detemos em notícias de acusações de assédio ou estupro.

Tudo isso nos revela um processo de cristalização de noções e discursos sobre sexo, sexualidade e violência que de certa forma resistem e reforçam as desigualdades de gênero e os discursos sobre consentimento e sobre o corpo feminino. Discursos estes que tem, certamente, um ponto de partida ou uma condição para a sua fermentação nos corações e mentes dos sujeitos. Ao longo de séculos, principalmente no século XIX, fomentou-se todo um conjunto de saberes médico, jurídico e pedagógico sobre o sexo e a grande questão para Foucault é, portanto, por que, afinal, interessou-se tanto pelo saber sobre o sexo ou saber sobre o sexo e o prazer? Curiosidade inata do ser humano? Pura e simples vontade de saber? Estratégias de controle da reprodução? A chave está no poder.

Ou melhor, em outra forma de pensar o poder e, consequentemente, o sexo. Já que para Foucault o poder não é o eixo de uma relação poder-repressão (Foucault, 1997, p. 92) ou "um sistema geral de dominação exercido por um elemento ou grupo sobre outro e cujos efeitos, por derivações sucessivas, atravessam o corpo social como um todo" e, sim, "a multiciplidade de correlações de força imanentes ao domínio", onipresente, instável, desenhado em meio a mobilidades e encadeamentos. (Foucault, 1997, 102-103).

Ou seja, "Sem dúvida, não devemos ser nominalistas: o poder não é uma instituição nem uma estrutura, não é uma certa potência de que alguns sejam dotados: é o nome dado a uma situação estratégica complexa numa sociedade determinada". Foucault descarta problematizações e questões que, de seu ponto de vista, evidenciam o poder das estruturas e obliteram as práticas e as formações discursivas sobre o sexo dentro das relações de poder, sendo estas, as relações, as verdadeiras manifestações do poder (Foucault, 1997, 103; 108).

Do seu ponto de vista, não se pode ignorar a dispositivação da sexualidade pelas instâncias médicas e jurídicas, bem como a denominação de sexualidades, a medicalização e exclusão de sexualidades desviantes, mas a seu ver, o que é realmente relevante é a busca por entender as táticas, resistências e reivindicações dos indivíduos ditos sexualmente desviantes em meio aos processos de controle. A partir do momento que ele entendia o poder enquanto aquilo que não se possui, mas circula; que não se arrebata, mas se exerce e que, por isso, as resistências se manifestam em focos e em grupos, apresentam-se como espontâneas e são o outro lado de uma correlação de forças permanente (Foucault, 1997, 104; 106; 112).

Rachel Soihet delineou, na década de 1980, dois caminhos para a História das Mulheres. O primeiro deles sendo verificado em pesquisas e obras que davam conta de uma história voltada à atuação política com a finalidade de transformação social e conquista de direitos. Já o segundo caminho, tendo como personagens as mulheres cuja atuação informal e cotidiana também indicavam resistências (Soihet, 1997). Deste modo, podemos pensar sobre como é útil à História das mulheres e das relações de gênero reelaborar as questões e encontrar em outros sujeitos, práticas que sinalizam também resistências às políticas de Estado ou tão somente às lógicas impostas pelo regime patriarcal de gênero.

Martha Abreu, ao concluir o passeio pelo cotidiano do amor no Rio de Janeiro da Belle Époque afirmava naquele momento não descartar:

> [...] a hipótese de que o projeto sexual civilizador das elites médicas e jurídicas da virada do século tenha sido, em parte, 'coisa pra inglês ver', apenas estratégias para normatizar alguns e excluir outros [...] 'ele [o processo civilizador] perdeu' para as 'meninas' que amavam 'perdidamente'. (Esteves, 1989, p. 205).

Deste modo, adiantamos não ignorar que as leis penais relacionadas aos crimes sexuais e crimes contra a honra do final do século XIX e do início do século XX foram essenciais para manter cristalizadas noções sobre o corpo feminino e sobre às regras do sexo. Porém, dizer que se conseguiu, em algum momento alcançar a tão sonhada ordem, é uma falácia e talvez a-histórico. Afinal, de tal maneira estaríamos projetando sobre o passado as imagens de que reinava a ordem e pudor, invalidando vivências e experiências individuais e confiando na infalibilidade das leis penais burguesas. Podemos apontar intenções, discursos, e práticas nesta direção, mas o que as fontes apresentam é que a realidade concreta apresentava tantos outros aspectos que não cabiam em três ou quatro artigos do Código Penal.

Referências

ENGEL, M.
Psiquiatria e feminilidade. *In*: DEL PRIORE, M; PINSKY, C. B. Historia das Mulheres no Brasil. 10 ed. São Paulo: Contexto, 2017.

ESTEVES, M. A.
Meninas Perdidas: os populares e o cotidiano do amor no Rio de janeiro da Belle Époque. Rio de Janeiro, Paz e Terra. 1989.

FOUCAULT, M.
Historia da Sexualidade. 12 Ed. Rio de Janeiro: Graal, 1997.

STERNS, P. N.
A história da Sexualidade. Tradução: Renato Marques. São Paulo: Contexto, 2010.

GIDDENS, A.
A transformação da intimidade: Sexualidade, Amor e Erotismo nas Sociedades Modernas. 1 ed. São Paulo: Editora da Universidade Estadual Paulista, 1993.

LIMA, L. L. G.
Cultura do Estupro, Representações de Gênero e Direito. Language and Law = Linguagem e Direito. Vol. 4 (2), 2017.

LIMA, L. L. G. & NADER, M. B.
Violência contra a mulher: da legitimação à condenação social. In: PEDRO, JOANA MARIA; PINSKY, CARLA BASSANEZI (Org.). Nova História das Mulheres no Brasil. 1 ed. São Paulo: Contexto, 2013.

SOIHET, R.
História das Mulheres. In: CARDOSO, CIRO FLAMARION; VAINFAS, RONALDO; CARDOSO. Domínios da História: ensaios de teoria e metodologia. 5.ed. Rio de Janeiro: Campus, 1997.

12
O SILÊNCIO OCUPA UM CÔMODO: O LUGAR DA(S) MULHER(ES) NA FAMÍLIA BRASILEIRA DO SÉCULO XIX

Giovanna Trevelin

Os estudos a respeito da família brasileira podem se estruturar a partir de diversas vertentes, englobando também complexidades que se complementam e oferecem sentido a essas constituições. Nesse sentido, podemos abordar essa temática a partir de uma História da Família, Cultural, Social, Demográfica, Política, ou até mesmo – em uma interdisciplinaridade entre as Ciências Humanas – de trabalhos antropológicos.

Definir modelos familiares não é tão simples, é preciso considerar contextos, ideologias, territórios, lugares sociais, políticos e culturais. Tendo isso em vista, pretendo aqui me deter de um recorte mais específico dentro da História do Brasil: a família brasileira do século XIX, e como as mulheres se encontravam localizadas dentro desta.

Para isso, é preciso pensar as nuances desse século, já que este se apresenta como um período de transição com inúmeras referências e intensa influência europeia. Seguindo essa linha de pensamento, é importante considerar também as diferentes mulheres que ocupavam o território nesse espaço, e qual a atuação do Estado, do sistema econômico e da religião dentro dessas formações familiares.

Entre a rigidez e a fluidez: a família patriarcal e os grupos de convívio

> A história das formas de organização familiar no Brasil tem se contentado em ser a história de um determinado tipo de organização familiar e doméstica – a 'família patriarcal' –, um tipo fixo onde os personagens, uma vez definidos, apenas se substituem no decorrer das gerações, nada ameaçando sua hegemonia, e um tronco de onde brotam todas as outras relações sociais. (...) Com algumas variações na utilização dos termos e maior ou menor ênfase num ou noutro aspecto – por exemplo, a questão da originalidade: a família patriarcal brasileira é um produto típico da colonização portuguesa nos trópicos, ou foi importada de Portugal? – em linhas gerais este é o retrato que temos da família brasileira através do tempo (Corrêa, 1981).

Ao levantar uma discussão a respeito das estruturas familiares que marcam a nossa história, é preciso descentralizar a noção de uma configuração familiar hegemonicamente patriarcal. É certo que a ideologia que centra no homem branco a autoridade familiar, estatal, religiosa e econômica permeia os mais diversos tipos de grupos familiares – sendo estes de estrutura patriarcal ou não –, mas é necessário pontuar que a generalização deste modelo pode provocar a marginalização de outras experiências sociais no âmbito do estudo da família brasileira – e da história das mulheres.

A família patriarcal brasileira encontrou muita força no meio rural, no período da colonização, principalmente no norte e nordeste brasileiro. Sendo considerada uma família aumentada ou extensa (Samara, 1989), ela englobava os membros nucleares (pai, mãe, filhos/as) e também uma relação de parentesco[1] que propunha agregar outras pessoas à esse núcleo (compadres/comadres; agregados/as; e, considerando a sociedade escravocrata do período, escravizados/as). Essa era uma formação intimamente relacionada com o processo de colonização, sendo a expressão desse mecanismo. A família patriarcal do meio rural atendia à economia colonial baseada na produção agrícola. Dessa forma, a força de trabalho era essencial nesse cenário, e era suprida pela extensão familiar. Assim, há um motivo e uma funcionalidade dessa formação específica.

Ao formular, na primeira parte do século XX, um complexo trabalho sobre o século XIX, Gilberto Freyre (2003) apresenta uma perspectiva que parte de um patriarcalismo típico do período. Seus estudos sobre o tema se desenvolveram a partir de um lugar específico dentro do contexto em que se encontrava, onde propôs também algumas teorias que, posteriormente, seriam questionadas e refutadas. Mas, pensar nesse patriarcalismo – mesmo considerando a abordagem específica de Freyre – pode propor uma base, também, para o entendimento das construções familiares, uma vez que um sistema social predominantemente patriarcal atua diretamente nessas formações.

Ao discorrer sobre o sistema patriarcal de colonização, que conservava uma influência direta de Portugal, Freyre designa a casa-grande como o aspecto material do projeto português (principalmente, nesse contexto, nas residências do norte e nordeste do país). Assim, compreende uma influência da

1 O "parentesco" não envolve necessariamente relações de sangue, mas também o próprio convívio e os laços de aproximação e intimidade que também estão dentro do que se pode afirmar como família.

metrópole na configuração dessa estrutura, adaptada ao território tropical, e ao sistema escravocrata dominante no período colonial brasileiro.

> O sistema patriarcal de colonização portuguesa do Brasil, representado pela casa-grande, foi um sistema de plástica contemporização entre as duas tendências. Ao mesmo tempo que exprimiu uma imposição imperialista da raça adiantada à atrasada, uma imposição de formas européias (já modificadas pela experiência asiática e africana do colonizador) ao meio tropical, representou uma contemporização com as novas condições de vida e de ambiente. A casa-grande de engenho que o colonizador começou, ainda no século XVI, a levantar no Brasil grossas paredes de taipa ou de pedra e cal, coberta de palha ou de telha-vã, alpendre na frente e dos lados, telhados caídos em um máximo de proteção contra o sol forte e as chuvas tropicais não foi nenhuma reprodução das casas portuguesas, mas uma expressão nova, correspondendo ao nosso ambiente físico e a uma fase surpreendente, inesperada, do imperialismo português: sua atividade agrária e sedentária nos trópicos; seu patriarcalismo rural e escravocrata (Freyre, 2003, p. 35).

Era como se a ideologia patriarcal assumisse uma forma material, ponto central da experiência cotidiana da sociedade. Em seu prefácio dedicado à primeira edição de *Casa-grande e Senzala* (1933), Gilberto Freyre ainda argumenta que a casa-grande resumia o Estado e a Igreja, uma vez que em um mesmo espaço (físico) era exercido todos esses poderes, alicerces da superioridade colonizadora europeia.

Tomava forma uma sociedade de hierarquia rígida, com quase nenhuma mobilidade social – os lugares eram bem definidos –, onde as mulheres herdavam certos comportamentos, posturas, atitudes e pensamentos específicos, considerados típicos de seu sexo biológico. Sendo assim, uma parte significativa das mulheres exercia sua experiência de vida reservada ao ambiente privado e familiar, principalmente no imaginário social ligado à Europa – construído também por uma moralidade cristã. Considerando uma relação direta entre gênero, cor e estrutura econômica, expressa nessa composição familiar, é preciso levar em conta, também, o espaço reservado à mulher negra escravizada. Esta, ao suprir as demandas do sistema escravocrata, transitava entre o público e o privado, mas em uma condição diferente da mulher branca do espaço privado e do homem branco do espaço público, pertencendo a uma posição diferente e inferior até mesmo em relação ao homem negro escravizado (pois esse, ainda que negro, era homem).

Sobre essa diferença social entre as mulheres, localizadas nesse contexto patriarcal, Djamila Ribeiro, ao citar Grada Kilomba (2008), levanta uma reflexão a respeito da mulher negra ser "o outro do outro".

> Nesse esquema, a mulher negra só pode ser o outro, e nunca si mesma. Mulheres brancas tem um oscilante status, enquanto si mesmas e enquanto o "outro" do homem branco, pois são brancas, mas não homens; homens negros exercem a função de oponentes dos homens brancos, por serem possíveis competidores na conquista das mulheres brancas, pois são homens, mas não brancos; mulheres negras, entretanto, não são nem brancas, nem homens, e exercem a função de o "outro" do outro (Kilomba *apud* Ribeiro, 2016).

Assim também marcava-se uma diferença social que influenciava até mesmo a constituição familiar de mulheres negras. O papel dessas mulheres estava bem marcado pela escravização, baseada em uma racialização[2], diferença colonial e de gênero. Dessa forma, ao relacionar a existência da mulher negra à exploração de seu corpo, também podemos considerar o trabalho reprodutivo dentro desse sistema exploratório, uma vez que estas produziam mão de obra – crianças negras – que nasciam como um corpo-mercadoria, capazes de nutrir a economia colonial. Muitas vezes essas mulheres eram vítimas também de recorrentes estupros pelos senhores brancos, já que estes, em condições de superioridade determinada pelo patriarcado, escravização e colonização, se colocavam como donos e agentes ativos na coisificação da mulher negra.

As características das famílias compostas por pessoas escravizadas destoavam da família branca pela predominante informalidade das uniões. Quando fazia parte de constituições familiares informais, a mulher negra logo era separada de sua criança, ou até mesmo de seu companheiro também escravizado, geralmente enviado para outros campos de trabalho. Mães escravizadas, que haviam parido recentemente, geralmente eram colocadas em um mercado de amas de leite, para servirem de sustento ao bebê branco de seus senhores.

O corte de laços familiares de escravizados/as é, historicamente, parte de um processo de desonra – uma vez que os/as escravizados/as não podiam ter honra. Esta falta sustentava seus status, já que eram desprovidos/as de poder na sociedade.

A família patriarcal do meio rural reservava importante compromisso com o matrimônio. Os casamentos da elite do sertão nordestino (Falci, 2008) são exemplos desse fator, já

2 Termo amplamente trabalhado na obra de Aníbal Quijano (2005).

que eram conservados como um sério compromisso familiar, onde o sentimento dos envolvidos não tinha importância nesse acordo. A movimentação em torno do casamento tinha como finalidade manter e solidificar os laços de amizade, o patrimônio territorial e a interação de poderosas famílias oligárquicas locais, era um sistema que proporcionava continuidade aos costumes tradicionais vinculados a um mecanismo econômico e político.

Ao considerar o matrimônio a função social máxima da mulher branca, pelo vínculo do seu sexo biológico ao gênero social, um movimento em busca da manutenção do patriarcado a partir da manipulação destas mulheres (visando a conservação da família) era frequentemente estimulado. Essa dinâmica fazia com que mulheres jovens, sem status ou bens – considerados importantes nessa sociedade –, que não haviam conseguido se casar, suprissem as demandas sociais que lhes eram solicitadas se juntando a homens mais velhos, mesmo que estes fossem casados, pois ainda assim ofereciam o aparato financeiro e social que precisavam. Por mais que isso contrariasse a moralidade cristã, muito bem consolidadas em uniões legítimas, uma ambiguidade de valores tornava essas relações aceitáveis. A sociedade exigia um comportamento adequado destas mulheres, ainda que no meio dessas condições turbulentas. Estas, que deveriam conhecer seu lugar nessa reconfiguração social – bem distinto da posição ocupada pela esposa legítima – eram respeitadas pela sociedade, principalmente se essa união gerasse um/a filho/a.

As contradições que essa sociedade patriarcal, específica deste território colonizado, propunha, eram criadas por demandas das estruturas que foram se erguendo para as possibilidades de existência nesse novo lugar, mas também alimentavam cada vez mais um sentido ambíguo de narrativas. A moral cristã não se sustentava nos comportamentos cotidianos, principalmente dos homens – a não ser dentro de um imaginário coletivo que acreditava não estar corrompido, pretendendo dessa forma alcançar uma pureza religiosa. Essa dinâmica era capaz de provocar desigualdades entre homens e mulheres, onde um destes (o homem) sempre saía na frente quando se tratava de privilégios.

É compreensível o entendimento do modelo patriarcal como central na sociedade, uma vez que serviu de base para as relações sociais desde o início da colonização. Mas ele, ao demarcar lugares sociais específicos condicionados pelo gênero e cor – já que há uma diferença hierárquica entre homens e mulheres brancos/as, e homens brancos e pessoas negras –, acaba por proporcionar desigualdades também capazes de oferecer outros modos de existência. Assim, pensar nesse modelo de família patriarcal como o mais recorrente durante todo o século, pode desconsiderar outros cenários, vivências e perspectivas.

O contato com uma História da Família permite compreender que, já no século XIX, outros formatos familiares, que não eram necessariamente comandados por homens, faziam da mulher a figura de poder dentro dessa estrutura (Samara, 2004). Porém, a mentalidade social ainda conservava lugares muito específicos relacionados ao gênero binário (homem e mulher), e dessa forma a família patriarcal ganhava destaque justamente por ser centralizada no homem. Apesar da existência de outras possibilidades familiares, que não a patriarcal aumentada ou extensa, estas viviam à sombra de uma ideologia ainda patriarcal, pois é um viés entrelaçado ao Estado, religião e economia, aspectos que estruturam a sociedade e proporcionam sentido às relações sociais permeadas por estes.

A adoção social da moral que envolve a família patriarcal é relevante no entendimento desse processo. Esses valores servem de guia para a sociedade desde o período da colonização das Américas pela Europa. Os princípios religiosos, a partir de uma elevação mítica da mulher pela maternidade, determinam seu lugar dentro da família, destinando, a estas, normas de conduta quase impossíveis de serem atingidas, uma vez que extrapolava a vivência real das pessoas em sociedade – também considerando que as próprias bases da Igreja eram duais.

A partir do século XVIII, a estrutura familiar começou a se alterar consideravelmente. O êxodo rural é essencial para se pensar essa mudança. Com uma ideia constante de modernizar as terras brasileiras, a urbanização se tornou projeto. As famílias urbanas não desenvolveram na mesma dinâmica que as famílias rurais, afinal, o modelo econômico também se alterava – da produção agrícola mantida por uma prole extensa, trabalhos mais industrializados, ou até informais, faziam mais sentido às cidades.

> Durante o século XIX, a sociedade brasileira sofreu uma série de transformações: a consolidação do capitalismo; o incremento de uma vida urbana que oferecia novas alternativas de convivência social; a ascensão da burguesia e o surgimento de uma nova mentalidade – burguesa – reorganizadora das vivências familiares e domésticas, do tempo e das atividades femininas; e, por que não, a sensibilidade e a forma de pensar o amor (D'incao, 2018).

Com isso, as famílias ficavam cada vez mais variadas, fluídas, menores: nucleares, com pai, mãe, filhos/as, ou até poucos escravizados/as. Os grupos mais pobres se apropriavam desse padrão de diferentes maneiras, já que o alto valor da burocracia do matrimônio afastava essa parcela da população da formalidade familiar que provinha do aval religioso, responsável por abençoar essas uniões. Tendo isso em vista, os concubinatos eram predominantes, apesar das medidas legais e do preconceito contra esse tipo de união ilegítima. Aqui, a moralidade se distinguia da prática cotidiana, apesar desta se fazer presente no imaginário coletivo, provocando dualidades específicas do período.

As mulheres, sozinhas, existiam em sociedade e propunham uma característica específica ao cenário. Os grupos familiares eram muitas vezes compostos por mãe, filhos/as e avós, que se faziam presentes constantemente. Os lares monoparentais, que hoje são tão recorrentes, já tinham um espaço na sociedade colonial brasileira, principalmente no século XIX. Seria propício associar esse modelo ao próprio patriarcado, que proporciona muitas vezes a emancipação masculina desvinculada da ideia de constituição familiar e de responsabilidades essencialmente paternas – o que não acontece com as mulheres, naturalizadas enquanto mães, responsáveis absolutas pelo desenvolvimento familiar.

Algumas dessas famílias incluíam ainda escravizados/as; já outras, parentes e compadres/comadres agregados. No centro desse mecanismo, as matriarcas poderiam casar filhos e filhas, interferindo na escolha do cônjuge; controlavam o dinheiro com que cada membro colaborava no domicílio; colocavam redes de solidariedade em funcionamento; entre outras decisões que competiam ao/a chefe de família. De forma inconsciente, ainda na centralidade da matriarca, incorporava-se a performance patriarcal nas movimentações cotidianas – esse era o modelo conhecido da chefia ativa de um lar.

A fronteira entre o público e o privado começava a delinear cada vez mais a vida das mulheres na experiência social. Ao abordarmos a privacidade (concepção importada do continente europeu), os papéis de gênero se acentuam, sendo o âmbito do lar considerado a maior expressão dessas diferenças. Assim, há uma consequência: também fora dele (do lar) o meio público não exerce o mesmo efeito sobre homens e mulheres. É como se a externalização da vivência privada atuasse diretamente na ação em sociedade. Por isso considerar o papel de gênero (aspecto social) é importante para encarar essas relações no decorrer do tempo histórico.

A "liberdade" feminina dentro de casa – para cuidar dos filhos, marido e da organização do lar – se contrapunha ao risco da perda da honra quando essa mulher estava na rua, uma vez que conversas com homens eram mal vistas, basicamente inadmissíveis moralmente. O papel feminino dentro de casa ia de encontro com os ideais familiares do Estado e da Igreja, que convergiam e se sustentavam. Existia então uma diferença acentuada entre as mulheres de casa, em geral casadas, e as da rua, trabalhadoras concubinadas ou não.

Esse contexto, ao apresentar as mais diversas formações familiares e diferentes relações sociais baseadas em uma estratificação específica, também traz uma complexidade maior no seu entendimento. Assim, para a historiadora e cientista social Miriam Lifchitz Moreira Leite (1926 - 2013), existe a necessidade de denominar essas diferentes composições de *grupos de convívio*.

> Para englobar as relações interpessoais, apresentadas e interpretadas por viajantes estrangeiros, no Rio de Janeiro, do século XIX, fui levada a ampliar o título deste trabalho. Os testemunhos e relatos encontrados não dão conta apenas de núcleos de parentes consangüíneos e afins, ocupando uma unidade doméstica. Apresentam grupos com ou sem ligações de parentesco coabitando, grupos hierarquizados e formados por membros de várias

> gerações e diferentes camadas sociais. A expressão "grupo de convívio", ainda que imprecisa e ampla, designa de maneira menos estrita tanto diferentes tipos de família, quanto outras formas de coabitação (Leite, 1992, p. 2).

Segundo Leite, quando nos referimos à "família brasileira" no século XIX, é necessário levarmos em conta os variados grupos que dão sentido a essa expressão, uma vez que fatores como cor, lugar social e gênero são determinantes nessa organização. Esse é um contraponto à ideia de uma história baseada exclusivamente na família patriarcal aumentada ou extensa como regra.

Nesse sentido, é importante nos questionarmos também a respeito de qual família, entre todas essas, recebia o estimulo religioso e estatal para se legitimar, uma vez que essas estruturas dominantes atuavam diretamente nestas formações. Era preciso manter, declaradamente, a família cristã branca de descendência europeia, ou, a partir de certo momento, uma família com predisposição a ser embranquecida pelo "progresso" da civilização no território brasileiro. A família de africanos escravizados não era estimulada a ser desenvolvida, pelo contrário, era muitas vezes dissolvida. As mães, mulheres negras, eram separadas de seus filho/as e vendidas para alimentar a criança branca de sua senhora. E qual a preocupação a respeito da família indígena? Já que tantos pais, mães, filhos/as foram dizimados/as em benefício de um processo civilizatório? Ou então, como ficariam as famílias ciganas, ou informais, monoparentais, que também compunham essa sociedade? Se estas não eram punidas moralmente, desvalorizadas ou consideradas impuras/indecentes, eram ignoradas. O papel da maternidade, nesses casos, era responsável por extrapolar desigualdades nos papeis femininos designados pelo regime estatal e religioso, e assim fazia com que as mães não-brancas fossem colocadas à margem, sustentando o sistema pela discrepância social.

Corpos colonizados por diferentes opressões

Tendo como base toda a discussão desenvolvia acima, não existe forma de entender as relações de gênero considerando apenas um tipo de mulher nesse sistema. O processo de colonização, ao provocar hierarquias sustentadas pela diferença colonial, capaz de englobar gênero e cor, faz com que a existência entre as próprias mulheres seja divergente.

Em um primeiro momento, se levantarmos o debate a respeito dos diferentes lugares que as mulheres brancas e indígenas ocuparam/ocupam no Brasil, conseguimos compreender, já de início, distinções na própria existência social destas. A desigualdade imposta com a chegada dos europeus já propôs uma disparidade entre àqueles/as originários/as das terras colonizadas e os colonizadores, por um viés de superioridade. Logo, definir uma indígena como "mulher" não cabia na definição portuguesa, uma vez que esta ocupava um corpo colonizado, igualado à fêmea, mas não considerada civilizada o suficiente para a categoria mulher. Assim, anulava-se a existência social da mulher indígena.

Pela resistência cristã à escravização de nativos/as, o contato entre negros/as escravizados/as e as famílias patriarcais se tornavam mais recorrente. Assim, a classificação hierárquica entre negras escravizadas era condicionada pela posição que estas tinham em relação à senhora branca. A mulher negra que era mais próxima da mulher branca estava em uma posição "melhor" dentro da estratificação social do período – ou também a mulher negra de pele clara, já que essa questão aborda aspectos de uma miscigenação em pauta no contexto, que pretendia branquear a população. A mulher negra de pele clara, miscigenada, ao ter também sangue branco, é colocada em uma condição social mais elevada dentro dessa sociabilidade.

A historiadora Mary Del Priore, em alguns de seus trabalhos, levanta a questão de uma possível identificação entre essas diferentes mulheres, apontando a maternidade como um fator convergente na existência destas.

> Ao estudar a condição feminina, não se pode ter a ingenuidade de crer numa solidariedade de gênero, acima de diferenças de raça, credo e segmento econômico, embora, por vezes – e a maternidade era um desses raros momentos –, laços de cumplicidade e compadrio mais parecessem um nó cego. [...] a maternidade se fazia nicho onde as diferentes vozes femininas dialogavam sobre a obra da vida: as condições de acolhimento ou recusa do recém-nascido, as relações do corpo com o cosmo e o tempo, o imaginário sobre o nascimento ou a concepção (Priore, 2009, p. 22).

Esse aspecto, citado no trecho acima, pode envolver um compartilhamento de experiências corporais, emocionais e contextuais. Na estrutura que impunha um violento processo normativo, ser mãe em um meio que negava qualquer sociabilidade intersexual às mulheres propunha um momento de ligação pela opressão, a partir do papel ao qual eram destinadas.

A maternidade pode se configurar como uma ligação pela opressão no contexto, pois o papel materno está localizado em um mecanismo de apropriação do corpo da mulher por estruturas coloniais, sendo esse exercício uma das práticas estimuladas por essa dinâmica, onde muitas vezes as mulheres não tinham uma escolha por si, mas por seu papel social. Assim, a maternidade ainda servia para preservar as diferenças de gênero, uma vez que é uma função biológica predominantemente entendida na sociedade como exclusivamente feminina, mantendo assim papéis tradicionalmente exercidos por mulheres, onde elas se encontram neste ciclo feminino de existência. A opressão pelo gênero é o elo de ligação, mas a sujeição patriarcal a que são destinadas acontece de forma distinta para cada uma delas.

Um outro ponto de identificação entre as diferentes mulheres, que poderia provocar uma ligação, seria a tomada de conhecimento do próprio corpo a partir de uma ancestralidade compartilhada, capaz de se contrapor a uma medicina tradicional que tinha no homem branco europeu o papel do "conhecedor" do corpo feminino. Essa tradição da medicina, proveniente de Portugal, exercia mais um domínio cristão sobre o corpo das mulheres do que propriamente um exame real, fiel e científico do funcionamento deste. Como exemplo disso, a sexualidade feminina que não tivesse como única função a procriação ficava associada ao pecado e ao mal.

Ao relacionar o órgão sexual (biológico) ao gênero (social), vincula-se as mulheres a um papel de maternidade que, segundo uma concepção religiosa e científica do contexto, transcende a experiência humana, já que, ao naturalizar a maternidade, responsabilizava-se aspectos divinos e da natureza por esse papel social. Assim, é uma função generalizante o qual a medicina pôde utilizar para preencher as lacunas que ainda geravam dúvidas a respeito da biologia da mulher. O constante avanço científico que ocorria na Europa no período do século XVII e XVIII chegava em Portugal em forma de ameaça. Doutores eram fiéis à ideia de que o corpo feminino e a procriação tinham vínculo com o divino, por isso era irretocável; em contraposição, esse pensamento também propunha que a natureza feminina era predisposta a manifestações demoníacas.

O conhecimento das mulheres sobre o próprio corpo era passado de geração em geração, de mães para filhas, mantendo e fazendo sobreviver costumes e tradições compartilhadas entre estas. Isso fez também com que muitas mulheres conhecedoras de seus corpos fossem perseguidas religiosamente e cientificamente (pela medicina religiosa).

> [...] foi uma oportunidade para as mulheres se solidarizarem, trocando entre si saberes de seu próprio corpo trazidos de áreas geográficas tão diferentes quanto a África ou península Ibérica. Foi uma oportunidade de entrelaçamentos múltiplos, pois as negras, mulatas, índias e brancas tratavam-se mutuamente com gestos, palavras e práticas características de cada cultura. Permitiu que as mulheres preservassem sua intimidade e a cultura feminina do saber-fazer diante dos avanços da medicina, que prescrevia para os seus males remédios muito diferentes daqueles com os quais estavam acostumadas a lidar (orações aos santos protetores, ervas e flores do quintal, água benta). Assim, mesmo sem o querer, a medicina proporcionou, paralelamente ao seu desenvolvimento, um território de resistência para o saber-fazer feminino em relação à própria anatomia da mulher (Priore, 2008, p. 112-113).

Ainda assim, não há como dizer que esses pontos de ligação entre as mulheres, por identificação pela maternidade ou pela partilha do descobrimento e reconhecimento do corpo feminino, excluem a hierarquia existente entre elas. É importante considerar esses aspectos de ligação que proporcionavam uma reafirmação de identidades, porém é preciso considera-las dentro dos limiteis coloniais – as hierarquias permaneciam.

Caminhando para o final deste texto, é possível dizer que a experiência das mulheres na sociedade brasileira está muito condicionada por aspectos coloniais que podem encontrar permanências em estruturas como o Estado, a religião, economia e, também, a família, que expressa a relação entre esta tríade. Sendo a família patriarcal gestora da diferença de gênero ao denominar o patriarca como centro de autoridade na dinâmica social colonial, é possível reconhecer nas diferentes configurações familiares (ou grupos de convívio) a permanência de um ideal ainda baseado no patriarcado, mesmo que em outros formatos. Esse aspecto pode encontrar bases na preservação social de papéis vinculados ao gênero, e na continuidade de uma ideia naturalizada da mulher enquanto mãe – aqui, com muita influência da moralidade religiosa, estruturante do pensamento coletivo.

Dessa forma, considerando as diferenças sociais entre as mulheres que fizeram/fazem parte das famílias brasileiras, dos mais diferentes tipos, pode-se dizer também que, ao fim, o cômodo (do lar) responsável por conservar a vivência social, silenciada, de mulheres, se estende para o espaço público no âmbito do imaginário. Assim, esse cômodo é muito mais extenso do que pensamos, uma vez que encontra permanência na mentalidade social, constantemente estimulada por estruturas patriarcais hegemônicas.

Referências

Corrêa, M.
Repensando a Família Patriarcal brasileira. Cad. Pesq., São Paulo, (37): 5-16, Mai. 1981.

D'incao, Maria Ângela.
Mulher e Família Burguesa. In: Priore, M. D. História das mulheres no Brasil. 10. ed. São Paulo: Contexto, 2018.

Falci, M. K.
Mulheres do sertão nordestino. In: Bassanezi, C. & Priore, M. D. História das mulheres no Brasil. 9. ed. São Paulo: Contexto, 2008.

Freyre, G.
Casa-grande & senzala: formação da família brasileira sob o regime da economia patriarcal. 481 ed. rev. São Paulo: Global, 2003. (Introdução à história da sociedade patriarcal no Brasil; 1).

Kilomba, G.
Plantation Memories: Episodes of Everyday Racism, p. 124. In: Ribeiro, Djamila. A categoria do Outro: o olhar de Beauvoir e Grada Kilomba sobre ser mulher, *Blog da Boitempo*. 2016. Disponível em: https://blogdaboitempo.com.br/2016/04/07/categoria-do-outro-o-olhar-de-beauvoir-e-grada-kilomba-sobre-ser-mulher/. Acesso em: 2 nov. 2020.

Leite, Miriam Lifchitz Moreira.
Grupos de convívio no Rio de Janeiro (século xix). Psicol. USP. v. 3, n. 1,2. São Paulo, 1992.

Priore, M. D.
Ao sul do corpo: condição feminina, maternidade e mentalidades no Brasil Colônia. 2ª ed. São Paulo: Editora Unesp, 2009.

Histórias e Conversas de Mulher: amor, sexo, casamento e trabalho em mais de 200 anos de história. 2ª ed. São Paulo:

Planeta, 2014.

Magia e medicina na Colônia: o corpo feminino. *In*: Bassanezi, C. & Priore, M. D. História das mulheres no Brasil. 9. ed. São Paulo: Contexto, 2008.

Quijano, A.

Colonialidade do poder, Eurocentrismo e América Latina. In: A colonialidade do saber: eurocentrismo e ciências sociais. Perspectivas latino-americanas. Buenos Aires, CLACSO, Consejo Latinoamericano de Ciencias Sociales, 2005.

Samara, E. M.

A família brasileira. São Paulo: Brasiliense, 2004. (Coleção tudo é história; 71).

As Mulheres, o Poder e a Família: São Paulo, século XIX. Secretaria de Estado da Cultura de São Paulo. Ed. Marco Zero, São Paulo, 1989.

O que mudou na família brasileira? (Da colônia à atualidade). Psicologia USP, 2002, vol. 13, nº 2, p. 27-48.

13

SOBRE MULHERES E CRIANÇAS: UMA OUTRA POSSÍVEL REFLEXÃO SOBRE A INFÂNCIA

Ana Cláudia Delle Piagge

> *"No estudo da natureza d*
> *eve-se considerar cada coisa isoladamente,*
> *assim como o todo.*
> *Nada está dentro, nada está fora;*
> *porque o que está dentro também está fora.*
> *Assim, é preciso ir em frente e tentar captar*
> *o Sagrado Segredo universalmente visível."*
> (Goethe)

Aprendi convivendo com as crianças que existem vozes que entoam saberes sobre a vida e sobre o mundo. Suas vozes, dentro do contexto da escola, me constituíram enquanto educadora, e me provocaram através de suas percepções e reflexões, a me tornar pesquisadora.

Ouvir as crianças me afetou, trazendo-me a consciência do quanto desconhecemos as diferentes formas de ser e ver o mundo e como o letramento histórico e literário que recebemos não nos prepara para ler outras formas de existência e compreender suas complexidades.

Esse texto, portanto, trata-se de um aceite ao convite feito pelas crianças, problematizando a forma como reproduzimos o conceito de infância ocidental como sendo resultado das mudanças nos sentimentos que os adultos manifestavam por elas. Olhando para as crianças da escola, notamos que muitas delas não vivenciavam esse sentimento de cuidado e proteção em seu cotidiano. Logo, não ocorreu um agenciamento coletivo do desejo por cuidar e proteger a criança.

Observando as brincadeiras infantis notamos a reprodução do papel de mãe cuidadora em conflito com o papel de mulher independente. A mulher presa em casa com os serviços domésticos e aquela que, na frente do espelho, terminando de se arrumar para trabalhar. As falas contraditórias expressas por meninas sobre o desejo de ter filhos, de não querer casar ou querer ter tempo para estudar e ter uma profissão. Em que lugar começa a ser forjado esse imaginário reproduzido pelas crianças quando brincam?

Pudemos, também, notar a marginalidade associada a meninas que não querem brincar de cuidar de suas bonecas, expressa em falas de adultos como "falta de cuidado e proteção" pelas bonecas. Como se a criança não estivesse criando os vínculos desejados. Se compreendermos que a criança enquanto brinca apreende o mundo ao seu redor (Vigotsky, 1984) e o brincar prepara a criança para no futuro, exercer diversos tipos de atividades; o brincar com bonecas, pelas meninas, prepara-as para se apropriem do papel de mãe e exercerem esse papel de forma adequada no futuro.

A partir da observação das crianças brincando propomos trazer para o debate o conceito infância com o objetivo de iniciar discussões acerca dos motivos que o tornaram emergente, na sociedade europeia moderna, motivando mudanças de atitudes em relação à criança. Além disso, iniciar uma reflexão sobre o que esse discurso forjado a respeito da infância oculta. Assim, buscamos observar alguns discursos que não se encontram relacionados quando estudamos a respeito da infância entendendo que a falta de reflexões no âmbito das relações entre categorias pode contribuir com a manutenção de poderes, sobretudo na opressão do gênero feminino.

Crianças como sujeitos da infância

Historicamente a constituição de um conceito da e para a infância como um fenômeno histórico, reproduz uma ausência de autonomia por parte da criança como uma de suas características exatamente por ser definido como um período de dependência ao adulto como garantia de proteção. Esse acontecimento irá ocorrer entre os séculos XVII e XVIII, sendo a tese defendida por Philippe Ariès (2011) a expressão desse reconhecimento e elabora uma representação do corpo infantil. Aquela que se encontra expressa nas obras de arte europeia.

Na contemporaneidade, as questões referentes a diversidades e as diferenças culturais tem permeado debates e reflexões em todo um contexto latino-americano. Nesse espaço, os conteúdos pertencentes às lutas antirracistas e antissexistas vem afetando pesquisadores e movimentos sociais de modo a tornarem-se prementes na consolidação de políticas públicas, inclusive as ligadas às crianças. De fato, crescem as produções acadêmicas que trazem questões referentes às identidades culturais, às diferenças étnicas, de gênero e ao multiculturalismo.

Ochy Curiel (2019) enuncia sua desconfiança em relação a discursos que propagam discursos hegemônicos:

> Uma das coisas que aprendi com o feminismo foi a suspeitar de tudo, dado que os paradigmas que são adotados em muitos âmbitos acadêmicos estão sus-

> tentados em visões e lógicas masculinas, classistas, racistas e sexistas (Curiel, 2019, p. 231).

Refletindo acerca de uma história única elaborada para falar sobre infância, sem discutir os interesses e objetivos que se encontram no interior desse discurso, nos questionamos a respeito do que não está sendo observado. Pois, compreendemos que para que o discurso acerca de um grupo seja fortalecido, outro grupo deverá sofrer um processo de silenciamento, produzindo-o como subalterno[1].

Porque se tornou emergente, naquele momento histórico, dentro de um contexto europeu, mudar a percepção existente acerca do corpo infantil e constituir um novo discurso que "revela ou distorce o que é tido como verdadeiro sobre a categoria" criança? (Butler, 2020).

A análise de Ochy Curiel (2019) nos provoca a suspeitar do conceito formulado para produzir um modelo de infância hegemônica, um projeto político universalista que promove, através das representações que tem como função normativa, uma linguagem, revelar ou distorcer o que é tido como verdadeiro.

Temos que reconhecer que somos o resultado de um processo colonialista e, portanto, continuamos a reproduzir aquilo que nos foi imposto através de uma visão colonizada. Falar de crianças e infâncias não foge a essa norma. Percebemos, porém, que precisamos questionar o conceito de infância apresentado através de disciplinas de graduação, e que, muitas vezes, reproduzem uma visão romantizada, expressa por Ariès. O autor utiliza palavras como: "sentimento" e "afeição", para caracterizar uma mudança de comporta-

1 Gayatri Spivak, filósofa pós-colonial, desenvolve análise do processo de subalternização como imposição através da negação de fala ao sujeito.

mento social que promoveria um contexto favorável para o surgimento da infância. Uma estratégia discursiva utilizada como forma de sensibilizar os adultos sobre a fragilidade da criança e a necessidade de cuidado. Esse método demorou a apresentar resultados e foi necessário, por parte da Igreja e do Estado, empregar outros recursos, inclusive, coercitivos para alcançar o resultado esperado.

Em sua análise, Ariès não faz referência aos diversos processos históricos que estavam em andamento e propiciaram uma mudança na forma como as sociedades europeias, que transitavam entre o final de um período medieval e o início de um período moderno, se relacionavam e tratavam as crianças e que essa mudança nas relações está intimamente relacionada á mudança em relação ao papel a ser desempenhado pela mulher como mãe e figura doméstica.

Percebemos que seria necessário mudar o lócus de nossa pesquisa acerca da criança para pensar o adulto, buscando entender qual grupo estaria sofrendo um processo de silenciamento para que fosse possível elaborar esse novo discurso. Quais vozes estão faltando nas observações produzidas por Ariès? Se a criança é, nesse período histórico, o centro de um processo econômico e politico que vê no controle e na disciplinarização dos corpos infantis, através das instituições escolares, o modo através do qual estabelecerá suas relações de saber/poder; conflitos e negociações com outros corpos têm que estar em andamento. E essa é uma parte que, a nosso ver, falta nas análises desenvolvidas sobre a infância.

Se nesse contexto histórico se constituía um discurso dominante em relação à criança, segundo aponta o Ariès, contra quem estava sendo engendrado esse discurso, de modo a produzir um processo de apagamento, para que se tornasse possível? Quais os interesses envolvidos na produção desse discurso?

Com todas essas questões em mente, deslocamos o nosso olhar para os corpos femininos, e pudemos encontrar na obra de Federici (2017) e de Badinter (1985), alguns relatos históricos que propiciam a oportunidade para iniciar essa investigação. Nossa hipótese é a de que, para que surgisse um "sentimento"[2] de cuidado e proteção em relação a criança, tão necessário ao modelo político e econômico que se estabelecia na Europa, havia a necessidade de subjugação e confinamento do corpo feminino através de processos violentos, incluindo a estratégia que ficou conhecida como "caça às bruxas"[3].

Talvez, aí resida a pedra angular do surgimento da infância, a subjugação do corpo feminino ao papel de mãe, em uma situação de inferioridade diante do homem. A ideia simplificadora de surgimento da infância se constitui em um conceito-obstáculo que serve para evitar pensar na complexidade das relações que se estabeleceram. Simplificar o conceito de infância para uma ideia unificadora produz apagamentos históricos que seriam essenciais para se entender o sistema de opressão a que estão expostos crianças e mulheres. Não queremos com esse trabalho vitimizar as

2 Colocamos a palavra sentimento entre aspas para enfatizar que, para o discurso político e econômico emergente, não havia o interesse em criar um afeto real em relação a criança, mas a necessidade de que ela fosse cuidada para que chegasse a fase adulta e se tornasse um adulto produtivo e conformado ao sistema.

3 Elemento histórico que durou mais de quatro séculos. Para efeito de nosso trabalho é importante apontar que ele se inicia 1450 e tem seu fim, aproximadamente, em 1750. A Igreja Católica instaurou tribunais de inquisição, mas a campanha, também, foi assumida pela Igreja Protestante e pelo Estado. Podemos notar, através da análise histórica do período, que ocorreu uma grave perseguição contra parteiras, mulheres que conheciam o emprego das ervas medicinais (inclusive para causar aborto), mulheres que cometiam aborto, abandonavam ou sacrificavam seus filhos.

mulheres, mas, ao contrário, produzir uma reflexão crítica acerca das lutas desprendidas por elas na busca por não se subjugar ao poder do Estado e da Igreja. Um período tão rico historicamente não pode ser reduzido a fatos singulares sem a devida relação entre eles.

Antes de adentrarmos a análise da obra de Federici, gostaríamos de tecer uma reflexão acerca dos contos de fadas. Chegando aos nossos dias com essa nomenclatura, os contos maravilhosos ou contos populares surgem a partir da transformação das narrativas orais, das classes populares europeias, convertidas, gradualmente, em uma literatura infantil. Entre as quais podemos destacar as obras dos Irmãos Grimm, Hans Christian Andersen e Charles Perrault.

Entendemos ser importante iniciar nossas reflexões através dessas narrativas orais por entender que retratam as relações e mudanças sociais e históricas que se estabelecem nos extratos populares e que não fazem parte das análises que buscam retratar a ascensão da burguesia como justificativa para o surgimento da família nuclear e o novo lugar a ser ocupado pela criança.

Sua influência se traduz principalmente por uma preocupação pedagógica, segundo a qual as estórias deveriam servir para instruir moralmente, o que marcou de forma simbólica o momento de transição em que a criança deixava de ser considerada um adulto em miniatura e demandava um novo modelo de educação (Pessolato, 2014).

O papel desempenhado pelas mulheres e pelas crianças, descritos pelos contos de fadas, retratam as normas e valores expressas em costumes e práticas da sociedade na qual essas histórias se encontram situadas. Uma realidade em que muitas mulheres morriam nos partos, por isso a grande presença de madrastas; da fome que prevalecia entre as famílias camponesas que forçava o abandono das crianças; a escolha, por parte das madrastas, em alimentar seus filhos em detrimento das crianças da falecida por conta da quantidade restrita de alimentos disponível, produzindo o estereótipo da mulher que assume o filho de outra como má,[4] entre outras. Assim como, cumpriam a função de produzir formas de ser e estar no mundo.

Os contos de fadas apresentam culpabilização e punição à criança e mulher desobediente, a associação de uma figura malévola a mulher que não anseie pelo casamento, por uma vida feliz em um "lar/castelo" e, especialmente, castigos atribuídos aquelas que não gerassem e cuidassem das crianças. Principalmente, associa a malignidade a figura da mulher independente.

No início da Idade Média era comum a família camponesa ter muitos filhos, pois era muito difícil que uma criança sobrevivesse até chegar a fase adulta. Porém, com o surgimento dos movimentos heréticos, em torno dos séculos XII e XIII, uma nova estrutura comunitária surgiu, chegando a repudiar o matrimonio e a procriação. As mulheres tinham uma situação mais independente e, "ocupavam um lugar importante nas seitas" Federici, 2017, p. 78.

> Sabemos que, na sociedade medieval, devido à escassa disponibilidade de terras e às restrições impostas pelas guildas para a entrada nos ofícios, tanto para os camponeses quanto para os artesãos não era possível nem desejável ter muitos filhos e, com efeito, as comunidades de camponeses e artesãos esforçavam-se para controlar a quantidade de crianças que nascia entre eles Federici, 2017, p. 78).

4 O imaginário da madrasta como má é utilizado para reforçar, através das histórias, o amor de mãe. "Somente a mãe terá um verdadeiro sentimento pelo filho". Um amor inato.

Nesse período, a Igreja empreendia um enorme esforço para incentivar e controlar o matrimonio e a geração de filhos, visto ser ela mesma, um dos maiores feudos da época e, como tal, dependia da disponibilidade de trabalhadores para servirem em seus domínios. Porém seus esforços eram frequentemente frustrados, visto as situações adversas a que estavam expostos a maioria da população e, sobretudo, pela negativa dos mais jovens em casar e ter filhos.

Entre os camponeses, por exemplo, em períodos agravados pela escassez e fome, a criança se tornava, um peso para famílias[5] que beiravam a miséria. Era uma prática comum do período, o abandono de crianças em florestas, e vários contos trazem esse relato. O conto *O pequeno polegar*[6] é um exemplo:

> Naquele ano difícil, faltava tudo, praticamente não havia o que comer.
> Os dois lenhadores, desesperados com tanta miséria e tantas bocas para alimentar, encontraram uma triste solução: iriam se livrar dos sete filhos esfomeados. Enquanto os filhos dormiam, pai e mãe planejaram como agiriam para abandonar as crianças.
> — Vamos levar as crianças para a floresta — disse o lenhador. — Lá, enquanto juntam lenha, nós as abandonaremos e fugiremos sem que percebam".

5 Lembrando que família, nesse período histórico se difere da concepção moderna de família nuclear. Família no período feudal, entre os camponeses, pode ser considerado um grupo mais amplo que compartilhava do mesmo espaço e dividiam entre si as demandas necessárias para a sobrevivência. As relações coletivas prevaleciam sobre as familiares.

6 Charles Perrault.

As histórias transmitidas oralmente retratavam a cultura do período. O que para nós hoje seria considerado somente uma história era, na época, a transmissão de suas vivências e experiências. Outro conto que traz a mesma narrativa corroborando com a percepção de que a criança se tornava um problema para as famílias em momentos de grande carestia é o trecho de *João e Maria*[7] que citaremos a seguir:

> Tinham pouco com que se alimentar, e, sobrevindo na cidade uma grande carestia, nem mesmso o pão de cada dia conseguiram mais.
> Numa dessas noites, quando atormentado pelas preocupações não conseguia dormir e ficava revirando inquieto na cama, entre um suspiro e outro, disse à mulher:
> — Que será de nós? Como alimentaremos nossos filhinhos, se nada temos nem para nós?
> — Escuta aqui, meu caro marido, – respondeu ela – amanhã cedo, levaremos as crianças para o mais cerrado da floresta, aí lhes acenderemos uma fogueira e lhes daremos um pedaço de pão para que se alimentem; depois iremos para o nosso trabalho e os deixaremos lá sozinhos; êles não conseguirão encontrar o caminho de casa e assim ficaremos livres deles.

Esses contos, que são transcrições da oralidade da época, retratam a realidade das crianças. De abandono e exclusão. É comum o relato de bandos de crianças famintas que vagavam pelas florestas medievais. O território da floresta era habitado pelos excluídos, mendigos, abandonados, ladrões

7 Irmãos Grimm. João e Maria (Hansel e Gretel)

e toda sorte de desprivilegiados. Entre eles temos a presença das bruxas, mulheres retratadas como feias, más, com faces deformadas. Os contos de fadas buscavam produzir um estereótipo ameaçador para mulheres que se envolviam com práticas consideradas heréticas pela Igreja.

No final do século XIV, "o crescimento populacional se tornou uma preocupação social fundamental durante a profunda crise demográfica e com a escassez de trabalhadores" (Federici, 2017, p. 79).

Não foi difícil para a Igreja e para o Estado implantar práticas violentas de perseguição e conformação dos corpos femininos, pois estamos nos referindo a uma sociedade que sofria ininterruptamente processos de escassez, pragas, guerras, cruzadas, revoltas camponesas. A própria população procurava culpados.

Na vida real, as mulheres eram perseguidas por serem consideradas dissidentes, resistindo as novas normas sociais que estavam sendo estabelecidas. A designação "bruxa", era uma potente ferramenta discriminatória, que produzia marginalidade contra mulheres que desafiavam a norma feminina imposta, roubando delas qualquer direito a serem consideradas sujeitos.

Essas mulheres denominadas "bruxas", podiam estar sozinhas ou não; ser jovens, idosas ou viúvas, talvez, estivessem abandonadas; podiam praticar as artes medicinais com ervas ou auxiliar outras mulheres, fugindo da regulamentação do Estado e da Igreja. Por serem retratadas como perversas, essas mulheres eram vítimas em um sistema brutal, que podia penalizá-las do modo como quisesse. Elas podiam ser torturadas, asfixiadas ou queimadas vivas pelos crimes que as culpabilizavam.

> Segundo afirmam Eherenreich & English, as bruxas não surgiram espontaneamente, mas foram fruto

> de uma campanha de terror realizada pela classe dominante. Poucas dessas mulheres realmente pertenciam à bruxaria, porém, criou-se uma histeria generalizada na população, de forma que muitas das mulheres acusadas passavam a acreditar que eram mesmo bruxas e que possuíam um 'pacto com o demônio'. O estereótipo das bruxas era caracterizado, principalmente, por mulheres de aparência desagradável ou com alguma deficiência física, idosas, mentalmente perturbadas, mas também por mulheres bonitas que haviam ferido o ego de poderosos ou que despertavam desejos em padres celibatários ou homens casados (Angelin, 2016).

Ao contrário da imagem de bruxa, a imagem da mulher a ser retratada como princesa, é aquele que desempenhará o "trabalho reprodutivo, em tempo integral e não remunerado de dona de casa" (Federici, 2017, p. 195), essa ganha novos valores e atitudes. A mulher a ser considerada a princesa clássica era boa, linda, retratada como recatada, obediente, feliz por viver em um castelo/casa cumprindo com suas obrigações domesticas, sonhando em se casar e ter/cuidar dos filhos. Ao contrário das bruxas, essas seriam ideais por serem controláveis pela Igreja e pelo Estado.

Sendo assim, através dos contos de fadas, a infância da época ia sendo disciplinada para a nova ressignificação do papel a ser desempenhado pelas mulheres de acordo com as demandas sociais do Estado emergente. O mesmo papel que vemos, na contemporaneidade, através do brincar com bonecas.

No mesmo período histórico apontado por Ariès como responsável pelo surgimento da Infância Ocidental; a "caça às bruxas" se instaura na Europa, tendo como um de seus objetivos a preservação da criança, mão de obra necessária para o trabalho no Estado Moderno que surgia, forçando as mulheres a um aprisionamento em um novo papel, "em uma máquina de produção de novos trabalhadores" (Federici, 2017, p. 26), registrado por Federici. Esses dois fatos estão interligados e não podem passar despercebidos. Pois, quando falamos do surgimento da infância estamos, também, falando de um processo que produzirá papeis diferenciados para os diferentes gêneros. A crianças consideradas meninas já estarão sendo conformadas a desempenhar o papel de mãe. Sem esse papel não seria possível existir a infância.

A mulher e a maternidade: a ligação forçada entre dois papeis que possibilitaram o surgimento da infância

Vejam quantas mudanças foram impostas sobre as mulheres nesse período histórico. Para que surgisse um "sentimento" de cuidado e proteção em relação a criança, fez-se necessário que se constituísse um imaginário acerca de um amor inato da mulher por seu filho, tal como considera Elisabeth Badinter (1985). Uma forma particular de exploração da mulher para servir ao sistema vigente.

A autora vai apresentando uma série de discursos que vão sendo proferidos na época para conformar a mulher ao papel de mãe e cuidadora. "Quando as mulheres não eram sensíveis nem ao argumento da saúde, nem aos da beleza e da felicidade, acrescentava-se o da glória" (Badinter, 1985, p. 194).

Em muitas vezes, porém, todas essas estratégias eram insuficientes para sensibilizar as mulheres a cumprirem seu papel de mãe, "restava a arma das ameaças, fisiológicas e morais". Para as ameaças fisiológicas, temos que perceber que a Igreja e o Estado substituíram a presença das mulheres, historicamente constituídas como "a parteira, a médica, a advinha ou a feiticeira do vilarejo" (Federici, 2017, p. 362), e que tinham uma visão orgânica do mundo, perseguindo-as por bruxaria; pela ciência moderna desempenhada por homens médicos.

Uma encarnação urbana desse tipo de bruxa foi a Celestina, da peça teatral *La Celestina* (1499), de Fernando de Rojas. Dela se dizia que:

> Tinha seis ofícios, a saber: lavadeira, perfumista, mestra de fabricação de cosméticos e na reparação de hímens danificados, alcoviteira e um pouco bruxa. [...] Seu primeiro oficio era uma fachada para encobrir os demais e, com esta desculpa, muitas garotas que trabalhavam como criadas iam à casa dela para fazer o serviço de lavagem de roupas. [...] Não é possível imaginar o movimento que geravam. Era médica de bebês, pegava linho de uma casa e o levava a outra, tudo isso como desculpa para entrar em todos os lugares. Alguém lhe dizia: 'Mãe, venha!' ou 'Lá vem a senhora!'. Todos a conheciam. E, apesar de suas muitas tarefas, ela ainda encontrava tempo para ir à missa ou às vésperas (Badinter, 1985, p. 195).

A estratégia adotada pela Igreja e pelo Estado foi fundamental para retirar a rede de solidariedade formada entre as mulheres e força-las ao controle masculino.

> As coisas, no entanto, mudaram drasticamente logo que o controle das mulheres sobre a reprodução começou a ser percebido como uma ameaça à estabilidade econômica e social (Badinter, 1985, p. 85).

Silvia Federici ressalta um ápice de uma "crise geral", demográfica e econômica, entre as décadas de 1620 e 1630, que propiciou o estabelecimento de um regime de "biopoder".[8] A autora defende

> que tenha sido a crise populacional dos séculos XVI e XVII, e não a fome na Europa, durante o século XVIII (tal como defendido por Foucault), que transformou a reprodução e o crescimento populacional em assuntos de Estado e objetos principais do discurso intelectual. Sustento, ademais, que a intensificação da perseguição às bruxas e os novos métodos disciplinares que o Estado adotou nesse período, com a finalidade de regulamentar a procriação e quebrar o controle das mulheres sobre a reprodução, tem também origem nessa crise" (Federici, 2017, p. 169-170).

Temos que entender que, nesse contexto histórico, a Europa transitava de uma sociedade na qual a mulher dominava as artes curativas e da procriação para outra, na qual esse controle deveria lhe ser completamente extraído, transformando o corpo feminino

> em instrumento para a reprodução do trabalho e para a expansão da força de trabalho, tratado como uma máquina natural de criação, funcionando de acordo com ritmos que estavam fora do controle das mulheres" (Federici, 2017, p. 178).

Nesta conjuntura, a mulher-parteira se torna um risco, sendo substituídas por

8 Conceito usado por Foucault, para expressar uma mudança na preocupação estatal, pelo controle dos corpos dos indivíduos, como também, a preocupação com o crescimento e movimento populacional e seu impacto no âmbito econômico.

> médicos homens [que] passaram a ser considerados como 'aqueles que realmente davam a vida' (como nos sonhos alquimistas dos magos renascentistas). Com essa mudança, também teve início o predomínio de uma nova prática médica que, em caso de emergência, priorizava a vida do feto em detrimento a vida da mãe (Federici, 2017, p. 177).

Badinter cita diversas ameaças proferidas por médicos homens para incutir na mulher o imaginário da mãe-cuidadora, daquela que se sacrifica pelo seu filho. "Se a mãe se nega a amamentar, a natureza se vingará e a punirá na carne" (Badinter, 1985, p. 195); "vários médicos não hesitam em afirmar que elas correm até o risco de morrer" (p. 196);

> sem contar as 'afecções agudas e crônicas das glândulas mamárias, as febres graves das metroperitonites, as afecções do útero'. Pior ainda, Brochard[9] ameaça essas 'meias mães... com o câncer da mama e mesmo com a morte súbita'... Algumas delas, como se atingidas por um raio, teriam expirado antes que se tivesse tido tempo para socorrê-las..." (Badinter, 1985, p. 197).

Nesse momento transacional ainda persistia a prática da contracepção, do aborto e do infanticídio tratadas com indulgencia na Idade Média. Federici salienta que,

> a principal iniciativa do Estado com o fim de restaurar a proporção populacional desejada foi lançar uma verdadeira guerra contra as mulheres, claramente orientada a quebrar o controle que elas ha-

9 Brochard, De 1'allaitement maternel, 1868.

> viam exercido sobre seus corpos e sua reprodução (2017, p. 174).

É nesse cenário em que as politicas do Estado e da Igreja se voltam para a produção de crescimento demográfico, que uma nova legislação sobre a criminalização do infanticídio passa a vigorar e a ser tratada com maior severidade do que a prática de bruxaria. Mulheres poderiam ser penalizadas com afogamento, decapitação ou serem pregadas para contemplação. "Na Alemanha, a cruzada pró-natalista atingiu tal ponto que as mulheres eram castigadas se não faziam esforço suficiente durante o parto, ou se demonstravam pouco entusiasmo por suas crias" (Federici, 2017, p. 178). Ou seja:

> Somente com a modernidade, na constituição da família nuclear e valoração do infantil, surge a função de mãe cuidadora. A mulher foi reduzida à figura de mãe em uma época de grande influência das regras da medicina e do poder médico. Aquelas que não exercem seu papel primordial social são valoradas na maldade ou então enquadradas na patologia (Garcia, 2021, [*s. p.*]).

Observa-se que o "desejo de ser mãe" não é inato ou "fato da natureza", mas foi imposto a mulher como forma de produzir novos corpos para atender aos interesses políticos e econômicos que se estabeleciam. Desse mesmo modo, percebemos que a mudança na forma de tratar a criança atende a esses interesses e não a um "sentimento" descoberto. A infância surge como uma exigência e uma demanda da sociedade e o seu aparecimento somente foi possível porque um longo processo de subjugação do corpo feminino ocorreu.

O advento do papel de mãe na sociedade ocidental

Percebemos que o surgimento da infância tem relação com o liberalismo que emerge, que tem fins produtivistas, e não como expressa Ariès quando justifica que "um novo sentimento da infância que havia surgido, em que a criança, por sua ingenuidade, gentileza e graça, se tornava uma fonte de distração e relaxamento para o adulto" (Ariès, 2011, p. 100). A mulher desempenha um papel fundamental nessa empreitada. Não seria possível conceber o projeto "infância", para a produção de novos corpos produtivos sem a naturalização do papel de mãe, sem conceber uma maternidade compulsória[10].

Se situarmos a sociedade na qual o conceito de infância emerge, e o valor relacionado ao que a criança e a mulher irão desempenhar no aprimoramento do modelo político e econômico em desenvolvimento, percebemos a relevância da relação mãe-criança nesse processo histórico.

Isso justifica a necessidade de constituir um imaginário de desejo para toda uma coletividade, tornando esse desejo um potencial inovador. O desejo de ser mãe não é inerente a mulher; mas, através do agenciamento[11] do desejo torna-se um dispositivo que reproduz um imaginário coletivo para a necessidade de ser mãe.

Todo um aparato de discursos e práticas científicas é elaborado, a partir do século XVIII para a produção de pro-

10 O imaginário de que a mulher é imperfeita sem ter filhos e que o cuidado com a criança é natural para ela.

11 Agenciamento na relação Deleuze com Foucault, diz respeito a um jogo de proximidade e distanciamento que liga esses dois autores. Agenciamento pode ser considerado a ligação entre um conjunto de relações materiais a um regime de signos correspondente; formado pela expressão (agenciamento coletivo de enunciação) e pelo conteúdo (agenciamento maquínico).

cessos de subjetivação[12] na mulher favorecendo o surgimento de características fundamentais maternos. Essas mudanças, também, interferem nas relações familiares criando uma nova configuração para a família moderna, segundo Ariès, na qual, "toda energia do grupo é consumida na promoção das crianças, cada uma em particular, e sem nenhuma ambição coletiva: as crianças, mais do que a família" (Ariès, 2011, p. 189).

Porém, não é isso que Federici observa. Para a autora, entre a grande massa da classe trabalhadora, a família torna-se o "principal centro para a reprodução da força de trabalho" (Federici, 2017, p. 193). Um "microestado" dominado por um senhor. A mulher passa a desempenhar um cuidado doméstico, assim como podia "ajudar" com o trabalho que os maridos realizavam. Mesmo com a queda populacional, "os trabalhadores da indústria doméstica continuavam aparentemente se multiplicando" (Federici, 2017, p. 194).

Após a derrota marcante sofrida pelas mulheres com a ação terrorista perpetrada pelo Estado e pela Igreja, que ficou conhecida como "caça às bruxas", na qual todo um universo de práticas e resistências femininas foi exterminado, uma nova versão, domesticada, passou a ocupar seu lugar. "Surgiu um novo modelo de feminilidade: a mulher e esposa ideal –

12 A produção da subjetividade é tomada aqui como um processo que determina "a maneira de os indivíduos perceberem o mundo e apreenderem sistemas de valores e sistemas de submissão" (Carvalho, 1997), que modela, portanto, seus comportamentos, sua percepção, sua memória, sua sensibilidade e a forma como se relacionam. Parte-se, pois, da idéia de que, historicamente, o valor dado ao relacionamento mãe-criança nem sempre foi o mesmo, sendo que as variações que as concepções e práticas relacionadas à maternagem apresentam são produzidas por uma série de agenciamentos sociais, dentre os quais os discursos e práticas científicas assumem um importante papel (Moura, S. S. R.; Araujo, M. F., 2004, p. 44-45).

passiva, obediente, parcimoniosa, casta, de poucas palavras e sempre ocupada com suas tarefas" (Federici, 2017, p. 205).

Esse era o modelo necessário para o desenvolvimento da família moderna. Era necessário primeiro a criação da mulher-mãe ideal para que a família se estruturasse e a criança se tornasse seu centro. Se voltarmos a afirmação de Ariès de que "toda energia do grupo é consumida na promoção das crianças", tudo o que observamos até agora faz sentido. A criança torna-se o produto final de um processo produtivo altamente elaborado. A família moderna com o seu "sentimento da casa é uma outra face do sentimento da família" (Ariès, 2011, p. 189) é o espaço no qual essa mulher-esposa ideal, irá reproduzir o seu papel como cuidadora e protetora da criança e da família.

Após todo esse percurso, voltamos o nosso olhar para o brincar com bonecas e concluímos que o corpo da mulher continua a ser conformado, educado, desumanizado desde a infância, de modo a continuar reproduzindo um padrão de comportamento e pensamento forjado na modernidade, para prosseguir na produção de novos corpos para cumprir seu papel no interior de um projeto de Estado.

Referências

Angelin, R.

A "caça às bruxas": uma interpretação feminista. Portal Catarinas. Postado em 31/10/2016. Disponível em: https://catarinas.info/a-caca-as-bruxas-uma-interpretacao-feminista/ Acesso em:29.01.2021.

Ariès, P.

História social da criança e da família; tradução de Dora Flaksman. 2.ed. Rio de Janeiro: LTC, 2011.

Badinter, E.

Um Amor conquistado: o mito do amor materno; tradução de Waltensir Dutra. Rio de Janeiro: Nova Fronteira, 1985.

Brochard, A.-T.

De l'Allaitement maternel, étudié aux points de vue de la mère, de l'enfant et de la société, 2.ed. P.N. Josserand, 1874. Disponível em: https://books.google.com.br/books/about/De_l_allaitement_maternel_%C3%A9tude_au_poin.html?id=PLlcnQAACAAJ&redir_esc=y. Acesso em: 25.08.2021.

Butler, J. P.

Problemas de gênero: feminismo e subversão da identidade; tradução de Renato Aguiar. 20ªed. Rio de Janeiro: Civilização Brasileira, 2020.

Curiel, O.

Crítica pós-colonial a partir das práticas políticas do feminismo antirracista. Trad. Maria de Abreu Generoso, L. Revista De Teoria Da História | Journal of Theory of History, v.22, n.2, p. 231-245, 2019. Disponível em: https://www.revistas.ufg.br/teoria/article/view/58979. Acesso em: 19.08.2020.

Grimm, J. & Grimm, W.

João e Maria (Hansel e Gretel). Disponível em: https://www.grimmstories.com/pt/grimm_contos/joao_e_maria. Acesso em: 20.03.2020.

Federici, S.

Calibã e a bruxa: mulheres, corpo e acumulação primitiva; tradução coletivo Sycorax. São Paulo: Elefante, 2017.

Garcia, E.

O mito do "amor materno": como surgiu e como superá-lo. Outras Palavras, Publicado 25/02/2021. Disponível em: https://outraspalavras.net/feminismos/mito-do-amor-materno-como-surgiu-e-como-supera-lo/. Acesso em: 15.04.2021.

Moura, S. M. S. R. & Araújo, M. F.

A Maternidade na História e a História dos Cuidados

Maternos. *Psicologia Ciência e Profissão*, 2004, 24 (1), 44-55. Disponível em: http://www.scielo.br/pdf/pcp/v24n1/v24n1a06. Acesso em 26.06.2020.

PERRAULT, C.

O Pequeno Polegar. Disponível em: http://www.santabarbara.sp.gov.br/educacao/pdf/20200821140605-12.pdf. Acesso em: 20.03.2020.

PESSOLATO, L. & BRONZATTO, M.

As Transformações dos Contos de Fadas e o Surgimento da Infância. Revista Eletrônica Saberes da Educação – Volume 5 – nº 1 – 2014. Disponível em: http://docs.uninove.br/arte/fac/publicacoes_pdf/educacao/v5_n1_2014/Luciana.pdf. Acesso em: 06.08.2020.

SPIVAK, G. C.

Pode o subalterno falar?. Trad. Sandra Regina Goulart Almeida; Marcos Pereira Feitosa; André Pereira Feitosa. Belo Horizonte: Editora UFMG, 2010.

VIGOTSKY, L. S.

A formação social da mente. São Paulo: Martins Fontes, 1984.

14

NAS MALHAS DA LEI: PRIVADO E PÚBLICO

Roseane Carneiro dos Santos

Houve um crescente número de casos do crime de bigamia, entre o período de 1930 a 1960 e, ao analisar estes crimes, observamos que o acusado era sempre o homem, isto acontecia não somente pela presença do patriarcado em nossa sociedade mas principalmente pelo silenciamento e contenção da sexualidade feminina, atribuídos pela junção da igreja e do próprio Estado que categoricamente condicionava os movimentos e ações dessas mulher como uma forma de controlar seus desejos e vontades, sempre direcionadas ao oculto, ao inimigo, pois desta forma a sociedade permanecia num sistema do controle do masculino sobre o feminino.

É possível, através dos casos que foram analisados, observar o temor dessas mulheres de serem mal vistas. Além disso, quando colocadas no lugar de desonra, oprimidas no âmbito privado, aos cuidados da casa, do marido e dos filhos, não há lugar para o questionamento se era realmente o que queriam e se haveria de fato possibilidades de outros caminhos, o que dê certo se tem é que não havia escolhas, era imposto e assim seguiam, porque a mulher era a filha que se tornaria esposa e mãe, sem perspectivas de opções. Neste trabalho, questiona-se se a lei condicionava ou contribuía para o crime ocorresse.

Em um contexto de uma sociedade marcada pelo período colonial de uma sociedade machista e patriarcal, esse padrão passava de geração para geração e a naturalidade que o homem era posto como o "cabeça da casa", como o elemento provedor, a mulher como sua ajudadora.

Desde crianças essas mulheres eram direcionadas aos afazeres domésticos, ao privado e o homem a elementos ligados a sociedade, ao público, isso fica claro em hábitos domésticos como brincar de casinha para as meninas e carinhos para os meninos, sendo assim lhe eram atribuídos valores e princípios do que se esperavam desta mulher, enquanto o homem lhe caberia prover a casa e ter um bom casamento, fator conveniência e alianças familiares eram um quesito importante para seguimento de uma linhagem.

A partir de um ponto que não se tem questionamento, havia uma permissividade para que a mulher ocupasse esse determinado lugar na sociedade, a igreja e o Estado estavam aliados quanto a essas "tradições e bons costumes", a igreja condenava a sexualidade e o Estado internalizava a família como a base central da sociedade. O próprio adultério que deixou de ser crime em 2005 era direcionado a mulher adultera e não o homem, e a lei tinha suas contribuições pela própria constituição que abriga suas falhas e pela falta de instrumentos de comunicação daquela época que não havia informe em tempo hábil e os mecanismos que inibissem os casos de bigamia. Outro fator de permissividade que veio a ser reformulado, era o tempo de prescrição que estabelecia até 12 anos da descoberta do crime de bigamia para que fosse punido, quando na verdade muitos bígamos levavam uma vida até serem descobertos. Atualmente, contabiliza-se o tempo a partir da descoberta, o que dificulta a perda desses prazos.

Um fator de grande verificação dos casos é que além da bigamia, esses indivíduos poderiam ser enquadrados em outros crimes, mas não acontece como a falsificação ideológica que acontece na maioria dos casos, abusos físicos e psicológicos, não pagamento de pensão alimentícia, ameaças de morte entre outros crimes. Ainda assim, o sujeito é isento como se não houvesse nada que justificasse o ato, em extremo acontece uma prisão por furto devido ao capitalismo da época e do mais a omissão e o descaso se faz presente e dá lugar a outro feitos iguais ou piores, pois sabiam que nada iria lhe comprometer.

Ao analisar cada um dos processos crime percebemos que há uma história, um enredo, mas ao final sempre o mesmo resultado a impunidade, percebesse o engano, as traições, vidas duplas, o descaso, a opressão e as malhas da lei em contrair a mulher como o objeto de controle e manipulação. Nas fontes analisadas, nas falas dessas mulheres que ecoaram para dentro de si o choro, o desprezo e a dor, se erguer diante da existência de mães solos, estas últimas tendo que conviver com a maternagem solitária de seus filhos. Com isso traz à tona uma relação do masculino como o modelo de controle e construção de uma sociedade, buscando através da autoridade que lhe foi delegada a compreensão do mundo feminino e seus desafios desde o Brasil Colônia.

A hierarquia dos sexos manifesta-se a ela primeiramente na experiência familiar; compreende pouco a pouco que, se autoridade do pai não é a que se faz sentir mais quotidianamente, é, entretanto, a mais soberana [...] tudo contribui para confirmar essa hierarquia aos olhos da menina. Sua cultura histórica, literária, as canções, as lendas com que a embalam são uma exaltação do homem (Beauvoir, 2016).

A mulher, na posição de inferiorizada, sofria diversas formas de violência, seja física ou emocional, ou seja, a conduta é sempre a mesma de ruptura de sua integridade. Em contrapartida, os direitos das mulheres nunca eram pensados, mas aos homens eram sempre beneficiados com a lei, articulados como uma relação de condição a sua neutralidade e silêncio da qual foi obrigada a se reter pelo temor e pela desonra que pudesse sofrer em decorrência de se opor a predominância do masculino na sociedade. E para justificar o ato utilizam de situações para as quais o controle e o domínio seriam o correto para que haja uma supremacia do gênero, o masculino. Portanto, "A violência, em todas as formas, é parte integrante do funcionamento cotidiano da sociedade capitalista – pois é apenas por meio de uma mistura de coerção brutal e consentimento construído que o sistema consegue se sustentar com perfeição" (Fraser *et al*, 2019, p. 65).

Ao realizar a analises dos casos da bigamia do qual direciona meu trabalho é possível observar a estrutura da sociedade de 1930-1960 e suas fragilidades, bem como suas relações com a igreja, com o Estado e principalmente com a mulher, que acaba retratando dentro do seu contexto não somente a problemática de um processo crime, mas a conduta e condição desta mulher como elemento da sociedade e que a partir dela é possível visualizar a mentalidade daquela época e suas bases sociais, econômicas, políticas e religiosas, todavia alinhadas numa proposito único conter a sexualidade e o desejo da mulher para que o dominador se exalte sobre o dominado. No recolhimento das fontes temos três casos de bigamia, o primeiro centralizado na Bahia, mais precisamente em Tanquinho de Feira, cerca de 28,6 km da cidade de Feira de Santana, que se encontra no Cedoc da Universidade Estadual de Feira de Santana, para pesquisa. Neste processo, encontramos o caso do réu Raimundo Santa Barbara ou Raimundo Salvo Barbosa, sobrenome dos quais o mesmo utilizou no contexto da bigamia, brasileiro, casado, sem profissão definida, residente em Tanquinho, Distrito deste município (Fazenda S. Domingos), conforme documento:

Edital de Citação
O Doutor João de Almeida Bitlhões, juiz de Direito da Comarca da Vara de Crimes de Feira de Santana e seu termo na forma da lei, etc.
Faz saber a todos quanto ao presente edital virem que, por parte do Dr. Representante da 1 Promotoria Pública desta Comarca foi oferecida a denúncia do teor seguinte: Exmosnr. Juiz de Direito da Vara de Crime: O 1 Promotor Público desta Comarca no uso de suas atribuições, denuncia de Raimundo Santa Barbara ou Raimundo Salvo Barbosa, brasileiro, casado, sem profissão definida, residente e domiciliado atualmente em Tanquinho, Distrito deste município (Fazenda S. Domingos), como incurso nas penas do artigo 235 do Código Penal Brasileiro, pelo fato seguinte: o acusado no dia 27 de março de 1947 realizou seu casamento com a senhorinha Aurelice Leite de Souza, no Distrito de Bomfim de Feira. Desta união nasceram três filhos, estando a senhora Aurelice atualmente grávida do quarto filho. Nesse período, o denunciado deu provas do péssimo procedimento, principalmente quando foi residir em Serra Preta, município de Ipirá. Certa ocasião foi preso pelo subdelegado de Anguera, o sr Avelino Mercês de Oliveira, porque furtara dois bois. Porém o pior estava por se realizar. No dia 18 de setembro do corrente ano, no distrito de Tanquinho, o acusado usando o segundo nome que se acha na denúncia, se casou com a senhorita Aurelice Moreira Caribé. O Sr. Lucio L. Leite que é cunho e compadre do acusado instigando o caso constatou o crime quando deu por falta de um de um cavalo de propriedade de Dona Maria Vieira Leite, foi procurar o denunciado que

> estava na pose deste animal. Ora o caso é um dos que merece o devido pronunciamento da justiça porque fere as instituições e a moral da família. O acusado demonstra ser um indivíduo perigoso para a sociedade e consta que deseja fugir do distrito de culpa, conforme faz certo a palavra do inspetor de Serra Preta e subdelegado daquela vila o sr. Durval Pires de Cerqueira. Assim seria de bom aviso que fosse decretada a prisão preventiva do acusado.

O que de fato ocorre com este edital é um convite ao acusado de se apresentar para ser interrogado por 15 dias, mediante as denúncias a ele direcionadas, afim de analisar conforme os testemunhos, publicado no *Diário Oficial do Estado* em 21 de novembro de 1958.

O caso de Raimundo Barbosa nos remete ao crime sintetizado da falsidade ideológica contido no artigo do Código Civil. Entretanto, Raimundo é preso não pela bigamia e, sim, pelo roubo de animais, o mesmo é preso na cidade de Chique-chique e conduzido a Feira de Santana. Este fato denota a importância que a nossa sociedade, de caráter capitalista, imprime a crime contra a propriedade, se sobressaindo aos demais crimes. Raimundo era lavrador apesar dos documentos não definirem com clareza, mas sua particularidade é com o campo, mediante aos três lugares que o mesmo viveu, Bonfim de Feira, Tanquinho e Serra Preta, vivia da subsistência através do plantio, assim com suas duas famílias, pertenciam a classe de subsistência. Um dos fatos que chama bastante atenção, é que o acusado se casou com mulheres diferente e com o primeiro nome iguais, coincidência ou não, mas ambas se chamavam Aurelice, todavia a vítima, a primeira esposa, que esperava o quarto (a) filho (a) do casal era Aurelice Leite de Souza e sua segunda esposa Aurelice Moreira Caribé.

O segundo caso de análise de bigamia, o réu trata-se de Eugenio Matheus Castro Vives que se casou com Rozaria Gimenes, ambos espanhóis que vieram morar no Brasil no ano de 1936 no distrito de Moóca, na capital de São Paulo e que o mesmo haveria contraído uma segunda núpcias na cidade de São Salvador, Bahia, estando, portanto, incurso nas penas do Código Penal, ao qual instaura inquérito com a declaração da reclamante, sua esposa Rozaria que apresenta também nos autos e as certidões de casamento do acusado. A sra Rozaria anunciou em termo de declaração que vivera com o acusado por cerca de dezenove anos e, em 1924, seu marido foi transferido para trabalhar na cidade de São Salvador e a mesma havia indo com ele, porém sua vida tornou-se péssima mediante a sofrer constantemente ameaças de morte de Eugenio e que, segundo ela, a fez "sofrer dos nervos", por isso retornara a São Paulo com a família. Eugenio pagou-lhes as passagens e a declarante sinaliza que o acusado ficou de lhe enviar uma mesada para custear seu tratamento.

Todavia, ainda de acordo com seu depoimento, Rozaria ao chegar em São Paulo teve que voltar a trabalhar, pois o marido não só não cumpriu com o prometido como também deixou de se comunicar com a mesma. É possível que Rozária, de fato, sofresse maus tratos por parte do marido, mas é igualmente plausível que seu retorno tenha sido motivado por falta de adaptação a cidade de Salvador. Rozaria teve quatro filhos com Eugenio, um deles falecido, e como não houve respostas das cartas direcionadas, a mesma soube através de um amigo na Bahia que Eugenio havia casado novamente. Por conta disso, a mesma se deslocou para a Bahia e, juntamente com as certidões, apresentou-a a justiça com acusação de bigamia. Afirmou ainda que que Eugenio Matheus trabalhava numa companhia de Telefonia da época, as fontes não deixam claro a função de Eugênio, mas sinaliza que o mesmo era funcionário do setor de telefonia.

É importante ressaltar que as quatro testemunhas presentes no processo testemunharam, quase de forma idêntica, a vivencia do casal na Bahia e os maus tratos e ameaças de mortes que sofria e que teria a levado retornar a São Paulo. Eugenio, por sua vez, casou-se novamente com a filha de um Segundo Tenente do exército e vivia uma vida de boemia, ligado, o mesmo se intitulava pintor de artes plásticas.

O inquérito foi aberto, todavia foi arquivado, o processo é contido de 186 páginas e que bem exemplifica as relações de dominação masculina na sociedade mediante atitudes de agressividade, ameaças, traições e. por fim, concretizando com o crime de bigamia e não bastando o desfecho do descaso por parte das autoridades em arquivar um caso como prescrito pelo tempo, sendo que o mesmo nunca foi preso. Em comum com o primeiro caso de bigamia, é que ambos ocorreram no estado da Bahia, embora o casal fosse de origem espanhola e ainda que o primeiro caso o réu foi preso, mas não pelo crime de bigamia e sim por roubo, sendo assim é costumeiro as relações de impunidade na sociedade desta época em relação do masculino. Como mostra trecho de ambos os processos quanto ao desfecho, sendo prescrito pelo tempo e de certa forma baseada na superioridade do masculino, ainda que seja crime pelo Código Penal, servido assim como apoio para o patriarcado que se sentia confortável em originar tal ato.

> Porém o pior estava por se realizar. No dia 18 de setembro do corrente ano, no distrito de Tanquinho, o acusado usando o segundo nome que se acha na denúncia, se casou com a senhorita Aurelice Moreira Caribé. O Sr. Lucio L. Leite que é cunho e compadre

> do acusado instigando o caso constatou o crime quando deu por falta de um de um cavalo de propriedade de Dona Maria Vieira Leite, foi procurar o denunciado que estava na pose deste animal. Ora o caso é um dos que merece o devido pronunciamento da justiça porque fere as instituições e a moral da família. O acusado demonstra ser um indivíduo perigoso para a sociedade e consta que deseja fugir do distrito de culpa, conforme faz certo a palavra do inspetor de Serra Preta e subdelegado daquela vila o sr. Durval Pires de Cerqueira. Assim seria de bom aviso que fosse decretada a prisão preventiva do acusado.

Este trecho foi extraído de uma das fontes relacionada ao caso de Raimundo Barbosa mostra o a bigamia é descoberta a partir do crime de furto que consta no artigo 157, o mesmo é preso, mas em consequência do roubo e não pela bigamia que acaba sendo prescrita pelo tempo exacerbado da descoberta.

> Juiz de Direito da Vara de Crime: O 1 Promotor Público desta Comarca no uso de suas atribuições, denuncia de Raimundo Santa Barbara ou Raimundo Salvo Barbosa, brasileiro, casado, sem profissão definida, residente e domiciliado atualmente em Tanquinho, Distrito deste município (Fazenda S. Domingos), como incurso nas penas do artigo 235 do Código Penal Brasileiro, pelo fato seguinte: o acusado no dia 27 de março de 1947 realizou seu casamento com a senhorinha Aurelice Leite de Souza, no Distrito de Bomfim de Feira. Desta união nasceram três filhos, estando a senhora Aurelice atualmente grávida do quarto filho"

Nesse trecho do processo de Raimundo Santa Barbara ou Raimundo Salvo Barbosa, é possível analisar como a falsidade ideológica se faz presente e inserida nesse caso, do qual por questões de contato direto ao cartório de nascimento custava tempo e em decorrência disso casamentos eram oficializados sem esse retorno o que facilitava a falsificação desses documentos.

Outro trecho retirado do processo de Eugênio mostra que mesmo sua esposa adoecida dos nervos em consequência de maus tratos e ameaças de morte constante a mesma volta a trabalhar para custear seu tratamento e sustentar seus filhos por Eugênio não lhe paga a pensão que foi prometida com seu retorno ao estado de São Paulo. "Rosaria, que havia seguido com Eugenio para aquella capital (Salvador), voltou para esta (São Paulo), em virtude de maus tratos e ameaças de morte. Nada mais".

Esse trecho pertence a primeira testemunha ouvida do caso em relação a união do casal, Francisco de Santis, que em seu depoimento relata que conhece o casal a mais de dezenove anos.

O terceiro caso analisado de bigamia envolveu o acusado Antônio Elias dos Santos ou Antônio Elias dos Santos Borges, natural de Sergipe e residente na cidade de Rio de Janeiro, sendo um empregado público. Charlotte Ritzema Borgert, a segunda esposa, era natural dos Estados Unidos da América do Norte e residia na cidade do Rio de Janeiro. O acusado casou-se com Charlotte na cidade de Salvador, estando casado anteriormente com Affonza Isabella dos Santos, alegando que esta era falecida.

Uma testemunha em conjunto Charlote, entrou em contato com Affonza Isabella afirmou ser a verdadeira esposa de Antônio e que o mesmo a teria abandonado na cidade do Rio de Janeiro, casando-se na cidade de Sergipe com Charlotte

Ritzema. Esta, por sua vez, não estava ciente de que a primeira esposa estava viva e não falecida como Antônio Elias dissera. Antônio teria abandonado Affonsa em 1926 e casado em 1931 com Charlotte. Nesse caso o acusado é passivo de três crimes previsto na lei, a falsidade ideológica, o crime de bigamia e ocultação civil do matrimonio em conjunção a falsidade da morte da sua primeira esposa. Apesar disso, o exposto em lei foi arquivado e prescrito sem ações diretas ao acusado e tão pouco auxilio as vítimas envolvidas, no caso as duas esposas. A primeira esposa Affonsa Isabel era dona de casa, não trabalhava fora, de classe social baixa devido ao abandono do marido que era funcionário público, e enquanto que Charlote Ritzema era professora, espanhola e que estava no Brasil a trabalho.

Por fim, o que podemos constar é que os três casos analisados de bigamia possuíam suas particularidades, todavia todos tiveram algo em comum o descaso, o abandono e o engano a primeira esposa, em um dos casos a reclamante sofreu maus tratos e, como consequência, acabou sofrendo dos nervos, além de constantes ameaças de morte, no outro caso a reclamante, também a primeira esposa, estava gravida do quarto filho do casal. Além disso, descobre que o pai de seus filhos era bígamo e de péssima conduta, tendo o hábito de roubar animais. No terceiro caso, a reclamante é a segunda esposa que descobre que a esposa morta não verdade estava viva, o marido havia dito que era viúvo e assim em todos os casos há o engano fomentado na construção desta mulher que, em meio a suas dores, busca a verdade e a justiça. A falsificação ideológica é abordada em dois dos três casos, como o uso de um segundo sobre nome e no outro o acrescentar de outro sobrenome, diante desses fatores é possível supor que estes crimes talvez não acontecessem com facilidade na atualidade, haja vista a existência da tecnologia e dos meios de comunicação, sendo mais fácies de ocorre entre 1930 a 1960, época em que além do rádio a televisão só surgirá no final da década de 1960.

O crime de Bigamia está ultrapassado assim como do adultério e não deveria ser tutelado pelo direito penal, sendo que a bigamia pode ser tratada pelo Direito Civil ou Direito Público, pois a dignidade da pessoa humana devera está no princípio desse processo, sendo assim a constituição vem modificando, democratizando e humanizando a família e com o esvaziamento e a contradição atenuam num novo modelo dessa dignidade.

O que de fato o crime de bigamia deixa visível é a submissão dessas mulheres, mediante ao Estado e a Igreja, fragilizadas por serem quem são e não serem reconhecidas, a não ser como filha, esposa e mãe. Nesses parâmetros, a professora Maria Beatriz Nizza atribui a uma construção do lugar da mulher associado ao mundo privado e a subordinação masculina, desde o período colonial. Esta autora, pioneira nos estudos sobre família, traz as concepções do retrato, comportamento e perspectivas dessas mulheres que eram submetidas ao descaso de seus companheiros, descaso este fortalecido pelas instituições que supostamente zelava pela família. A Igreja, assim como o Estado, teve seu papel importante na construção, controle e domínio feminino, principalmente no âmbito da sexualidade.

A mulher era representada como abominável mal que manipulava os homens e um ser voltado para procriar e criar seus filhos. Para a igreja e para a sociedade, a mulher ideal deveria ser uma mãe protetora e amorosa, refletindo assim a imagem de Nossa Senhora, a mãe de Jesus, enquanto que as chamadas mulheres livres reproduziam a imagem e semelhança de Eva, aquela que levou o homem a pecar e, que por causa dela, vieram a ser expulsos do paraíso. A Eva exalava sexualidade e a liberdade de expressão através de sua nudez e comportamento que fugia dos padrões aceitáveis para o feminino. Por muitos anos a Igreja associava a mulher a Maria, mãe de Jesus, ou a Eva, aquela que trouxe o pecado e a morte ao mundo, construindo na mentalidade da sociedade, a ideia de que a mulher deveria ser submissa ao homem e voltada apenas para o lar e para o mundo privado.

Contudo a bigamia mesmo sendo crime tinha algumas particularidades em que o acusado na maioria dos casos analisado não houve punição mediante ao que consta na lei, em um dos casos a prisão ocorre por outro crime e por essa prisão é descoberta a bigamia, sendo assim a sociedade dos anos de 1930 a 1960 era conservadora, manipuladora, cheia de pudor e tabus que direcionada a uma condição em que a bigamia era naturalizada ainda que era crime no Código Penal, na sua maioria era prescrito por conta do tempo da descoberta e que quando era analisado já havia perdido o prazo, nessa relação o acusado ficava impune ainda que perante a justiça ele fosse anunciado, como é o caso de Eugenio que não paga pensão como foi acordado com sua primeira esposa e ele casou-se novamente e ele sequer foi preso, devido ao tempo que foi descoberto e o crime prescrito.

A justiça por sua vez fazia o processo caminhar, mas como sempre há brechas, as coisas não aconteciam como era instituído e assim a bigamia era fator comum na sociedade, todavia só era legitimado e consumado com o ato civil, porque ainda que existia o concubinato, era estabelecido como crime quando consumado oficialmente. Outro fator de grande dominância das mulheres na sociedade era o patriarcado e o machismo que em conjunto um ao outro condicionava uma relação de controle tendo como apoio à Igreja e o Estado que zelavam pela moral e pelos bons costumes.

A Igreja condicionava através do controle da sexualidade e dominância sobre seus atos e atitudes que manifestavam uma conduta de honra e princípios. Esta mulher espelhava o reflexo da beleza, paciência, amor e leveza, transparecendo no seu semblante a ternura que lhe cabia a demonstrar na sociedade.

É interessante analisar quais os benefícios que esta mulher teria por assim aceitar as condições que lhe eram imposta, na sua maioria não tinha acesso aos estudos, exceto a classe média- alta e era uma particularidade dos homens que por natureza lhe pertencia, essas mulheres por falta de opção e oportunidade acabavam aceitando casamento arranjados, por conveniência e por interesse de ambas às famílias, assim concretizava uma aliança entre grandes famílias que por sua vez era relacionado a economia e aos aspectos sociais, além de continuidade da linhagem. A bigamia enquanto crime não criava temor, aliás pôr na sua maioria eram prescritos direcionava a repetição desse mal conduta, pois sabiam que ficariam impunes.

Referências

DEL PRIORE, M.

Histórias intimas: sexualidade e erotismo na história do Brasil. São Paulo: Planeta, 2011.

"As atitudes da igreja em face da mulher no Brasil colonial". *In:* MARCILIO, M. L. (org). *Família, mulher e sexualidade no Brasil.* São Paulo: Loyola, 1993.

MONTALVÃO, M. M.

União estável e o direito penal, 2009. Disponível em: . Acesso em: 30 de out. de 2016.

NORONHA, E. M.

Direito Penal 3. São Paulo: Saraiva, 1995

PRIORE, M.(Org.).

História das crianças no Brasil. São Paulo: Contexto, 1999.

História das mulheres no Brasil. 5. ed. São Paulo: Contexto, 2001.

SAFFIOTI, H.

Gênero, patriarcado, violência. São Paulo: Expressão Popular, 2015.

O poder do macho. São Paulo: Moderna, 1987.

SOUZA, T. M.

Mulheres bígamas e Inquisição no Recôncavo da Bahia Colonial: casar e casar novamente (1695-1709).

15

O DESAPARECIMENTO DA INFÂNCIA NO BRASIL: UMA ANÁLISE HISTÓRICA E INTERSECCIONAL

Andréa Barbosa

As primeiras análises que desenvolvi sobre história da infância sempre estiverem em torno da seguinte questão: existiu uma ideia de infância no Brasil e na Bahia? Para responder este questionamento é necessário, em primeiro lugar, distinguir entre criança enquanto um fato social e uma fase da vida humana e infância, esta última como uma ideia que reconhece as diferenças biológicas e psicossociais entre o mundo infantil e o mundo adulto e busca construir um universo simbólico específico para esta fase, interditando o mundo simbólico dos adultos para crianças, principalmente, no que concerne a sexualidade. Afinal, como afirma Postman:

> Não devemos confundir, de início, fatos sociais com ideias sociais. A ideia de infância é uma das grandes invenções da Renascença [...] infância, como estrutura social e como condição psicológica, surgiu por volta do século XVI e chegou refinada e fortalecida aos nossos dias (Postman, 1999)

Assim, de acordo não só com este autor, como também segundo Philippe Ariés (1982), a ideia de que existe uma classe especial de indivíduos que se distingue dos adultos mediante elementos simbólicos elaborados pela sociedade ocidental, ocorreu entre os séculos XVI e XVII, quando então mudanças oriundas do desenvolvimento capitalista alteraram continuamente as relações sociais entre esta classe de indivíduos (crianças) e adultos. Assim, para ambos os pesquisadores, a ideia de infância é historicamente construída.

Postman enfatiza as mudanças tecnológicas oriundas do capitalismo - a invenção da prensa gráfica – que como consequência possibilitou a impressão de manuscritos e, com isso, o processo de alfabetização socializada, antes apenas privilégio de uma elite letrada. E, neste caso, a criança que entes era socializada entre os adultos, torna-se o principal alvo de uma escolarização que se torna gradativa e contínua. Portanto, ser adulto era ter domínio da escrita e da leitura e do todos os segredos que o universo do mundo letrado permitia, era romper com o mundo da oralidade e da experiência.

Ariés, que antecede os argumentos de Póstman, não discorda da importância do processo de escolarização para o surgimento de um sentimento de infância na modernidade, mas sinaliza, igualmente, a importância da família burguesa e nuclear, sob a qual há uma relativação do poder do patriarca visando fortalecer o papel da mãe pedagoga e cuidadora de seus filhos. Ou seja, Aríes e Postman sinalizam que a ideia de infância foi uma criação da classe média burguesa que, progressivamente, se expandiu para os demais segmentos sociais.

Em primeiro trabalho "A infância esquecida. Salvador (1900-1940)" (2003), no qual procurei analisar a presença "do sentimento moderno de infância" na cidade de Salvador-Ba, no início do século XX, curiosamente encontrei a existência dessa ideia de infância tanto entre as elites como entre os segmentos populares. Sendo que a ideia de infância veio seguida de um processo de naturalização do amor materno. Constatei, igualmente, que esta naturalização do amor materno não era centrada apenas no ideal burguês, como também no ideal Mariano (devoção à Maria, mãe de Jesus), muito presente no cristianismo católico. Este fato pôde ser percebido, por exemplo, nos bilhetes deixados com os bebês na roda dos expostos da santa casa da misericórdia:

> Eu Maria de Luiz Pereira sendo uma mulher do povo e tendo este filho sem casa nem alimento para sustentar, recorro a santa casa da Misericórdia para que crie e eduque até o tempo determinado. Elle se chama Rubens Pereira ainda não está baptisado, rogo a caridade de fazel-o christão, nascido a 29 de julho de 1927, nascido na maternidade Climério de Oliveira. Bahia. 15/08/1927. A indigente Maria Luz Pereira. (ASCMB. Livro de registro de entrada dos expostos, nº22, 15 de agosto de 1927).

Dessa forma, nas primeiras décadas do século XX, encontrei uma ideia de infância acompanhada de uma naturalização do amor materno, muito presente na cidade Salvador, ainda que esta ideia se manifestasse de forma diferente a depender das variáveis de classe , gênero e raça e que o próprio sentimento de infância produzido pelas elites e, de certo maneira, compartilhado com os segmentos populares, caminhasse paralelamente com a ideia de criminalização da criança pobre e negra. Ou seja, constatei que para investigar a existência ou não de uma ideia de infância, necessitava recorrer à categoria de interseccionalidade. Voltando-se a Crenshaw (1989), Hirata argumenta que:

> A interseccionalidade focaliza sobretudo as intersecções da raça e do gênero, abordando parcial ou perifericamente classe ou sexualidade, que 'podem contribuir para estruturar suas experiências (as das

> mulheres de cor)" (Idem, p. 54). A interseccionalidade é uma proposta para 'levar em conta as múltiplas fontes da identidade', embora não tenha a pretensão de 'propor uma nova teoria globalizante da identidade' (Hirata, 2014, p.62)

Em resumo, este conceito nos leva a pensar as experiências dos oprimidos por questões identitárias que, em geral, se não são totalmente divergentes das ideias dominantes, são resignificadas pelos segmentos populares a partir de suas próprias lógicas de sobrevivência. Assim, recorrendo a este conceito, mas centrando principalmente na categoria de gênero, (re)pensei a ideia de infância e sua relação com a ideologia do trabalho para as classes trabalhadoras.

Em "A história (quase) secreta: Sexualidade infatojuvenil e crimes sexuais na cidade de Salvador (1940-1970)" (2019)" voltei-me para pensar as ideias de infância, juventude e adolescência a partir das representações que a sociedade - leia-se as elites letradas- elaborava sobre estas fases e de que forma essas representações afetavam os crimes sexuais envolvendo adultos e crianças e a legislação voltada para punir estes crimes. Mais uma vez foi necessário recorrer ao conceito de interseccionalidade, pois a noção de infância – quando envolvia crimes sexuais e mesmo comportamentos no espaço público – alterava-se a partir das categorias classe e gênero.

A necessidade de recorrer a interseccionalidade tornou-se inevitável em ambos os trabalhos. Contudo, em "A história (quase) secreta [...]" levei em consideração que tanto o Brasil como a cidade de Salvador vivenciaram inúmeras transformações culturais, denominadas de contracultura, um movimento que, entre 1960 e 1970, adquiriu vários matizes culturais e modificou não só a noção de arte, como também o estilo de vida das pessoas e seus comportamentos. Ou seja, houve uma busca de ruptura com os valores, ideias e acordos sociais presentes em uma estrutura patriarcal e, ao mesmo tempo, burguesa. Supostamente, a contracultura teria uma estrutura libertária e anárquica, com seu ponto alto no festival de Woodstock, em 1969 (Maciel, 1996, p.33). Tais mudanças teriam, em certa medida, flexibilizado as relações entre os gêneros, bem como entre gerações, facilitando tanto o florescimento de uma ideia de infância, como de naturalização do amor materno e de uma imposição da maternagem[1] à mulher e a um ideal de feminino.

Em suma, o ideal de infância se manteve para os segmentos médios e altos da sociedade, mas quando envolvia crianças dos segmentos populares, estas eram associadas à disciplina do trabalho – quando meninos - ou como objetos de desejo sexual, quando meninas. Este é um período em que, também, se firmava entre as elites a ideia de adolescência como uma fase intermediária entre a fase adulta. Porém, como podemos perceber por esta notícia relatada pelo jornal Diário da Bahia, o trabalho marcou o fim da infância e início da fase adulta e não a adolescência para Silviomar, menino pobre da cidade de Salvador:

> Aos 13 anos e já sustentava a família.
> Silviomar é um exemplo de dedicação e amor filial – um garoto que merece ser aproveitado – ganha 225 cruzeiros e todo dinheiro vai para os irmãos e acha feio menino fumar, não tem tempo para amores [...] Ainda será jornalista
> Silviomar Pereira, o estafe do telégrafo Nacional. Entrou na redação ontem, às 22 horas. Estava de

1 Sobre a maternagem, ver Winnicott, 2000.

> serviço ... Ele veio trabalhar e todo o dinheiro que ganha remete para a família em Nazaré.
> Vez por outra tira cinco ou dez cruzeiros para uma 'despezinha'. Não compra um queimado, pois tema preocupação de fazer economia. Está satisfeito no emprego, apenas lamentar não poder estudar para ser também jornalista...
> (Diário da Bahia, Bahia, 13 jan. 1945. p. 3)

É notável que o relator destaque a capacidade de trabalho do menino Silviomar em se dedicar ao trabalho como um adulto, inclusive permanecendo no trabalho até às 22h. Siviomar, no entanto, expressa sua tristeza em não poder estudar, afinal a escola foi à instituição que, junto com a família burguesa, materializaram a ideia de infância a partir de um processo de socialização da criança de forma distinta do adulto. A criança pobre, no entanto, devia voltar-se para o trabalho e se frequentasse a escola, o ensino deveria ser somente técnico e profissionalizante.

O caso deste menino trabalhador demostra que passado e presente se intercruzam com mais permanências do que transformações quando nos debruçamos sobre os pensamentos das elites brasileiras sobre as famílias pobres e a criação de seus filhos. A Lei nº 13.415/2017 modificou a Lei de Diretrizes e Bases da Educação Nacional e promoveu uma mudança na estrutura do ensino médio. De acordo com esta lei, além de supostamente ampliar o tempo mínimo do aluno na escola de 800 para 1000 horas, centra na educação técnica e profissional do aluno. Ou seja, mais uma vez a ideia é formar trabalhadores disciplinados. Segundo o site do Ministério da Educação intitulado "Novo ensino médio: perguntas e repostas":

A formação profissional e técnica será mais uma alternativa para o aluno. O Novo Ensino Médio permitirá que o jovem optc por uma formação profissional e técnica dentro da carga horária do ensino médio regular. Ao final dos três anos, os sistemas de ensino deverão certificá-lo no ensino médio e no curso técnico ou nos cursos profissionalizantes que escolheu (Disponível em: http://portal.mec.gov.br/component/content/article?id=4036. Acesso em: 28 ago. 2021)A questão de gênero, da mesma forma, não pode deixar de ser desconsiderada, pois é perceptível que, de forma geral, uma menina saia da infância assim que alterações biológicas a aproximasse do fenótipo da mulher adulta. Outro aspecto que foi decisivo: a questão da classe e da cor como fundamental para enxergar e representar a menina na fase da infância. Os casos de estupro que chegavam à justiça envolviam meninas pobres, não porque a violência de gênero não ocorresse ou ocorra entre as elites e, sim, porque estas buscavam e buscam arranjos particulares e evitando assim procurar o sistema judiciário. Por este motivo, ficamos sabendo de histórias e dramas de meninas como Zélia, menina de 08 anos, estuprada por Edgar, 26 anos de idade. Segundo relatório encontrado em um processo-crime de estupro, na cidade de Feira de Santana: Tendo dona Eulina Clara [,,,] queixado nesta delegacia haver sido sua filha menor de oito anos de idade, Zélia Evangelista [...], estuprado por Edgar [...], no dia 26 do mês de outubro p. passado, Estrada das Boiadas, nesta cidade [...]

(Cedoc. Seção Judiciária, Est. 03, Cx. 83, doc. 1599, fl.01)

Zélia, definida como menor, mas não como criança, tem seu testemunho colhido no termo de declarações de 6 de julho de 1945. Segundo Zélia:

> Que a tarde de 24 de outubro, sábado, Edgar, vizinho da declarante, chamara para dentro de sua própria casa e sob promessas de lhe dar doces tentara deflorar-lhe, do que resultou sair muito sangue, que no dia imediato o Sr. Edgar havia o chamado e mais uma vez a fizera deitar sangue, tendo concluído o que desejava, no dia imediato, segunda-feira [...] (Cedoc. Seção Judiciária, Est. 03, Cx. 83, doc. 1599), fl.09)

Ainda em seu depoimento, Zélia relata um cotidiano em que a mãe, por causa do trabalho, a deixava sozinha o dia todo, juntamente com outro irmão, também menor de idade. Tal fato demonstra que para uma criança pobre, as condições de sobrevivência de sua família impediam que fosse tratada de forma diferenciada dos adultos, tendo que, ao voltar da escola, cuidar de si mesmo e de seu irmão. Este processo, como outros que encontrei tanto na cidade de Feira de Santana como na cidade Salvador, na Bahia, por si só indicam a impossibilidade de materializar a ideia de infância para os segmentos empobrecidos. É importante salientar que Zélia, além de fazer parte de uma família pobre, era também preta. Ou seja, as condições de classe e raça a tornavam duplamente excluída do ideal de infância.

Mais não só Zélia foi alvo de desejo do homem adulto. Vejamos, através do jornal Diário de Notícias, o caso da menor M. H, de 12 anos de idade:

> Julio de Nunes Almeida, à primeira vista parecia tratar-se de um rapaz direito e normal. Trabalhando

> no Cortume Bragança, levava uma vida normal, até que, ultimamente, veio descobrir-se não passar de um "tarado". Rcsidindo na rua Formiga, em São Caetano, deu-se de amizades com uma rapariga que era empregada na mesma rua, na casa n. 83, de propriedade do sr. Antonio Joaquim Salgueiro. Nada de mais havia ou parecia haver nesta camaradagem, até que, afinal, veio o acontecimento da semana passada. Por intermédio da empregada, Júlio fez camaradagem com a menor M. H., de 12 anos de idade, filha do sr. Antonio. No dia 26 último, quando a garota se dirigia para a escola Barbosa Rodrigues, onde está estudando, foi raptada pleo "tarado". Sabedores do fato, os pais da menor embarcaram em um "jeep" e perseguiram o raptor que foi pegado já no Posto de Campinas. Recuperada a menor, o "tarado", entretanto, conseguiu escapar, estando até o momento evadido (*Diário de Notícias*, 29 de março de 1955, p. 3)

Este caso apresenta não só o desejo de um homem adulto por uma menina de doze anos, a ponto de este usar o subterfúgio de estabelecer uma relação de namoro com a empregada doméstica que trabalhava para família da criança- uma mulher adulta- e assim ter acesso a menina, como também sinaliza a questão de classe como elemento determinante para o desfecho positivo do conflito. A menina teve seu nome preservado pelo uso das iniciais M.H e foi resgatada pelos seus pais que possuíam a possibilidade de manter uma empregada doméstica e um automóvel para desenvolver a busca do raptor e o resgate de sua filha. Estes fatos indicam que a criança pertencia, no mínimo, a classe média da sociedade soteropolitana. Outro fato que indica que esta criança não era das camadas populares é a sua permanência em uma escola como forma de socialização e não o trabalho, como acontecia com a maior parte das meninas dos segmentos populares. Já a empregada doméstica é definida como rapariga, termo muito utilizado para desqualificar a honra das mulheres pobres e trabalhadoras, principalmente as que exerciam a atividade doméstica.

Mais não só em Salvador e Feira de Santana encontramos casos que indicam o desejo do homem adulto por crianças. Na cidade de Itabuna o mesmo jornal relatou o estupro de uma criança:

> De Itabuna
> O tarado "Jupará" foi preso logo após uma de suas façanhas.
> "Jupará" está preso
> Felizmente a policia conseguiu deter José Alves dos Santos, mais conhecido por "Jupará", o monstro acusado de vários crimes.
> Em virtude de queixa apresentada à Delegacia de Policia, pela sra. Aurelina Maria de Jesús, foi o tarado identificado e preso. A queixa da sra. Aurelina, prendia-se ao fato de pela madrugada ser despertada pelo choro de sua filha menor M.V. e se dirigindo ao quarto onde a mesma dormia, ver um homem estranho sair apressado em caminho da rua, o que foi verificado também por diversas pessoas. Aproximando-se de sua filha, viu que a mesma apresentava ferimentos e sinais de violência pelo corpo. Foi então que procurou a policia a qual tomou em consideração a sua queixa. À vista das declarações prestadas por "Jupará" a autoridades policiais, conclue-se (*sic*) que seja ele o autor do seviciamento de crianças que

> ultimamente têm sido constatados aqui. "Jupará" exerce a profissão de carregador de cadáveres e é um tipo de gestos originais (Diário dc Noticias, 4 de maio de 1955, p. 2)

Mais uma vez a notícia relata não só o desejo de um homem adulto por uma criança, seguido de estupro, mas a persistência desta prática com outras crianças da cidade. Além disso, pela repugnância do ato apresentado pelo articulista da matéria, é perceptível ainda a presença da ideia de infância, ou do "sentimento moderno de infância", na sociedade baiana da década de 1950, fato este que condizia com o pensamento jurídico da época que criminalizava – através do código penal de 1940- qualquer ato sexual de um adulto com uma menor de 14 anos, sendo supostamente consensual ou não.

O crime de estupro foi enquadrado no código de 1940 na seção "crimes contra os costumes", objetivo era separar os crimes que, supostamente, feriam a honra feminina e a liberdade sexual dos indivíduos dos "crimes contra família" (Noronha, 1977). De acordo com o código, o estupro seria a realização violenta da conjunção carnal, ou seja, a penetração do pênis na vagina da mulher, o coito vagínico. Por este motivo, só se aceitava a mulher como agente passivo do crime. O código ao classificar a existência do crime de estupro tendo o agente passivo às mulheres, defendia, também, a existência de uma violência presumida. A violência que se manifestava quando o ato sexual ocorria sem a presença de uma violência física, mas como resultado da incapacidade da vítima evitar o ato. Neste caso, a violência presumida seria motivada por três motivos: 1) por ter sido incapacitada com bebidas ou alucinógenos, 2) por deficiência cognitiva da vítima, 3) por se menor de 14 anos (Gonçalves, 2003). É perceptível, através da terceira motivação, que para o pensamento jurídico a idade de 14 anos tornou-se limite para o fim da infância da menina, pois antes dessa idade a jovem não teria condições de discernir sobre atos sexuais que faziam parte de práticas e do mundo simbólico dos adultos. É preciso ressaltar que em pesquisa anteriores que desenvolvi em alguns trabalhos – Rodrigues (2003), Barbosa (2019), A violência sobre os corpos infanto-juvenis na Bahia, Feira de Santana e Salvador, 1940-1960. In Oliveira (2019) - encontrei uma aparente situação de precocidade sexual entre as meninas dos segmentos populares, fato que contesta esta total ingenuidade em relações aos prazeres da carne para menores de 14 anos. No entanto, é inegável que estas crianças, conhecedoras ou não dos atos sexuais, quando sofriam estupro motivado por violência física eram reconhecidas como crianças e provocavam na mídia jornalística revolta e indignação.

Dessa forma, a ideia de infância ou o "sentimento moderno de infância" existiu na sociedade baiana desde o início do século XX, contudo, esta mesma ideia foi perpassada por questões de classe, gênero e raça e, por isso mesmo, se manifestava com significados diferentes e imprimia, para muitas crianças, a impossibilidade prática de vivenciar a infância. Outro questionamento que minhas pesquisas têm derivado é: a ideia de infância estaria desaparecendo mesmo entre as classes médias e altas de nossa sociedade? E, se sim, quando e de que forma poderíamos constatar o desaparecimento da infância no Brasil?

O desaparecimento da infância no Brasil

Com o intuito de responder os questionamentos acima, recorro novamente à hipótese de Neil Postman sobre um possível desaparecimento da infância no Ocidente. Segundo este autor, estava ocorrendo mudanças no mundo simbólico de nossa sociedade que afetavam diretamente a ideia de infância. Estas transformações foram motivadas pelo avanço tecnológico, pois " a subsistência da infância dependia dos princípios da informação controlada e da aprendizagem sequencial" (Postman, 1999, p. 86), aspecto que foi se deteriorando com a evolução de tecnologias que expandiram o conhecimento para além dos muros da escola e da família. A televisão foi, para o autor, a tecnologia que marcou a alteração na cadeia de transmissão do conhecimento. Para Postman, "a televisão oferece uma alternativa bastante primitiva mas irresistível à lógica linear e sequencial de palavras impressa e tende a tornar irrelevante os rigores de uma educação letrada" (Idem, p. 93). Ainda segundo este autor:

> O ponto essencial é que a TV apresenta informação numa forma que é indiferenciada em sua acessibilidade, e isto significa que a televisão não precisa fazer distinção entre as categorias 'criança' e ' adulto' [...] Isto acontece não só porque a forma simbólica da televisão não propõe mistérios cognitivos , mas também porque um aparelho de televisão não pode ser escondido numa gaveta ou colocado numa prateleira alta, longe do alcance das crianças: sua forma física , não menos que sua forma simbólica, não se presta à exclusividade (Postman, 1999, 93-94)

De fato, não só a TV, mas todo o universo midiático, hoje viabilizado pela internet, impossibilita a interdição de segredos e, sem eles, não pode existir infância.

Assim, embora acredite que a tese de Postman tenha argumentos para se sustentar, defendo que a deia de infância, provavelmente, esteja lentamente se dissolvendo entre as camadas médias e altas, à medida que o processo de erotização dos corpos infantis, principalmente femininos, se estende para estas classes sociais de nossa sociedade. As décadas de 1950 e 1960 foram cruciais para ampliação e erotização dos corpos infantis, tanto pelo fato que de que a televisão socializou conhecimentos e mundos simbólicos do mundo adulto para crianças e jovens, como também possibilitou uma maior exposição visual do corpo infantil.

Em meu trabalho "A história (quase) secreta [...] (2019)" pude trabalhar com as cartilhas de Carlos Zéfiro e, especificamente, com uma história que envolvia o envolvimento sexual e afetivo de um homem adulto por uma criança. Mas, antes (re) contar esta história e demonstrar, através dela, a presença de um processo erotização dos corpos infantis, gostaria de ressaltar que, neste mesmo período, Vladimir Nabokov escreve seu livro Lolita, editado em 1955 por uma editora francesa, Olympia Press. Ou seja, Carlos Zéfiro –nosso autor brasileiro– não estava sozinho nesta busca de usar a arte para expor o desejo sexual de homem adulto por uma criança.

É importante ressaltar que Carlos Zéfiro foi um desenhista brasileiro, autor de quadrinhos eróticos publicados em formato de gibi que ficaram conhecidos como "catecismos". Zéfiro é o pseudônimo de Alcides Aguiar Caminha, um funcionário público que teve seus gibis ou HQ lido por uma geração homens jovens e adultos que viveram, principalmente, entre a década de 1950 e 1980, no Brasil. Período em que os corpos infantis foram expostos através de programas televisivos, infantis ou não, bem como mediante revistas infantis, como a "Pais & Filhos" que, segundo Liana Pereira Borba dos Santos (disponível em : https://www.scielo.br/j/rbhe/a/6m3B3pZw8dvNgmkpTZkqjQn/?lang=pt&format=pdf) surgiu em julho de 1968, através da Bloch

Editores. Mas, voltemos a Zéfiro através de sua instigante história "Lía"[2]

Lia é um personagem feminino que, desde criança, se torna alvo de desejo de Teo, personagem masculino e adulto que conduz a criança a aprender a dar prazer passivamente ao homem.

O início da história demonstra que o interesse do personagem pela criança começa muito cedo, quando ainda ela tinha apenas cinco anos, ou seja, não havia desenvolvido em sua aparência física nada que a aproximasse de uma mulher adulta. Na narrativa, o personagem masculino, Téo, acompanha e a assedia Lia em todo o desenvolvimento de sua vida: infância, juventude e fase adulta. E, na história, Lia é retratada não só de forma passiva, como desejosa em aprender e dar prazer ao personagem masculino. Zéfiro, portanto, não só naturaliza o desejo de homem adulto por uma criança, como também reforça as assimetrias de gênero, nas quais o masculino se define como dominador, forte e superior ao feminino, enquanto este último encontra apenas a felicidade quando aprende a tornar-se um ser para o outro, o homem. Na história, Téo – o personagem adulto e masculino) – se aproveita de Lia em suas diversas fases da vida (infância, adolescência e fase adulta), inclusive realizando sexo oral.

Assim, após vários assédios e práticas de sexo oral em várias fazes da vida de Lia (como na retratada acima), Téo consuma o sexo vaginal quando esta se torna adulta. A história, portanto, naturaliza o desejo sexual masculino por crianças e erotiza o corpo infantil.

2 Maiores informações sobre as histórias pornográficas de Carlos Zéfiro e, especificamente sobre a história "Lia, ver a obra Marinho e et. al. (org.) (1983). Nesta obra existem muitas gravuras que não puderam ser reproduzidas devido os direitos autorais do autor.

No entanto, é importante focar que o processo de erotização do corpo feminino e infantil não se manifestava apenas em histórias denominadas pornográficas, como, também, em programas de auditório, revistas, concurso de beleza infantil e mesmo na formação de um mercado para estética infantil (batom, maquiagem, esmalte) que copiava o mercado voltado para a mulher adulta. "Em notícias da TV", por Daniel Castro, a utilização do que hoje é considerado politicamente incorreto como, por exemplo, concurso de beleza infantil, é registrado no programa de auditório.

Segundo Castro, os concursos que Chacrinha realizava se tornaram coisa do passado, sem espaço no mundo atual. Não faz o menor sentido escolher hoje, por exemplo, O Cão Com Mais Pulgas, A Mais Rápida Datilógrafa ou A Mãe Com Maior Número de Filhos. Essas disputas eram acirradas no cassino do Chacrinha. Além disso, depois de ver tantos reality shows bizarros na TV paga, parte dos telespectadores certamente rejeitaria concurso como A mais bela estudante e A mais bela Criança do Brasil[3], competição que a apresentadora Angélica Venceu[4]. Esta reportagem expõe uma foto (que não pôde ser reproduzida devido a direitos autorais) do concurso infantil e, nesta, é possível ver a presença de três crianças, mas apenas uma branca e loira.

No centro da foto está a futura apresentadora Angélica, ao lado de Rita Cadillac. É sugestivo a questão da cor branca como padrão de beleza mesmo nos concursos infantis, tendo Angélica, uma criança branca e loira como vencedora do concurso. Sobre o programa de Chacrinha, é importante

3 O objetivo é demonstrar a existência de concurso de beleza infantil na década de 1980, em programas de auditório.

4 Disponível em: https://noticiasdatv.uol.com.br/noticia/televisao/ha-35-anos-chacrinha-investia-em-malicia-e-pisava-o-politicamente-correto-14447.

destacar que a presença de menores de idade na plateia era algo comum.

Tudo indica que a década de 1980 foi o período em que adultização da infância ou o fim da ideia de infância se tornou mais nítido em nossa sociedade, pois é neste período que encontramos, em maior intensidade, a presença de concursos de beleza infantil, apresentadoras mirins e cantoras mirins, como Nika Costa. Esta era detentora de uma bela voz, cantava em inglês canções adultas e se comportava como adulta em sua profissão. A revista *O Cruzeiro*[5], por exemplo, produz a reportagem Nikka Costa: uma menina de ouro.

Nesta reportagem NiKa Costa se queixava sobre a dificuldade de ser criança no mundo de adultos, pois afinal ela – a través de voz – trabalhava e tinha compromissos profissionais exigidos de uma pessoa adulta. E termina dizendo: "as pessoas deveriam ver as coisas do seu ponto de vista, e deixa-la viver sua vida à sua maneira. Mas o que pode uma criança fazer?" (Idem). Portanto, embora ela lembre que é uma criança, sua postura, suas roupas usadas na foto[6] e sua agenda de trabalho já demonstravam que a cantora mirim, de apenas nove anos de idade, vivenciava em grande parte o mundo simbólico dos adultos.

Pra finalizar, gostaria de retornar as reflexões que levantei sobre a criança pobre que muito nova- às vezes antes dos sete anos de idade – já trabalhava para garantir a sobrevivência da família. E, no caso da menina, bastava esta apresentar os sinais mínimos da puberdade para se tornar alvo do desejo de homens adultos. Assim, estas múltiplas experiências do mundo infantil em um país desigual socialmente e em

5 Disponível em: http://memoria.bn.br/docreader/DocReader.aspx?-bib=003581&pagfis=206751.

6 A foto não foi reproduzida respeitando os direitos autorais da revista.

questões de gênero, me faz questionar se estamos vivendo um processo de desparecimento da infância para todo corpo social e que teria tido início na década 1950 e aprofundando-se na década de 1980, ou sempre tivemos múltiplas ideias de infância convivendo paralelamente e, consequentemente, intensificando as desigualdades sociais, étnicas e de gênero no Brasil.

Referências

Ariés, P.

História Social da Criança e da Família. 2. ed. Rio de Janeiro: Guanabara Koogan, 1982.

Barbosa, A. R. R.

A história (quase) secreta: sexualidade infanto-juvenil e crimes sexuais na cidade de Salvador (1940-1970). Salvador: Sagga, 2019.

A violência sobre os corpos infanto-juvenis na Bahia, Feira de Santana e Sakvador, 1940-1960. *In*: Oliveira, Antonella Carvalho de. Sexualidade e relações de gênero. 1ed., 2019, v., p. 175-181.

Crenshaw, K. W.

"Demarginalizing the intersection of race and sex; a black feminist critique of discrimination doctrine, feminist theory and antiracist politics". University of Chicago Legal Forum, 1989, pp. 139-167.

Gonçalves, V. E. R.

Dos crimes contra os costumes aos crimes contra a administração. São Paulo: Saraiva, 2003 (Coleção Sinopses Jurídicas).

Hirata, H.

Gênero, classe e raça Interseccionalidade e consubstancialidade das relações sociais. In: Tempo Soc. 26 (1) Jun 2014.

Disponível em : https://www.scielo.br/j/ts/a/LhNLNH6YJB5HVJ6vnGpLgHz/?format=pdf&lang=pt.

JAMBEIRO, O.
A TV no Brasil do século XX. Salvador: Edufba, 2001.

MACIEL, L. C.
Geração em transe: memórias do tempo do tropicalismo. Rio de Janeiro: Nova Fronteira, 1996.

MARINHO, Joaquim (org.).
A arte sacana de Carlos Zéfiro. 7 histórias completas de Carlos Zéfiro e textos de Roberto da Matta, Sérgio Augusto e Domingos Damasi. Rio de Janeiro: Marco Zero, 1983

Nabokov, V.
Lolita. Tradução Jorio Dauster. São Paulo: Companhia das Letras, 1994.

NORONHA, E. M.
Direito Penal. São Paulo: Saraiva, 1973-1977.

POSTMAN, N.
O desaparecimento da infância. Rio de Janeiro: Graphia, 1999.

RODRIGUES, A. R.
A infância esquecida: Salvador 1900-1940. Salvador: Edufba, 2003.

SANTOS, L. P. B.
Mais que uma revista, um dicionário para os pais: A revista Pais & Filhos e a imprensa transnacional para a família. Revista Brasileira de história da Educação, v.19, 2019. Disponível: https://www.scielo.br/j/rbhe/a/6m3B3pZw8dvNgmkpTZkqjQn/?lang=pt&format=pdf

Winnicott, D. W.
Da pediatria à psicanálise: Obras escolhidas. Rio de Janeiro: Imago, 2000.

Fontes

ASCMB

Livro de registro de entrada dos expostos, nº22, 15 de agosto de 1927.

APEBA

Diário da Bahia, Bahia, 13 jan. 1945, p. 3

Diário de Noticias, 4 de maio de 1955, p. 2

Diário de Noticias, 29 de março de 1955, p.3

CEDOC

Seção Judiciária, Est. 03, Cx. 83, doc. 1599, fl.1

MARINHO, Joaquim (org.).

A arte sacana de Carlos Zéfiro. 7 histórias completas de Carlos Zéfiro e textos de Roberto da Matta, Sérgio Augusto e Domingos Damasi. Rio de Janeiro: Marco Zero, 1983.

FONTES ON-LINE

"Em notícias da TV". Disponível em: https://noticiasdatv.uol.com.br/noticia/televisao/ha-35-anos-chacrinha-investia--em-malicia-e-pisava-o-politicamente-correto-14447)

Site do Ministério da Educação intitulado "Novo ensino médio: perguntas e repostas". Disponível em: http://portal.mec.gov.br/component/content/article?id=4036.

Revista o cruzeiro, 1982, Disponível em: http://memoria.bn.br/docreader/DocReader.aspx?bib=003581&pagfis=206751

SOBRE AS AUTORAS E OS AUTORES

ANDRÉA BARBOSA

Professora Plena da Universidade Estadual de Feira de Santana (UEFS). Pós-Doutora em História pela Universidade de São Paulo (USP). Doutora em História pela Universidade Federal da Bahia. Mestra em História pela UFBA. Graduada em História pela UFBA. Coordenadora do Grupo de Pesquisa Nina Simone (https://gruponinasimone.com). Curriculum Lattes: http://lattes.cnpq.br/8435059295729972.

BRIAN KIBUUKA

É professor adjunto de História Antiga e Medieval na Universidade Estadual de Feira de Santana (UEFS), atuando também como docente permanente nos programas de Pós-Graduação em História (PPGH-UEFS) e em Estudos Linguísticos (PPGEL-UEFS). Pós-Doutor em História pela Universidade de Paris 1-Panthéon-Sorbonne (2023). Doutor em História Social pela Universidade Federal Fluminense (2021), mestre em Estudos Clássicos pela Universidade de Coimbra (2022), mestre em Letras Clássicas pela Universidade Federal do Rio de Janeiro (2013) e mestre em História Social pela Universidade Federal Fluminense (2012). Possui graduação dupla: em Letras (Português e Grego Clássico) pela

Universidade Federal do Rio de Janeiro (2013) e em Teologia pela Universidade Metodista de São Paulo (2009). É membro integrado do Centro de Estudos Clássicos e Humanísticos da Universidade de Coimbra, em Portugal e pesquisador associado do Nereida-UFF. Coordena a Rede Internacional Luces (Lusophony – Collective for Education Support).

KAROLINI BATZAKAS DE SOUZA MATOS

Doutoranda do Programa de Doutoramento em História na Unicamp. Mestra em História Cultural pela Universidade Estadual de Campinas (Unicamp). Especialista em Filosofia pela Universidade Estadual de Feira de Santana (UEFS). Graduada em História pela Universidade Estadual de Feira de Santana (UEFS). Membro do Núcleo de Investigação da Antiguidade (Nina Antiqua), do Grupo de Pesquisa Nina Simone.

THAYELE VITÓRIA SANTANA

Graduanda do curso de Licenciatura em História na Universidade Estadual de Feira de Santana (UEFS). Membro do Núcleo de Investigação da Antiguidade (Nina Antiqua), do Grupo de Pesquisa Nina Simone (https://gruponinasimone.com). Bolsista de Iniciação Científica Probic/UEFS.

IALLE BATISTA ALVAREZ

Graduada em História pela Universidade Estadual de Feira de Santana (UEFS). Membro do Núcleo de Investigação da Antiguidade (Nina Antiqua), do Grupo de Pesquisa Nina Simone. Bolsista de Iniciação Científica Fapesb/UEFS.

GABRIEL SANTANA SILVA

Graduado em História pela Universidade Estadual de Feira de Santana (UEFS). Membro do Núcleo de Investigação da Antiguidade (Nina Antiqua), do Grupo de Pesquisa Nina Simone. Bolsista de Iniciação Científica CNPQ/UEFS.

ANDRÉA DA ROCHA RODRIGUES PEREIRA BARBOSA

Professora Plena da Universidade Estadual de Feira de Santana (UEFS). Pós-Doutora em História pela Universidade de São Paulo (USP). Doutora em História pela Universidade Federal da Bahia. Mestra em História pela UFBA. Graduada em História pela UFBA. Coordenadora do Grupo de Pesquisa Nina Simone.

ROSEANE CARNEIRO DOS SANTOS

Graduada em História pela Universidade Estadual de Feira Santana (UEFS). Membro do Nina Brasil, do Grupo de Pesquisa Nina Simone.

ANA CLÁUDIA DELLE PIAGGE

A autora possui mestrado em Educação pela UNESP FCLAR e é Doutoranda do PPG em Educação Escolar UNESP/FCLAR - Bolsista CAPES. Em seu doutorado procura "pensar sonhos, diferenças, gêneros e curriculos. Em uma atitude metodológica que desconfia das neutralidades, pautada por uma ética feminista e antirracista, une a vida pessoal e a profissional; a teoria, a vivência e a prática; buscando oferecer uma escuta sensível e atenciosa à todes". Ainda segundo autora, está sempre "em constante processo extensionista pela UNESP/

FCLAR. Arte-educadora nos saberes populares com a Carroça de Mamulengos. Aprendiz inveterada das crianças que compartilham seus saberes nos encontros programados e, nos outros tantos espontâneos, em diferentes espaços e contextos".

GIOVANNA TREVELIN

Mestra em História Social pela Universidade Estadual de Londrina (UEL). Graduada em História pela Universidade Estadual do Norte do Paraná (Uenp). Membro do Nina Brasil, do Grupo de Pesquisa Nina Simone.

CAMILA DE MORAES MOTA

Mestra em História pela Universidade Estadual de Feira Santana (UEFS). Graduada em História pela Universidade Estadual de Santa Cruz (UESC). Membro do Nina Brasil, do Grupo de Pesquisa Nina Simone.

LUNIELLE DE BRITO SANTOS BUENO

Mestra em História Social pela Universidade Estadual de Londrina (UEL). Graduada em História pela UEL. Membro do Laboratório de Estudos dos Domínios da Imagem da UEL. Membro do Nina Brasil, do Grupo de Pesquisa Nina Simone.

MILÉIA SANTOS ALMEIDA

Doutoranda em História pela Universidade de Brasília (UnB). Mestra em História pela Universidade Estadual de Feira de Santana (UEFS). Especialista em Direitos Humanos e Contemporaneidade pela Universidade Federal da Bahia (UFBA). Licenciada em História pela Universidade do Estado da Bahia (UNEB). Professora de História das Américas na Universidade Federal do Oeste da Bahia (UFOB) e de História e Filosofia pela Secretaria de Educação do Estado da Bahia (SEC-BA). Membro do Nina Brasil, do Grupo de Pesquisa Nina Simone.

JACSON LOPES CALDAS

Doutorando no Programa de Pós-Graduação em Estudos Interdisciplinares sobre Mulheres, Gênero e Feminismo (PPGNEIM-UFBA). Mestre em História Regional e Local pela Universidade do Estado da Bahia (UNEB – CAMPUS V). Graduado em História pela Universidade Estadual de Feira de Santana (UEFS). Membro do Nina Brasil, do Grupo de Pesquisa Nina Simone.

AYNA NASCIMENTO ATANAZIO DE SOUZA

Graduanda do curso de Licenciatura em História da Universidade Estadual de Feira de Santana (UEFS). Bolsista do Programa Residência Pedagógica subprojeto História. Membro do Nina Brasil, do Grupo de Pesquisa Nina Simone.